# 中国农村土地制度六十年
## ——回顾与展望

廖洪乐 著

中国财政经济出版社

**图书在版编目（CIP）数据**

中国农村土地制度六十年——回顾与展望/廖洪乐著.—北京：中国财政经济出版社，2008.11

ISBN 978-7-5095-0983-8

Ⅰ.中… Ⅱ.廖… Ⅲ.农村-土地制度-改革-回顾与展望 Ⅳ.F321.1

中国版本图书馆CIP数据核字（2008）第152198号

| | |
|---|---|
| 责任编辑：卢关平 | 责任校对：李 丽 |
| 封面设计：孙俪铭 | 版式设计：孙俪铭 |

中国财政经济出版社出版
**URL**: http://www.cfeph.cn
E-mail: cfeph@cfeph.cn
（版权所有 翻印必究）
社址：北京市海淀区阜成路甲28号 邮政编码：100142
发行处电话：88190406 财经书店电话：64033436
河北省零五印刷厂印刷 各地新华书店经销
880×1230毫米 32开 8.625印张 189 000字
2008年11月第1版 2008年11月河北第1次印刷
印数：1—3000 定价：19.80元
ISBN 978-7-5095-0983-8/F·0813
（图书出现印装问题，本社负责调换）
本社质量投诉电话：010-88190744

谨以此书献给

中国农村改革三十周年 和 建国六十周年

# 自 序

今年是中国农村改革30周年,30年前,农村土地制度改革拉开了中国农村改革序幕。明年是中华人民共和国成立60周年,60年前,新、老解放区开展了轰轰烈烈的土地改革运动。一个60年,一个30年,在这个过程中,中国从传统农业社会走上现代工业社会发展道路。无论是农村,还是城镇,都发生了深刻变化。这些积极变化,均始于农村土地制度变革。

总结中国近百年历史,我们得出一个重要结论:中国的问题是农民问题,农民问题的核心是土地问题。孙中山先生在旧民主主义革命和新民主主义革命时期,分别提出"平均地权"和"耕者有其田"的宏伟设想。中国共产党自成立之日起,就意识到土地问题的重要性。在第一次国内革命战争时期(1924~1927年),中国共产党发动农民起来"打土豪、分田地"。在第二次国内革命战争时期(1927~1937年),共产党在各根据地进行土地改革,"没收地主土地、平均分配给农民"。在抗日战争时期（1937~1945年），共产党将"没收地主土地"改为"减租减息"。在第三次国内革命战争时期（1945~1949年），共产党又将"减租减息"改为"没收地主土地、平均分配给农民"。到1949年，1.6亿人口的老解放区全面完成土地改革。

不可否认，中国现行农村土地制度，仍然存在不少问题，需要进一步调整和完善。根据最近30年"渐进式"改革的成功经验，农村土地制度变革，不能完全偏离其原有历史变迁轨迹。因此，客观地分析和评估过去60年的经验与教训，是一件很有意义的事情。

自1995年以来，本人主要从事农村土地制度研究，至今已有10余年。期间的研究，多以实证分析为主。呈现在读者面前的这本专著，试图以史为据，结合实证研究积累，系统地描述和分析60年来我国农村土地制度的变迁轨迹与变迁效果。

本书导论部分，尝试性地建立了一个农业生产效率的分析框架，将农业生产效率分解为技术效率、生产要素效率和劳动效率。技术效率由气候、农业基础设施、耕作技术、优良（高产）品种等技术条件决定；生产要素效率由劳动、化肥、农药、机械投入等生产要素投入水平决定，生产要素投入水平主要受农产品比较收益（即生产者积极性）影响；劳动效率由劳动者的劳动能力和劳动者积极性共同决定，劳动者积极性主要受农地制度影响。这个分析框架非常重要。本书利用这个分析框架，系统地分析了1950年以来中国农业生产效率（以粮食生产为例）的变化，客观地评估了农地制度的变革效果。依据这个分析框架，本书对20世纪80年代中期围绕"家庭承包经营是否潜力已尽"的那场争论，给出了如下解释：家庭承包经营的作用在于提高劳动效率（即农民劳动积极性）；1984年以后粮食产量下降，主要由农民粮食生产积极性下降所引致，而农民劳动积极性并没有下降，家庭承包经营仍然有效；不过，随着技术效率和生产要素效率的继续增长，由家庭承包经营引致的劳动效率，对农业生产效率的贡献份额在下降。依据这个分析框架，可以更加准确地理解"提高农民农业生产积极性"这个问题。农民农业生产积极性，包括生产（者）积极性和劳动（者）积极性；生产（者）积极性，主要由比较利益决定；劳动（者）积极性，主要受农地制度影响。因此，提高农民农业生产积极性，既要关注农业比较利益，也要关注农地制度，两者缺一不可。与此同时，导论部分还介绍了地租理论和土地发展权理论，掌握这些背景知识，可以帮助我们科学地甄别农村土地制度变革中出现的一些问题，准确地把握农村土地制度变革方向。

　　本书第一至第七章，重点分析了农村土地制度、集体土地征收制度、集体建设用地制度和失地农民社会保障问题。归纳起来，有如下主要观点和发现：第一，封建高额地租是旧中国农业生产效率低下的根本原因。封建高额地租有两个特点：一是地租率高；二是收取的地租不用于农业投资，而用于购买更多土地。因此，这种封建高额地租，不仅损害租种者生产积极性和劳动能力（主要是体力），还会降低农业投资水平。要提高旧中国的农业生产效率，只有两种选择，即改变土地所有权过分集中的状况和降低地租水平。第二，1949年前后的土地改革，既有政治意义，也有经济意义。其经济意义集中表现在：根除了妨碍农业生产效率提高的两个限制条件，即封建高额地租和土地所有权占有不均等。第三，合作可以降低交易成本，对小农意义重大。第四，20世纪50年代中国选择并快速推进农地集体化，有以下两个主要原因：土地改革与互助合作增产效果明显，是根本原因（即内因）；农副产品统购、统销只是重要的外部影响因素，而非决定性因素。第五，农地集体化，损害了农民劳动积极性和农业劳动效率,却提高了技术效率和生产要素效率,它有三个消极影响,也有两个积极影响(见第二章)。第六,家庭承包经营的作用在于提高农民劳动积极性[①],它有两个积极影响,也有两个消极影响(见第三章)。第七,以全国为总体,家庭承包经营对粮食单产增长贡献率为21.5%(1984年)。这是个很大的贡献,这种贡献会长期存在。目前,家庭承包经营对粮食单产增长贡献率约为10%左右。第八,家庭承包经营呈现两大发展趋势,它需要多层次的服务体系做支撑。这两大发展趋势为:规模变小与规模扩大趋势同时并存,专业化与兼业化趋势同时并存。在目前家庭承包经营制度下,既有农户自发性的合作,也有集体统一提供服务,还有社会组织提供服务。这三种形式的合作与服务,并不是完全的竞争、排斥关系,它们具有层次性,相互补充。第九,现行法律和政策针对农地承包经营权流转的一些限制规定,其出发点各不相同。事实上,有些限制性规定早已名存实亡。比如,农户在转包、互换承包经营权时,习惯于不报集体(发包方)备案。随着制度环境的改变,这些限制性规定应当逐步取消,以使农民获得更为充分完整的农地承包经营权。第十,现行农村集体土地征收制度严重损害集体和农民利益。现行集体土地征收制度存在两大问题:一是没有明确界定公共利益范畴,致使地方政府滥用国家土地征收权;二是征收补偿标准很低。第十一,无论是政府征收集体土地,还是集体直接出让、转让或出租土地用于非农业建设,其关键是要在国家、集体和农民个人间合理分配土地增值收益。第十二,对中国农民来说,土地具有双重属性,它既是农民个人的就业和基本生活保障,也是农民集体的重要财产。第十三,以省级数据推算,1996~2004年全国完全

---

① 而不是农业生产积极性,农业生产积极性主要由农业比较收益决定。

失去耕地的农民约为 1 108 万,年均约 123 万。如果再加上失去其他土地(非耕地)的农民,失地农民的数量会更多。第十四,农民愿意用征地补偿款为自己建立社会保障,并不等于农民愿意用土地换取社会保障;"以土地换保障"的观点,注意到了土地保障属性,却忽视了土地的财产属性。农民能否获得社会保障,不应与其是否拥有土地财产挂钩。

　　本书最后一章(第八章),尝试性地总结了中国建国 60 年以来农村土地制度变革的 7 点经验,并对中国农村土地制度的未来走向做了分析。依我个人看,实行农地国有会剥夺农民;在相当长一段时期内,农地实行私有的可能性也不大;集体所有制下的家庭承包经营,仍然具有普适性。今后,农村土地制度改革的重点,应由农地制度转向集体土地征收制度、集体建设用地(使用权)流转制度和基本农田保护制度。改革和完善这三项制度,必须遵循一个基本原则,即合理分配土地增值收益,既要确保国家利益,更要保护农民集体土地所有权,让农民分享更多经济发展成果。比如,提高征地补偿标准,建立基本农田保护的利益补偿机制等。至于农地制度的完善,重点在三个方面:一是继续赋予农民较长期限的农地使用权。比如将使用权再延长 30 年,或者仿照国有建设用地使用权出让的做法,给农民 50 年或 70 年的耕地使用权,也可以选择将集体土地永久租佃给农民耕种等。二是赋予农民更多收益权。三是赋予农民更自由的农地(承包经营权)流转权和承包地处置权。比如,赋予农民在同一集体经济组织内完全自由转包、转让和互换承包经营权的权利;赋予农民用承包地入股组建合作社的权利;赋予农户跨集体经济组织自由互换承包地的权利;赋予农民自由选择是否荒芜承包地的权利。至于学术界普遍关注的农地承包经营权抵押,目前条件还不成熟,这需要一个很长的过程。农地承包经营权流转,必须遵循因地制宜、依法、自愿和有偿的原则。农地承包经营权稳定与流转并不矛盾，稳定是流转的前提。此外，随着社会经济的发展，建立农村土地产权登记和土地流转信息系统，显得非常重要。

为更好地表达观点和解释问题，书中引用了15个真实案例或根据真实案例构造的假想案例，其中有10个案例发生在我湖南老家。案例1表明，营养不良或饥饿，会降低劳动者的劳动效率。案例2的分析显示，小规模农户单独修建农田基础设施的交易成本很高。这种高交易成本，最终会使小农修建农田基础设施的努力失败。案例3根据我父母多年的柑桔种植、采摘和储藏经验，解释了集体化时期依据工分评定劳动贡献的局限性；工分可以衡量劳动数量和劳动时间，却无法反映劳动质量。这个案例还证明，有积极性的劳动者，会不断积累劳动和生产经验，进一步提高劳动效率。案例5与案例6，分析了家庭承包经营后，农户与乡镇政府围绕农业生产经营自主权所展开的博弈。案例7分析了承包期长短（即地权稳定性）对土地长期投入的可能影响。案例8与案例9，提供了2个农户互换承包地的例子。在这2个案例中，农户互换承包地不再局限于农业用途，也超出了本集体经济组织范围。这2个案例说明，实行家庭承包经营后，农户实际获得的土地处分权，多于法律正式赋予的权利。也就是说，在保护农民土地权利方面，法律未能及时跟进。案例10与案例11表明，家庭承包经营后，农户并没有完全抛弃集体，在许多方面仍需依靠集体采取统一行动。之所以选择湖南老家的故事作为案例，是因为我生在那里、长在那里，熟知那里的社会经济和人文环境，熟知案例所述事件的原因。其他5个案例为：案例4与案例12，分别介绍了浙江省绍兴县采取"反租倒包"实行规模经营和为农户提供土地流转服务的经验；案例13介绍了北京市宋庄"画家村"的宅基地买卖纠纷；案例14和案例15，分别介绍了广东省一些地方跨村民小组整合土地资源的做法，这2个案例充分说明了允许农村集体建设用地使用权流转的必要性。

　　我要感谢我的父母——两位勤劳朴实的中国农民，他们让我从小就参加家里和生产队的各项劳动，从放牛、砍柴、做饭、喂猪到下地劳作，无所不包。直到1995年研究生毕业，在北京找到了工作，才真正脱离农业劳动。在劳动过程中，父母不断向我传授各种劳动技能，讲述他们的长辈、同辈及他们自己经历的许多事情。当然，话题中免不了有东家长、西家短的家常事。可别小看这些家常小事，它影响很大，甚至会影响农户的生产经营与投资决策。我还要感谢家乡的父老乡亲，他们的许多言行，深深地烙记在我脑海深处，并不断启发我思考。当他们的财产受到侵害时，他们会不惜一切代价予以保护，这让我非常敬佩和感动。受文化程度、法制观念和依法维权成本太高等因素制约，他们在维护自己权益时，免不了出现以非法手段去制止或惩罚违法行为的现象。值得欣慰的是，这种现象正在逐步减少，这是一种进步。最后要感谢农业部农村经济研究中心和农村改革试验区办公室的同事们，在这10多年里，他们为我的研究工作提供了许多方便和帮助；要感谢中国财政经济出版社的卢关平先生为书稿编辑付出了辛勤劳动。

　　由于认知水平有限，书中观点和看法不一定正确，文责自负，恳请读者批评、指正。

廖洪乐

2008年8月　于北京砖塔胡同56号

# 目 录

## 导 论 ··················································· (1)

### 第一节 农地制度与农业生产效率 ·················· (1)
一、制度影响生产效率 ······························ (1)
二、农地制度影响农业生产效率 ···················· (2)
三、农地制度影响农业生产效率的方式 ············ (2)
四、农业生产效率的一个分析框架 ·················· (5)

### 第二节 地租理论、土地发展权理论与土地增值收益分配 ············································· (10)
一、地租理论 ········································· (10)
二、土地发展权理论 ································· (13)
三、新中国的土地增值收益分配 ···················· (15)

## 第一章

*1949~1955 年的农地制度：土地改革与互助合作* ……… ( 20 )

第一节　旧中国的农地制度与农业生产效率 ……… ( 20 )
一、旧中国的农地占有与使用状况 ……………… ( 20 )
二、封建高额地租是旧中国农业生产效率低下的根本原因 …………………………………………… ( 24 )

第二节　1950~1952 年底的土地改革 …………… ( 29 )
一、土地改革的具体做法 ………………………… ( 29 )
二、土地改革的政治意义与经济意义 …………… ( 34 )
三、土地改革的方式与效果 ……………………… ( 36 )

第三节　1950~1955 年的农业生产互助合作 …… ( 38 )
一、农业生产互助合作对小农意义重大 ………… ( 38 )
二、土地改革后，农业生产互助合作的紧迫性 … ( 40 )
三、农业生产互助合作的三种形式 ……………… ( 41 )
四、农业生产互助合作的发展 …………………… ( 43 )

第四节　土地改革与互助合作，提高了农业生产效率
………………………………………………………… ( 43 )

## 第二章

*1956~1978 年的农地制度：集体所有、统一经营* … ( 47 )

第一节　农地集体化：集体所有、统一经营 ……… ( 47 )
一、1955~1957 年底，土地由农民私有转为高级社集体所有 ………………………………………… ( 47 )
二、1958~1978 年，农村人民公社"三级所有，队为基础" ………………………………………… ( 49 )

第二节　农业合作化与集体化中的社员退出 ……… （52）
第三节　选择并快速推进农地集体化的原因分析 … （54）
　一、实行土地公有的进程、步骤及形式选择 …… （55）
　二、快速推进农地集体化的原因 ………………… （56）
第四节　农地集体化的利、弊分析 …………………… （58）
　一、农地集体所有、统一经营的两个积极影响 … （58）
　二、农地集体所有、统一经营的三个消极影响 … （62）
第五节　农地集体化对农业生产效率的影响 ……… （66）

### 第三章
*1979* 年以来的农地制度：家庭承包经营与集体统一经营
………………………………………………………… （68）
第一节　1979～1984年：从生产责任制到家庭承包
　　　　经营 …………………………………………… （68）
　一、农村出现三种不同形式的生产责任制 ……… （68）
　二、家庭承包经营的发展历程 …………………… （70）
　三、家庭承包经营的两种类型 …………………… （73）
第二节　1984年："15年不变"与"大稳定、小调整"
………………………………………………………… （74）
第三节　1993年："30年不变"与"增人不增地，
　　　　减人不减地" …………………………………… （75）
第四节　1984年以来的农地规模经营 ……………… （76）
　一、农地规模经营的原因 ………………………… （76）
　二、农地规模经营的形式 ………………………… （77）
　三、农地规模经营的效果评价 …………………… （83）
第五节　家庭承包经营的利、弊分析 ………………… （83）

一、家庭承包经营的两个积极影响 …………… （83）
二、家庭承包经营的两个消极影响 …………… （89）
第六节　家庭承包经营的两大发展趋势 ………… （92）
一、规模变小和规模扩大的趋势同时并存 …… （92）
二、农户（业）生产兼业化和专业化趋势同时并存
………………………………………………… （95）
第七节　1978年以来的集体统一经营 …………… （96）

### 第四章

与家庭承包经营有关的若干问题 ………………………… （98）
第一节　农地所有制：国有、私有还是集体所有？
………………………………………………… （98）
一、有关农地所有制的三种主张 ……………… （98）
二、中国不宜实行农地国有或农地私有 ……… （99）
第二节　1984年以来家庭承包经营对农业生产效率
的贡献 ……………………………………… （103）
一、1984年以来学术界围绕家庭承包经营的争论
……………………………………………… （103）
二、1984年至今，家庭承包经营仍然对农业生产
有促进作用 ………………………………… （104）
第三节　承包地调整与农地保障功能 …………… （110）
一、"大稳定、小调整"政策与"增人不增地，减
人不减地"政策 …………………………… （110）
二、承包地调整与农地保障功能 ……………… （111）
第四节　土地长期投入与承包期的关系 ………… （114）
一、学术界围绕承包期长短对土地长期投入影响的

　　　　争论 ······················································(114)
　　二、承包期长短对土地长期投入影响的共识性问题
　　　　·······················································(115)
　第五节　农地流转：农地承包经营权流转与所有权互
　　　　换 ······················································(119)
　　一、农地承包经营权流转 ································(119)
　　二、农地所有权互换 ·······································(122)
　第六节　家庭承包经营与社会化服务 ·····················(124)
　　一、自发性的农户合作 ···································(124)
　　二、集体统一提供服务 ···································(125)
　　三、其他社会组织提供服务 ·····························(127)

## 第五章

*1950 年以来的农村土地征收制度* ····························(129)
　第一节　两个重要概念：土地征收与土地征用 ·······(129)
　　一、1950～1952 年底，土地改革时期的土地征收
　　　　与征用 ················································(129)
　　二、1953～2004 年的土地征用与临时租用（借用）
　　　　·······················································(130)
　　三、2004 年以来的土地征收、征用与临时租用 ···(131)
　　四、土地征收与土地征用 ································(131)
　第二节　征收农村（集体）土地的目的 ··················(132)
　第三节　征收农村（集体）土地的补偿 ··················(133)
　第四节　国有建设用地有偿使用及其市场价值 ········(136)
　　一、国有建设用地：从无偿使用到有偿使用 ······(136)
　　二、国有建设用地使用权市场与交易价格 ·········(136)

第五节　现行农村集体土地征收制度存在两大主要问题 …………………………………………………（139）
一、农村集体土地征收补偿标准低，集体和农民利益受损 ………………………………………………（139）
二、公共利益界定不明确，土地征收权被滥用 …（143）

## 第六章
### 1950 年以来的农村（集体）建设用地制度 ……………（145）

第一节　农村（集体）建设用地的概念与分类 ……（145）
第二节　不同历史时期的农村（集体）建设用地制度 …………………………………………………（146）
一、1950~1957 年：维持农村建设用地原有的占有和使用关系不变 …………………………………（146）
二、1958~1981 年：农村建设用地归集体所有，免费使用 ………………………………………………（146）
三、1982~1986 年：强化用地规划、用地审批与面积控制，并试行补偿制 …………………………（148）
四、1987~1998 年：对部分集体建设用地实行补偿制度或有偿使用制度 …………………………（150）
五、1999 年至今：禁止农村集体土地出让、转让或出租用于非农业建设 …………………………（152）
第三节　农村集体建设用地使用权流转 ……………（153）
一、农村集体建设用地使用权流转地下市场 ……（153）
二、农村集体建设用地使用权流转试点 …………（155）
三、农村集体建设用地使用权流转的必然性 ……（156）

第四节　农村集体建设用地使用权流转中的利益分配 ………………………………………………（165）

### 第七章
失地农民及其社会保障 ……………………………（168）

第一节　中国的现代化进程与土地、人口问题 ……（168）

一、1950年以来的中国现代化进程与土地问题 ………………………………………………（168）

二、1950年至今，大量人口滞留在农业和农村 ………………………………………………（170）

第二节　土地的双重属性：社会保障属性与财产属性 ………………………………………………（172）

一、土地是中国农民的就业与基本生活保障 ……（172）

二、土地是农民集体的重要财产 …………………（173）

第三节　失地农民数量估算 ………………………（174）

第四节　失地农民的社会保障 ……………………（177）

一、城乡居民的社会保障差异 ……………………（178）

二、失地农民的社会保障试点 ……………………（183）

第五节　对"以土地换保障"的评价 ………………（187）

### 第八章
中国农村土地制度六十年变革经验及走向 ………（189）

第一节　中国农村土地制度六十年变革经验 ………（189）

一、封建高额地租妨碍农业生产效率增长 ………（189）

二、在传统农业里，劳动效率对农业生产效率有很大影响 ………………………………………（192）

三、小规模农业特别需要合作与社会化服务 …… （193）

四、尊重农业生产者的生产经营自主权，调动农民的生产积极性和劳动积极性 …………… （194）

五、在小范围内开展试验，可有效降低改革风险和成本 …………………………………… （195）

六、不断充实和完善土地产权体系，协调各方利益 …………………………………………… （197）

七、尊重、引导农民的自主选择，建立政府与农民间的良好互动 …………………………… （199）

**第二节 中国农村土地制度的未来走向** …………… （200）

一、农地制度的基本走向：集体所有制条件下的家庭经营 …………………………………… （200）

二、行政措施与经济手段相结合，有效保护基本农田 …………………………………………… （208）

三、深化农田基础设施产权制度与管理方式改革，建立多渠道投入机制 …………………… （209）

四、明确界定公共利益范围，改革农村集体土地征收制度 …………………………………… （210）

五、允许集体土地出让、转让或出租用于非农业建设 …………………………………………… （211）

六、合理分配集体土地增值收益，兼顾国家、集体和农民个人利益 ………………………… （213）

七、建立农村土地产权与流转信息系统 ………… （213）

**附　录** ……………………………………………… （215）

附录1　浙江省RA市征收农村集体土地补偿标准

　　　　　　　　　………………………………………………（215）
　附录2　浙江省RA市农村集体土地征收—出让过程
　　　　　中的利益分配………………………………………（218）
　附录3　各地《村镇建房用地管理条例》（1982年）
　　　　　实施办法内容摘要……………………………………（227）
　附录4　各地试行农村宅基地有偿使用的规定………（232）
　附录5　现代化水平评估方法及各国、各地的现代化
　　　　　水平……………………………………………………（236）

**主要参考文献** ………………………………………………（240）

**后　记** ………………………………………………………（249）

# 导 论

效率与公平是经济学两大永恒的主题,也是人类社会追求的目标。一个国家或地区的土地制度安排,同样面临如何兼顾效率与公平的选择。评估新中国成立近60年以来的农村土地制度(包括农地制度和建设用地制度)①,首先要确定评判标准,这个标准就是效率与公平。导论部分,主要介绍两个理论分析框架。第一,根据农业生产和农业劳动的特点,尝试建立一个农业生产效率分析框架。第二,引入地租理论和土地发展权理论。这两个理论分析框架,可以帮助我们分析和理解农村土地制度变迁中的效率与公平问题。

## 第一节
## 农地制度与农业生产效率

### 一、制度影响生产效率

在传统经济增长模型里,产出由技术条件和生产要素投入量

---

① 农村土地可划分为农业用地(以下简称"农地")、农村集体建设用地和其他未利用土地。农地包括耕地、园地、林地和草地,本书的农地主要指耕地;农村集体建设用地主要包括农民宅基地、乡镇企业(工商业)用地、公共公益事业用地等;其他未利用土地包括荒山、荒坡、荒沟等未利用土地。

共同决定,生产效率被分解为技术效率和生产要素效率。技术条件和生产要素投入量变化,对产出的影响方式不同。在生产函数曲线图中,技术条件变化,引起生产函数曲线上下移动;生产要素投入量变化,产出只会沿着生产函数曲线移动,并且遵循边际报酬递减规律。按照传统经济增长模型,如果技术条件和生产要素投入量不变,产出就无法提高。

1968 年,美国经济学家诺思(Douglass C. North, 1968)分析了 1600~1850 年的海洋运输生产率变化,发现制度创新也能提高生产效率。在此后的研究里,他甚至认为对经济增长起决定性作用的是制度因素,而非技术因素。根据诺思的观点,我们可以将生产效率分解为三部分,即技术效率、生产要素效率和制度效率。

## 二、农地制度影响农业生产效率

林毅夫教授(1992)在分析 1970~1987 年中国大陆 28 个省市的农业投入产出数据后发现:1978~1984 年中国农业产出增长,主要来源于农地制度改革和化肥施用量增加,农地制度改革对农业产出增长的贡献率为 48.6%,化肥对农业产出增长的贡献率为 32.2%;1984~1987 年农业产出增长放慢,除农地制度改革的突发性效应释放完毕外,化肥施用量增长率下降和农村劳动力加速转移是两个主要原因。这项研究证明:农业生产效率,也可分解为技术效率、生产要素效率和制度效率,农地制度对农业生产效率有很大影响。

## 三、农地制度影响农业生产效率的方式

(一)反映农业生产效率的指标

农业生产效率可以用产值指标衡量,也可以用产量指标衡量。产值(量)指标还可以区分为总产值(量)指标和单位面

积产值（量）指标。需要指出的是，选用不同衡量指标，判断农业生产效率，有时会得出相反结论。最有说服力的例子，是粮食生产中的"增产不增收"或"增产减收"现象①。某年粮食单产明显提高，用单产指标衡量，农业生产效率提高了。然而，由于粮食市场价格下降，单位面积粮食产值降低，用产值指标衡量，农业生产效率降低了。引入价格变量，可以解决这个矛盾，但却比较抽象。这里，我们用粮食单产指标来衡量农业生产效率。一是长期以来粮食一直是我国农业生产中最为主要的大宗农产品。二是采用单产指标，可以更加直观地反映农地制度变革对粮食生产的影响。

（二）农地制度对农业生产效率的影响方式

在谈及农地制度对农业生产效率的影响时，我们中国人会习惯性地想到"积极性"问题。杜润生先生认为：包产到户激发了农民生产积极性（1981），而集体经济则损害了农民生产积极性（2005）②。张培刚教授（1991）在比较五种不同类型农场后认为，自耕自田的家庭农场最有利于提高农业生产效率，主要是由于这种家庭农场能提高农民生产积极性。中共中央1998年通过的《中共中央关于农业和农村工作若干重大问题的决定》也指出：家庭承包经营能够极大地调动农民积极性。前述这些分析，都试图在农地制度、农业生产效率与农民积极性间建立起某

---

① 在市场经济条件下，当粮食需求弹性大于1时，粮食产量增加，收入也增加；当需求弹性小于1时，粮食产量增加，收入反而会降低。引自柯炳生：《市场经济条件下粮食生产与农民收入的矛盾关系与对策》，《农业经济问题》1993年第2期。

② 出自《杜润生自述：中国农村体制变革重大决策纪实》，人民出版社2005年版，第98页。原文为："集体经济是一个低效益的经济，它的体制背离了农业生物学特性，使农民疏远土地，无从建立起持久不衰的劳动兴趣和责任感，从而影响他们的生产积极性。"

种逻辑联系，其基本假设是：农地制度影响农民（生产）积极性，农民（生产）积极性影响农业生产效率。

（三）农业生产中的两个积极性：生产（者）积极性与劳动（者）积极性

在农业生产中，有两类主体：一类是生产经营者；另一类是劳动者。在家庭农场里，生产经营者也是主要劳动者。在以雇佣劳动为主的农场里，生产经营者主要负责生产经营决策，劳动者是受雇佣的工人。因此，在农业生产中，存在两个"积极性"：一个是生产经营者的积极性，即生产（者）积极性；另一个是劳动（者）积极性。

1. 生产（者）积极性。所谓生产（者）积极性，是指生产经营单位生产某种产品或者从事某个行业的积极性。这个积极性，主要体现在生产经营者身上。农业生产（者）积极性主要受农产品比较收益影响，这里的比较收益有两层含义：一是不同农产品间的比较收益；二是农产品与投入品的收益成本比。如果经济作物收益高于粮食作物收益，生产者就多种经济作物，其生产经济作物的积极性上升，生产粮食作物的积极性下降。如果从事非农业生产经营收入高于从事农业生产收入，其从事非农业生产经营的积极性上升，从事农业生产的积极性下降。

2. 劳动（者）积极性。所谓劳动（者）积极性，是指参与生产经营过程的劳动者，充分发挥其体力和脑力的积极性。与生产（者）积极性不同，劳动（者）积极性更多地受劳动者所能直接支配的劳动成果影响。劳动者占有劳动成果比例大，其劳动积极性就高。反之，其劳动积极性就低。

3. 生产（者）积极性与劳动（者）积极性的关系。以家庭劳动力为主的农场（即家庭农场），无论是自耕自田，还是租佃土地，生产（者）积极性随比较收益变化而变化，而劳动（者）

积极性却总是很高。尽管这种家庭农场通常借助小孩和老人的辅助劳动，但这些辅助劳动易于说服和监督。在以雇佣劳动为主的农场里，生产（者）积极性与劳动（者）积极性完全分离。农场主有生产某种农产品的积极性，而雇佣工人并不一定有劳动积极性。我们常常混淆这两个概念，甚至将它们等同起来。比如，我们常说家庭承包经营提高农民生产积极性。实际上，家庭承包经营的主要作用是提高劳动（者）积极性，而生产（者）积极性主要由比较收益决定。

所以，农地制度主要通过影响劳动（者）积极性，来影响农业生产效率。与工业流水线作业相比，农业作业场所分散，工序难以标准化，不易于劳动监督。与工业相比，农业生产更容易受劳动（者）积极性影响。

### 四、农业生产效率的一个分析框架

接下来的问题是，农地制度（或劳动积极性）对农业生产效率有多大影响？解释这个问题，我们需要先建立一个分析框架。这个分析框架必须同时考虑生产（者）积极性（影响生产要素投入量）、劳动（者）积极性和技术条件三个因素。这里，以粮食生产为例。从图1左边可知，粮食总产量由播种面积和单产共同决定，播种面积由耕地面积和复种指数决定；粮食单产由劳动投入、物质资本投入和技术条件共同决定。物质资本主要包括肥料、农药、农业机械等。这里，我们将劳动和物质资本投入归类为生产要素；气候条件、农业基础设施、耕作技术和优良品种等，均被视为技术条件。

（一）两个积极性对农业生产效率的作用机制

生产（者）积极性和劳动（者）积极性都会影响农业生产效率，但作用机制不同（见图1）。生产（者）积极性主要通过

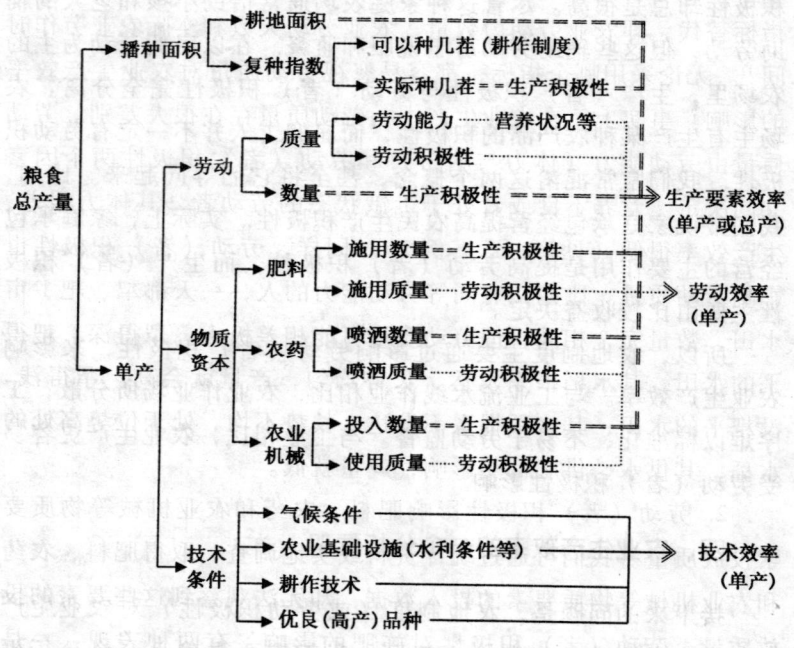

图 1 影响农业生产效率的因素

改变生产要素（即劳动和物质资本，下同）投入量，影响农业生产效率。劳动（者）积极性主要通过改变生产要素投放质量，影响农业生产效率。在研究工作中，我们非常重视收集生产要素投入数量，并推算各类生产要素对农业生产效率的贡献份额，却容易忽视生产要素投放质量对农业生产效率的影响。也就是说，我们注意到了生产（者）积极性对农业生产效率的影响，而忽视了劳动（者）积极性对农业生产效率的影响。为此，这里重点分析劳动（者）积极性对农业生产效率的影响。

（二）劳动（者）积极性对农业生产要素投放质量的影响

1. 劳动（者）积极性影响劳动力投放质量。农业劳动投入包括劳动投入数量与质量。对于农业劳动投入数量，通常用3个指标替代，即农业劳动力数量、农业劳动天数和实际农业劳作时间①。无论采用哪个指标，都容易忽视劳动质量对农业生产效率的影响。事实上，在农业生产中，劳动质量存在很大差别。劳动质量由劳动能力（体力与脑力）和劳动（者）积极性两个因素共同决定。营养不良或者处于饥饿状态的劳动者，其体力很差，生产效率很低（见第一章案例1）。同样，劳动（者）积极性也影响劳动质量。比如，有同等劳动能力的人，一天都犁、耙1亩水田，数量完全相同，但劳动质量可能相差极大。犁得深、耙得平的水田，其水稻根系发达、长势均匀，产量就会高。犁得浅、没耙平的水田，其水稻根系不发达、长势不均。处于位势高处的水稻，其供水、供肥都受影响，产量就低。

2. 劳动（者）积极性影响肥料、农药和农业机械等物质要素投放质量。我们可通过统计资料或实地调查，取得肥料、农药和农业机械等物质要素的投入数据，却无法观察到这些要素的投放质量。劳动（者）积极性对施肥的影响，有两种表现：一是在农业作业现场，根据农作物长势合理施肥。二是施肥的后续工作处理，比如淹埋等。以水稻为例，施肥包括两道工序，先将肥料抛洒到水稻田，再用脚或手轻轻地滔水，促使肥料快速溶解，以保证水稻均匀吸收养分。当一个农业劳动者为自己劳动时，他的劳动积极性高，他会根据水稻长势情况，要么将肥料均匀地施在水稻田里；要么给长势差的部分，多施一点。在抛洒完肥料

---

① 在中国农村，受兼业和隐性失业两大因素影响，各地或各户农业劳动力，真正从事农业生产的时间差别很大，用农业劳动力数量替代农业劳动投入，是不可靠的。农业劳动天数也不能准确反映农业劳动投入数量，一天可以劳动6小时，也可以劳动12小时。在这三个指标中，农业劳作时间，能真实反映农业劳动投入数量。

后,他还会仔细地用脚或手滔田①、除草。当他受雇佣为别人劳动时,他也是将肥料洒到水田里,但他重点关注的是如何更快地将这道工序做完,他不可能细心观察并根据水稻长势施肥。在某些极端情况下,他可能将这些肥料集中施在某个部分。于是,有些水稻养分过剩,有些水稻养分不足。与投施肥料类似,在喷洒农药过程中,劳动(者)积极性也很重要。一个有积极性的劳动者,会根据病虫害严重程度喷洒农药。一个没有积极性的劳动者,很可能是在水稻田里走一圈,其目的是把喷雾器里的药水喷完。在使用小型农业机械过程中,也会出现同样现象。

所以,劳动(者)积极性对农业生产的每道工序都会产生影响。以水稻生产为例,劳动(者)积极性会影响犁田、耙田、施肥、病虫害防治和收割等劳动过程的劳动质量,进而影响农业生产效率。劳动(者)积极性不仅影响当季农业生产效率,还会影响后续农业生产效率。有积极性的劳动者,每年都以积极的态度参加劳动,在劳动过程中,他会逐年总结劳动生产经验,最后可能改变劳作方式,最终提高农业生产效率(见第65页脚注①)。没有积极性的劳动者,其目标就是完成任务,很少去总结劳动生产经验。

(三)农业生产效率的三个组成部分:技术效率、生产要素效率和劳动效率

根据前文分析,农业生产效率应当包括三部分(见图1右边)。第一部分为生产要素效率,即由劳动、肥料、农药、农业机械等投入量变化而产生的效率(图1右边双虚横线连接的各因素,这里不包含播种面积部分)。第二部分为劳动效率,即由劳动能力或劳动(者)积极性变化而产生的效率(图1右边虚

---

① 滔田,是我们湖南老家的土话,即给水稻施肥、除草的劳动过程。

点线连接的各因素)。劳动效率可能是正,也可能是负,它会一次性移动生产函数曲线。一个地区或国家的农地制度发生改变,会影响很多农民的劳动积极性和劳动效率,并致使其总体农业生产函数曲线上下移动。第三部分为技术效率,即由技术条件变化而产生的效率(图1右边实线连接的各因素)。良好气候条件、农田基础设施改善、耕作技术革新、高产品种等,都会在生产要素投入数量和质量不变情况下,提高农业生产效率。相反,恶劣气候条件、传统高产品种被优质低产品种替代等,会降低农业生产效率①。技术效率提高程度,受范围大小制约。对一个农户或较小范围地区来说,改善技术条件,其技术效率会立即提高很多。对一个国家,特别是像中国这样的大国,技术效率增长是逐步的,根本原因在于:基础设施改善、耕作技术和品种改良,有一个逐步扩散的过程;气候变化,也存在地区差别。综上所述,农业生产效率高低及变化趋势,由技术效率、生产要素效率和劳动效率共同决定。

此外,在农业的不同发展阶段,三部分效率对农业生产效率的贡献不同。传统农业以手工作业为主,劳动效率对农业生产效率的贡献份额相对较高。随着生产要素投入水平的提高(包括物质要素替代劳动投入)和农业技术条件改善,生产要素效率和技术效率对农业生产效率的贡献份额不断增长。在现代化大农场里,机器替代了手工劳动,农业生产效率主要由技术效率和生产要素效率构成,劳动效率对农业生产效率的贡献份额变小。这有两个原因:一是在现代化农场中,农业作业由大型机械完成;二是大型机械作业,使劳动监督变得更为容易。

---

① 请注意,本书的农业生产效率是用单产衡量,而不以产值衡量。在单产下降时,产值可能是增加的。

至此，我们已建立了一个农业生产效率的分析框架。在这个分析框架里，农业生产效率被分解为生产要素效率、技术效率和劳动效率。在以后有关农地制度各章里，我们将利用这个框架，分析农地制度变革（劳动积极性）对农业生产效率的影响。

## 第二节
### 地租理论、土地发展权理论与土地增值收益分配

#### 一、地租理论

经济学对于地租的研究，首先是从农业用地开始的，后来才关注非农业用地地租。英国古典政治经济学创始人威廉·配第（1623~1687）认为，地租是使用农地生产农作物的一种剩余或净报酬，用公式表示为：地租＝市场价格－生产成本。英国古典经济学家理查德·坎蒂隆（1685~1734），对配第地租理论作了重要补充，认为地租是剩余扣除利润后的余额，用公式表示为：地租＝市场价格－生产成本－利润。亚当·斯密将地租的研究，从农业用地扩展到非农业用地。马克思在研究和继承古典地租理论的基础上，形成了自己的地租理论体系，这个理论体系成为中国制定土地增值收益分配的政策基石。按照马克思的地租理论，地租可分为级差地租（级差地租Ⅰ和级差地租Ⅱ）、绝对地租与垄断地租。各国发展经验证明，确定合理的地租水平和地租体系，有利于土地资源的合理配置。

（一）级差地租Ⅰ与级差地租Ⅱ

级差地租Ⅰ，是指土地租用者租用比较肥沃或者地理位置较

好的土地，向土地所有者缴纳的超额利润。以农业生产为例，农业用地可分为优等地、中等地和劣等地。种植劣等地的农业经营者，必须获得社会平均利润，他才会投资劣等地。因此，农产品社会生产价格是由劣等地上农产品个别生产价格决定的。相对于劣等地农业经营者，优等地和中等地的土地经营者可以获得超额利润。这些超额利润会部分或者全部（理论上）转化为地租，由土地所有者占有。需要指出的是，这里有一个非常重要的假设条件，即所有超额利润都来源于土地，土地质量是唯一影响因素，其他条件完全相同（或被忽略）。实际上，农地使用者所获超额利润，并不全部来源于土地质量，还受许多其他因素影响。比如，采用优良品种，或者采用先进农业技术，都会使农地经营者获得超额利润，我们不能将这些超额利润，归为级差地租Ⅰ。现在，我们假设其他条件完全一样，在表1中，仅因土地肥沃程度不同，中等地和优等地的土地所有者，其获取的级差地租Ⅰ分别为30元和60元；在表2中，仅因土地离市场远近不同，甲、乙两块土地的所有者，获取的级差地租Ⅰ分别为24元和12元。级差地租Ⅰ，来源于土壤肥力较高或地理位置较好的中、优等地，它应当由土地所有者占有。

表1　　因土地肥沃程度不同所产生的级差地租Ⅰ

| 土地等级 | 投资总额（元） | 平均利润率 | 产量（公斤） | 个别生产价格 | | 社会生产价格 | | 级差地租Ⅰ（元） |
|---|---|---|---|---|---|---|---|---|
| | | | | 全部产品（元） | 单位产品（元/公斤） | 全部产品（元） | 单位产品（元/公斤） | |
| 劣等地 | 100 | 20% | 200 | 120 | 0.6 | 120 | 0.6 | 0 |
| 中等地 | 100 | 20% | 250 | 120 | 0.48 | 150 | 0.6 | 30 |
| 优等地 | 100 | 20% | 300 | 120 | 0.4 | 180 | 0.6 | 60 |
| 优等地追加投资 | 100 | 20% | 350 | 120 | 0.34 | 210 | 0.6 | 90（级差地租Ⅱ） |

表2 因土地位置（离市场远近）不同所生产的级差地租Ⅰ

| 地块 | 离市场距离（公里） | 生产资本总投入（元） | 运输费用（元/公里） | 总投资（元） | 平均利润率 | 个别生产价格（元） | 社会生产价格（元） | 级差地租Ⅰ（元） |
|---|---|---|---|---|---|---|---|---|
| 甲 | 10 | 100 | 1 | 110 | 20% | 132 | 156 | 24 |
| 乙 | 20 | 100 | 1 | 120 | 20% | 144 | 156 | 12 |
| 丙 | 30 | 100 | 1 | 130 | 20% | 156 | 156 | 0 |

级差地租Ⅱ，是指在同一土地上连续追加投资（比如，采用新技术、新设备以提高单位面积产量）而产生的地租，是连续追加投资所带来的超额利润。表1最后一行显示，在优等地上连续追加投资，其产生的级差地租Ⅱ为90元。在租用期限内，级差地租Ⅱ由土地租用者占有。租用期限到期后，土地所有者会考虑前期投资所带来的利益，提高租金，将前期投资所产生的级差地租Ⅱ，据为己有。

同样，工商业用地，也存在级差地租Ⅰ和级差地租Ⅱ。工商业用地级差地租Ⅰ，是由土地位置不同产生的；工商业用地级差地租Ⅱ，是由追加投资产生的。

（二）绝对地租和垄断地租

无论是农业用地，还是工商业用地，都存在绝对地租和垄断地租。绝对地租，是指土地所有者仅凭土地所有权的垄断而获得的地租，它与土地等级无关。也就是说，租用最差的劣等地，也要缴纳地租。土地作为一种资本，也应当获得相应利润。垄断地租，是指级差地租和绝对地租以外的一种特殊形态的地租。它只存在于少量自然条件特别有利的土地上。比如，某一块土地，可以生产某种特殊蔬菜，或者可以开采稀有矿产，这种特殊蔬菜或稀有矿产可以获得高额利润。又比如，在某城市繁华地区，房租特别高昂，这种高昂的房租中也包含有垄断地租。

## 二、土地发展权理论

（一）土地发展权的含义

根据孙弘博士的定义[①]，土地发展权就是改变土地现有用途或土地利用强度的权利，也称土地开发权（Land Development Rights）。土地发展权，可区分为农地发展权和市地发展权[②]。农地发展权，是指农地向非农城市建设转用的权利；市地发展权，是指城市建设用地改变用途及利用强度的权利。这里需要补充一下，孙弘博士有关农地发展权与市地发展权的区分，是建立在我国现行城乡分割土地制度基础上的。在城乡土地制度一体化情形下，根据孙弘博士的思路，土地发展权应分为农地发展权和建设用地发展权。

在传统农业社会，人们强调绝对所有权，包括占用、使用、收益和处分等四项权能。随着工业化和城市化的推进，农业用地不断转为工业用地，土地权利的重心从所有转向利用，从绝对所有权中分离出了许多其他权利。土地发展权就是一项由所有权分割而来，并且可以单独处分的权利。创立土地发展权后，土地所有权范围是以现在已经依法取得的既定权利为限。变更土地现有用途或改变土地利用强度的权利，则属于发展权[③]。

（二）土地发展权的归属

根据西方国家的实践，土地发展权的归属可分为三类，即归国家（或政府）占有，归国家（或政府）与土地开发者共同占

---

[①] 引自孙弘著：《中国土地发展权研究：土地开发与资源保护的新视角》，中国人民大学出版社2004年版，第11页。

[②] 同①，第44页。

[③] 引自刘国臻著：《论我国土地利用管理制度改革》，人民法院出版社2006年版，第119页。

有，归土地所有者占有。

1. 英国的土地发展权。英国是创立土地发展权制度最早的国家。1947年英国《城乡规划法》规定：一切私有土地的发展权归国家所有，即土地发展权国有化。土地发展权以变更用途后的自然增长价值计算。私有土地，只能保持原有用途类别的占有、使用、收益与处分权。任何人若想改变用途进行开发，必须向国家购买发展权。相反，如果政府改变规划，致使私人土地价值降低，政府应当给予赔偿。土地发展权完全归政府占有，致使土地开发成本剧增，导致土地黑市猖狂。此后，英国政府不得不做出相应调整，政府课征的土地开发收益，由100%调整为40%~50%，即政府与私有开发者共享土地发展权。

2. 法国的土地发展权。法国政府于1976年修改《城市规划法典》，建立了土地开发法定上限限制制度（以容积率为标准），即土地开发人若超过法定上限（超过法定容积率），须向政府支付超过上限部分的代价。比如，在容积率限制为2的地区，如果在10 000平方米土地上，建筑面积小于20 000平方米，不需要额外缴纳费用；如果建筑面积为30 000平方米，按规定容积率，相当于多占了5 000平方米（15 000 - 10 000 = 5 000），则土地开发者需要向政府多缴纳5 000平方米的土地价格。也就是说，法国城市建设用地的发展权，部分归国家所有，部分归土地开发者所有。

3. 美国的土地发展权。20世纪70年代，美国仿照英国的做法，设立土地发展权。与英国不同，美国的土地发展权属于土地所有者。土地所有者可以将其发展权转让给个人或者政府，由此产生了土地发展权转让制度和土地发展权征购制度。（1）土地发展权转让。即土地使用受限制的所有人（转让人），将土地发展权出卖给有土地开发权利的受让人，受让人向转让人支付土地发展权费用。土地发展权转让的关键是划定转让区与受让区。转让区，即不能改变原有用途或不能进一步开发的地区。转让区里的土地所有者，可以转让土地发展权，也可以不转让土地发展权。受让区，即根据规划可以进一步开发的区域。受让区的土地所有者，可以到转让区购买土地发展权。理论上，同一区域内的各宗土地发展权是相同的，受土地利用规划和开发强度影响，这些土地开发后的价值差异极大。为公平起见，开发价值高的土地所有者，须向不能开发或开发价值低的所有者购买发展权。比如，允许名胜古迹所有人将基本容积率与实际容积率之差的建筑面积（即发展权折价）出售给其他所有人。（2）土地发展权征购。即政府利用公共资金购买土地所有者的土地发展权，将开发土地的权利掌握在政府手里。土地发展权出卖后，原土地所有者不得改变土地用途，不得进行开发。一旦规划调整，允许该土地开发，农民可以向政府回购土地发展权自行开发，也可以由政府组织开发。

### 三、新中国的土地增值收益分配

（一）土地增值收益的含义

这里，我们先要定义什么是土地增值收益。所谓土地增值收益，是指土地用于各类生产经营活动所带来的收益，它包括土地所有者或土地经营者收取的租金收入（即现有用途或现有利用强度下的绝对地租、级差地租和垄断地租）、政府与土地所有者针对土地所收取的各类税费，以及改变土地现有用途或现有利用强度所带来的涨价收益（即土地发展权收益）等。

（二）新中国土地增值收益中的租、税、费

1. 农业用地的租、税、费。新中国成立至今，我国农地制度经历了四个发展阶段。在不同阶段，农业用地的租、税、费，有不同表现形式。(1) 在初级社时期，农民将私有土地入股到初级社，凭土地所有权取得土地报酬，这个土地报酬就是地租。农业税由农户自己承担①。(2) 在高级社和农村人民公社时期，农民私有土地被收为集体所有，土地报酬被取消（即地租内在化②）。与此同时，农业集体经济组织需要向政府缴纳农业税和定购任务（两者之和相当于税），并提取公积金与公益金（即内在地租与费）。(3) 自20世纪80年代初至本世纪初，集体将土地承包给农户使用，农户向国家缴纳农业税和定购任务（即税），向集体缴纳"三提五统"（即地租和费）。(4) 从21世纪初起，国家不仅逐步免除了农民从事农地经营所要缴纳的地租和税费，而且还向农民发放各类补贴，比如，粮食直补等。需要指出的是，自高级社以来，我国农业用地增值收益中，租、税、费三者界限模糊不清。以家庭承包经营以来的情形为例，集体将土地承包给农民家庭经营，并没有明确规定农民家庭要向集体缴纳多少地租，只是笼统地规定农民家庭必须完成农业税、费与集体分配的各种任务。于是，许多不该由土地承担的税费任务，被均摊到土地上。比如，将工商税、屠宰税等针对非土地收益的税收，摊到土地上；将应当按照农民收入水平分摊的各种费用（比如"三提五统"等），按农民承包土地面积进行分摊。由于土地负担过重，农民不愿意耕种土地，甚至抛荒。一些地方还出现了"倒贴"现象，即农民将自己的承包田转包给其他农户耕种，要给其他农户一定经济补偿。产生"倒贴"的原因有两个：

---

① 1950年《新解放区农业税暂行条例》规定：新解放区农业税，以户为单位，按农业人口每人平均农业收入累进计征。

② 经济学家将某人支付给自己的地租，视为"内在地租"；将某人支付给他人的地租，视为"外在地租"。见萨缪尔森著：《经济学》（中册），商务印书馆1991年版，第257页。

一是农民没有土地荒芜权；二是种地比较效益低。

2. 城市国有建设用地的租、税、费。自1954年至1987年，我国城市国有土地基本实行无偿使用。国营企业、国家机关、团体、学校、军队使用国有土地，不缴纳租金。经县级以上政府批准，用地单位只要缴纳土地补偿费、劳动力安置费等费用后，就可以无偿获得土地使用权。这种土地使用方式，被通称为行政划拨。通过行政划拨所取得的土地使用权，有以下特点：一是没有期限；二是不付租金；三是不可流转。自1979年开始，中外合资企业需要向中国政府缴纳土地使用费（即地租）。到1987年下半年，我国逐步试行国有土地有偿使用。此后，城市建设用地中，实行有偿使用的土地比重不断增加，国有土地有偿使用收入也不断增长（详细数据见第五章）。国有土地有偿使用收入，包括土地出让金、年租金和土地使用权作价入股分红收益。土地出让金与年租金都是地租，最大区别在于，出让金是一次性收回规定期限的地租，年租金则是逐年收取地租。土地出让金包括当期出让金、续期出让金①和合同改约补偿金（土地发展权收益）②。除了收取土地租金外，各级政府还以税、费形式，参与土地增值收益分配，其形式多种多样（见附录2中的表3）。由于国家垄断建设用地市场，因此，尽管我国有两种土地所有制形态，即集体所有和国家所有，却没有规范的集体建设用地市场。随着改革的不断深入，也许会逐步形成规范的集体建设用地市场，到那时必然会出现集体建设用地的租、税、费分配问题。

（三）土地涨价收益分配

现在，我们重点讨论土地增值收益中的土地涨价收益。所谓

---

① 是指土地使用期满后，土地使用权受让人需要续期时缴纳的出让金。
② 是指土地使用权受让人，经批准改变原土地使用权合同指定的用途时，按规定补缴的价款。

土地涨价收益，即改变土地现有用途或利用强度所带来的收益，也就是土地发展权收益。根据我国土地制度特征，以下五种情形会产生土地涨价收益：即集体农业用地转变为集体建设用地，集体农业用地转变为国有建设用地，集体建设用地转变为国有建设用地，集体建设用地的深度开发，国有建设用地的深度开发。到目前为止，我国学术界比较关注第二、第三种情形下的土地涨价收益分配，也就是农村集体土地征收为国有土地后的涨价收益分配。

  土地涨价收益究竟归谁，不同国家有不同规定，甚至不同发展阶段，也有不同规定。美国的做法，可归为"涨价归私"；英国早期的做法，可归为"涨价归公"，后来改为"公私兼顾"。从土地发展权角度看，我国现行农村集体土地征收制度的实质是土地涨价归公。关于我国土地涨价收益分配问题，学术界存在两种观点。第一种观点认为[①]，农村集体土地的发展权应完全归集体所有，即涨价归私（农）论。第二种观点认为[②]，农村集体土地的发展权应当由国家和集体共享，即公私（国家与集体和农民个人）兼顾论。应当说，土地涨价收益由国家和集体土地所有者共同分享（即公私兼顾），比较符合中国国情。第一，中国是个发展中人口大国，农产品生产特别重要，特别是粮食安全必须立足于国内生产。在工业化和城镇化进程中，农用地转为非农用地，意味着获取更多经济收益。无论是地方政府、集体经济组织、还是农户，都有将农用地转为非农用地的冲动。如果不对农用地转为非农用地加以控制，粮食安全就会出问题。通常，政府

---

① 陈美球：《土地涨价应该归公吗》，《决策咨询》2003年第10期。
② 周诚：《关于我国农地转非自然增值分配理论的新思考》，《农业经济问题》2006年第12期。

依靠土地规划和土地用途管制来控制农用地转为非农用地,但如果不能合理分配农地增值收益,再严格的规划和用途管制也不可能产生好的效果。所以,在分配农地增值收益时,既要确保原土地所有者利益,也要考虑其他土地所有者利益;既要确保发达地区利益,也要考虑粮食主产区利益。第二,导致土地增值的因素很多,其中一个重要的因素是,政府大量投资改善基础设施。根据土地涨价收益公私兼顾的原则,集体农业用地转变为集体建设用地,集体建设用地和国有建设用地的深度开发,同样需要兼顾集体与政府的利益。

# 第一章

# 1949~1955 年的农地制度：土地改革与互助合作

## 第一节 旧中国的农地制度与农业生产效率

### 一、旧中国的农地占有与使用状况

（一）关于旧中国农地占有状况的两种判断

对国民党统治时期各阶级（层）的土地占有状况，曾经有许多不同调查（见表1-1）和估算。国民党中央农民部土地委员会（1927年）认为：地主、富农只占人口的14.5%，却占有81%的土地；其他劳动者占人口的85.5%，却仅占19%的土地。1930年，毛泽东在江西省新余县罗坑镇调查（又称兴国调查，共8个家庭）时发现：地主和富农仅占人口的7%~8%，却占有80%的土地。浙江省龙游8村调查（1933年）数据显示，

表1-1　　旧中国不同地区各阶级土地占有调查数据　　单位:%

| 调查地点 | 资料时间 | ①地主 | | ②地主和富农 | | ③中农、贫雇农等 | | ①与③土地规模比 | ②与③土地规模比 |
|---|---|---|---|---|---|---|---|---|---|
| | | 户数比重 | 土地比重 | 户数比重 | 土地比重 | 户数比重 | 土地比重 | | |
| 吉林省、黑龙江省52县 | 1925 | — | — | 14.3* | 52* | 85.7 | 48 | — | 6.5 |
| 河北省保定10村 | 1930 | 3.7 | 13.4 | 11.7 | 41.3 | 88.3 | 58.7 | 5.4 | 5.3 |
| 河南省辉县4村 | 1933 | 4.4 | 27.5 | 12.5 | 48.1 | 87.5 | 51.9 | 10.5 | 6.5 |
| 晋察冀北区45村 | 1937 | 2.4 | 16.4 | 10.9 | 38.3 | 89.1 | 61.7 | 9.9 | 5.1 |
| 陕西省绥德4村 | 1933 | 1.5 | 16.9 | 4.8 | 39.8 | 95.2 | 60.2 | 17.8 | 13.1 |
| 江苏省无锡20村 | 1929 | 5.7 | 47.3 | 11.3 | 65 | 88.7 | 35 | 21.0 | 14.6 |
| 江苏省启东8村 | 1933 | 0.5 | 9.2 | 7.7 | 67.6 | 92.3 | 32.4 | 52.4 | 25.0 |
| 江苏省常熟7村 | 1933 | 1.3 | 28.2 | 3.2 | 59.5 | 96.8 | 40.5 | 51.8 | 44.4 |
| 浙江省龙游8村 | 1933 | 7.2 | 73 | 13.2 | 82.7 | 86.8 | 17.3 | 50.9 | 31.4 |
| 浙江省永嘉6村 | 1933 | 1.4 | 28.4 | 2.4 | 39.4 | 97.6 | 60.6 | 32.7 | 26.4 |
| 广东省番禺10村 | 1933 | 2.9 | 18.6 | 11.7 | 57.2 | 88.3 | 42.8 | 13.2 | 10.1 |
| 广西桂林6县14村 | 1934 | 4.9 | 37.8 | 12.8 | 59.9 | 87.2 | 40.1 | 16.8 | 10.2 |
| 云南省昆明6村 | 1933 | 1.7 | 9.5 | 13.1 | 43.1 | 86.9 | 56.9 | 8.5 | 5.0 |
| 四川省长寿 | 1935 | — | — | 15.7* | 68.1* | 84.3 | 31.9 | — | 11.5 |

注:原始数据引自温铁军著:《中国农村基本经济制度研究》,中国经济出版社2000年版,第81页;*表示含经营地主。

13.2%的地主和富农户,占有82.7%的土地。王亚南①综合外国学者②对中国耕地占有情况的估算,认为全国耕地中租耕地占

---

① 王亚南:《中国地租总论》,原载《广东省银行季刊》第3卷第4期,1943年12月,引自陈翰笙、薛暮桥等合编:《解放前的中国农村》(第1卷),中国展望出版社1985年版。

② 马扎亚尔认为,西南诸省地主所有耕地占60%~70%,扬子江流域地主所有耕地占50%~60%,河南省、陕西省地主所有耕地占50%,山东省地主所有耕地占30%~40%,湖北省地主所有耕地占10%~30%,东北诸省地主所有耕地占50%~70%。

60%左右；在这些租耕地中，除极少量的学田、族田等公有地外，其他均为地主私人所有。1950年，国家统计局对全国土地改革前各阶级占有耕地情况做过一次估算①，依据1950年的全国户数、人口、耕地面积和全国土地改革前3年各阶级的比重进行推算。推算结果显示：全国土地改革前，地主和富农占总户数的7%，占总人口的9%，占总耕地的52%；中农、贫农和其他劳动者占总户数的93%，占总人口的91%，占总耕地的48%。

依据上述各类估算数据，史学界和经济学界对旧中国农村土地集中程度出现了两种判断：一种判断认为，旧中国的土地主要集中在地主手里，土地占有关系严重不平等。比如，占人口不到10%的地主、富农，占有70%~80%的土地；而占人口90%以上的中农、贫雇农，却只占20%~30%的土地。另一种判断认为，旧中国并没有出现土地向地主、富农集中的趋势，地主和富农与其他农民各占一半土地。

（二）对两种判断的评价

应当说，上述两种判断，各有依据，但均欠严谨。表1-1（3~8列）数据显示，不同地区地主、富农占总户数的比重不同，其占地比重也相差悬殊。比如，江苏省无锡20个样本村，地主和富农户数比重为11.3%，占地比重为65%；浙江省永嘉6个样本村，地主和富农户数比重为2.4%，占地比重为39.4%。显然，我们不能简单地根据地主和富农占地比重推断：江苏省无锡20个样本村的土地集中程度，高于浙江省永嘉6个样本村。我们需要换一种方法，通过比较不同土地所有者户均持有土地规模差异，以反映当地土地集中程度，这种方法更直观、更准确。表1-1最后

---

① 国家统计局：《建国三十年全国农业统计资料》（1980年）（内部资料）。

两列，分别列出了地主、富农与其他农户持有土地规模之比①。结果显示，不同地区，地主（或地主与富农）与其他农户的户均土地持有规模，相差悬殊。在江苏省启东8个样本村，地主持有土地规模，是中农、贫雇农持有土地规模的52.4倍；在河北省保定10个样本村，地主持有土地规模，是中农、贫雇农持有土地规模的5.4倍。依此类推，在江苏省无锡20个样本村，地主持有土地规模，是中农、贫雇农持有土地规模的21倍；在浙江省永嘉6个样本村，地主持有土地规模，是中农、贫雇农持有土地规模的33倍。因此，简单地根据地主占有土地的比重判断土地集中程度，不够严谨。根据地主、富农占地比重判断，无锡20个样本村的土地集中程度，高于永嘉6个样本村。相反，根据地主、富农与其他农户的户均占地规模比判断，永嘉6个样本村的土地集中程度，高于无锡20个样本村。表1-1数据还显示，江苏省启东8个样本村，地主仅占9.2%的土地，在所有样本中是最低的；地主与其他农户的户均占地规模比为52.4，在所有样本中是最高的。

旧中国农村的土地集中程度，存在明显的地区差异。学术界有关旧中国土地集中程度的两种判断，客观地反映了这种差异。在地区差异悬殊情形下，根据几个样本调查数据，推断全国总体，既不可取，也没必要。简单地根据各阶级的户数比重、人口比重和占地比重，判断全国土地集中程度，容易产生误判。相反，依据各阶级户数、人口和占地比重，推算各阶级户（人）均占地规模之比，分析各地土地集中程度的差异，更有意义。

（三）关于旧中国农地使用权状况的判断

与农地占有状况不同，旧中国农地使用权呈现分散特点。严

---

① 地主与其他农户持有土地规模比=（地主占地百分比/地主户数百分比）/（其他农户占地百分比/其他农户户数百分比）；其他农户是指中农、贫雇农等。

中平分析了陕西、河北、江苏、浙江等7省、18县、121村的资料，发现绝大多数在村地主、富农使用的土地面积比例有所下降（1933年与1928年比）。温铁军[①]通过分析1928年至解放前夕的农地使用权分布发现：1928年富农租入土地多于中农和贫农，到解放前夕，贫农租入土地多于中农，中农租入土地多于富农；以富农、中农为代表的自耕农，是土地的主要租佃者。相对于土地占有的不平等，旧中国农地使用权分布呈现均等化特征。

## 二、封建高额地租是旧中国农业生产效率低下的根本原因

（一）地租对农业生产效率的影响分析

关于农地制度对农业效率的影响，不少学者做过分析。德怀特·H. 帕金斯教授等[②]认为，从积极性和管理的角度看，不租种土地的家庭农场，是最理想的制度。张培刚教授在《土地改革与经济发展》一文中，分析了四种农地私有制对农业效率的影响[③]，得出的结论是：自耕自田（即不租种土地）的家庭农场，不论是亚洲的小农经营，还是北美的大农场经营，是农业最适当的经营方式。一方面，农业生产需要生产者精心培育和细心照料。另一方面，自耕自田既没有封建地租剥削，也没有资本主义雇佣剥削，除缴纳农业税收外，所得全部归己。自耕自田的制度，最能激发农民生产积极性，有利于提高农业生产效率，促进

---

[①] 《中国农村基本经济制度研究》，中国经济出版社2000年版，第93~97页。
[②] 见德怀特·H. 帕金斯等：《发展经济学》（英文版），纽约，1983年版，第484页。
[③] 四种农地私有制，是指带有封建性或半封建性人身依附关系的租佃制、带有封建性或半封建性依附关系的大庄园制、体现资本主义雇佣关系的现代特大农场和种植园、自耕自田的家庭农场。

农业发展。在该文中,张教授只是提及封建地租存在剥削,难以激发耕作者的生产积极性,因而影响农业生产效率。

事实上,封建地租(严格地说,是收租地主收取的高额地租,见后文)对农业生产效率的影响,不仅限于妨碍耕种者(即耕作者)生产积极性[1],它还妨碍租种者农业投资水平和劳动能力。第一,封建高额地租影响租种者农业投资水平。在农业纯收益分配中,地主收取地租越高,土地租种者所得份额越低,其农业投资水平也低。农业投资既可用于购买生产要素,也可用于改善农业技术条件。因此,根据导论分析框架,高额封建地租会严重妨碍农业生产要素效率和技术效率的提高。第二,封建高额地租影响租种者劳动能力(主要是体力)[2]。在食物短缺时代,地租越高,租种者所得越少,他们就不能获取足够食物,营养不良或饥饿[3]必然导致劳动能力下降,进而影响农业生产效率。关于营养不良或饥饿对农业劳动效率的影响,生活在富足国家或者已经解决温饱问题国家的人们,缺乏切身体会。我们的长辈和我本人的劳动经历,可以验证这一点(见案例1)。

**案例1:营养不良或饥饿对劳动效率的不利影响**

笔者父母都是普通的中国农民,他们曾多次跟我提及挖树根和草根吃的故事。20世纪50年代末60年代初"过苦日子"时期[4],食物短缺,他们不得不到山上去挖草根、树根吃。由于饥饿和营养不良,他们没有足够体力,在挖草根、树根时,经常是挖一会、歇一会。面对饥饿和生命危险,

---

[1] 地租越高,租种者所得越少,相当于比较收益下降,因而会影响生产积极性。
[2] 在食物充裕时代,高额地租对劳动能力影响有限。
[3] 营养不良与饥饿是两个不同概念。
[4] 1959~1961年中国大陆地区出现全国性粮食短缺和饥荒,而我们湖南老家出现这种饥荒是1958年,当地人形象地将1958年那次饥荒称作"过苦日子"。

他们的劳动积极性应当是最高的，他们只有努力工作，才能挖到足够的草根与树根，才能保住生命。然而，由于营养不良、体力不支，劳动过程只能断断续续，劳动效率极其低下。在参加农业劳动的过程中，笔者本人对饥饿影响农业劳动效率，也有切身体会。根据我湖南老家生活作息习惯，一般早晨到地里劳动到9点多，才回家吃早饭。刚开始体力还很充沛，经过一段时间的劳动后，特别是到9点钟左右，肚子感觉到饥饿，体力明显下降，劳动断断续续，最盼望的事情就是早点回家吃饭。

综上所述，封建地租对农业生产效率的影响，主要体现在3个方面：影响租种者的劳动能力、影响租种者的农业投资水平、影响租种者的生产积极性。地租的高低，必然影响农业生产效率。自耕自田的家庭农场，税外收入全部归自己，其农业生产效率最高；封建低地租条件下的农业生产效率，高于封建高地租条件下的农业生产效率；封建高地租条件下，农业生产效率最低。我们还可以做出如下推断：在封建高地租条件下，土地所有权非常重要，拥有更多土地，意味着更多地租收入；相对而言，在低地租条件下，土地所有权的重要性下降，土地使用权变得更为重要，经营更多土地，意味着更多收入。

（二）旧中国的高额地租

与对土地所有权集中程度的判断不同，学术界对旧中国地租的判断是一致的：地租畸高，剥削严重。邓子恢1929年在闽西6县调查发现①，田租最低为60%，最高达80%。陈正谟1934年计算出全国各地租金率在37%~52%之间（见表1-2）。国民党政府1934年计算出全国各省的地租购买年②，1934年全国平

---

① 《邓子恢文集》，人民出版社1996年版，第9页。
② 地租购买年＝每公顷地价/每公顷租金。购买年越长，地租越轻。反之，地租越重。

均地租购买年为 7~9 年，远低于其他国家水平。第一次世界大战后，法国地租购买年为 20 年，英国地租购买年为 27~30 年[①]。王亚南 1943 年在《中国地租总论》一文中指出：中国地租率之高，是任何国家都不可比拟的。

这里，我们尝试根据相关史料，推算旧中国地租占农业生产纯收益的比例。我国台湾省在推行土地改革时[②]，曾对农业生产费用做过估算，农业生产费用占农业收入比重为 25%。据此，台湾省推行了"三七五减租"，地主和佃农各占土地纯收益的 50%，即各占 37.5%。解放后，国家统计局 1956~1960 年的统计数据显示，农业生产费用占农业收入的比例约为 25% 左右。因此，以 25% 作为农业生产费用占农业收入的比重，是可靠的。也就是说，农业纯收益占农业收入的比重为 75%。根据陈正谟对全国地租水平的估算（见表 1-2），在上、中、下等水田的纯收益中，地租占农业纯收益的比重分别为 58%、57% 和 59%[③]；在上、中、下等旱地中，地租占农业纯收益的比重分别为 57%、60% 和 62%。所以，在旧中国的土地纯收益中，土地所有者收取的地租占到 60%（57%~62%），土地租用者占有的纯收益比重约占 40%（38%~43%）。

---

[①] 《中国租佃制度之统计分析》，上海正中书局 1946 年版，第 143 页。

[②] 台湾省土地改革分三个阶段。第一阶段，从 1949 年 4 月开始，实行"三七五减租"。根据推算，农田普通收获量中，有 25% 为生产费用，剩余的 75%，由地主和佃农各 37.5%（即三七五）。第二阶段，从 1951 年开始，实行公地放领。即将公地卖给农民，地价按全年实物收获量的 2.5 倍计算，价款由农民在 10 年内分期偿付，不计利息。第三阶段，从 1952~1953 年，征收地主多余土地，耕地征收价按全年收获量的 2.5 倍计算，以配给债券和股票方式支付。

[③] 地租占农业纯收益比重 = 地租占农业总收入（总产值）的比重/农业纯收入占农业总收入（总产值）比重。以上等水田为例，地租占其农业纯收益比重 = 43.6/75 = 58%。依此类推。

表1-2　　　　　1934年各地租价占产值的比重　　　　单位:%

| 地区 | 水田 | | | 旱地 | | |
|---|---|---|---|---|---|---|
| | 上等 | 中等 | 下等 | 上等 | 中等 | 下等 |
| 长江流域 | 42.7 | 42.7 | 44.9 | 38.6 | 37.5 | 40.9 |
| 珠江流域 | 44.2 | 41.6 | 41.6 | 39.3 | 42.8 | 41.1 |
| 黄河流域 | 45.2 | 43.9 | 45.2 | 45.5 | 47.6 | 51.2 |
| 全国平均 | 43.6 | 42.5 | 44.1 | 42.6 | 44.7 | 46.4 |

注：资料来源于温铁军著：《中国农村基本经济制度研究》，中国经济出版社2000年版，第449页。

（三）旧中国封建高额地租，导致农业生产效率低下

旧中国有三种地租形态，实物地租最为常见，货币地租和劳役地租所占比重很低[①]。旧中国的地租，不仅剥削程度高（占农业纯收益的60%），而且具有封建性。这种封建性表现为，地主收取高额地租，不用于农业投资，而是用于购买更多土地。旧中国的这种封建高额地租，是导致农业生产效率低下的根本原因。第一，旧中国至少有60%的土地为租耕地。第二，旧中国的地主，绝大部分是收租地主，而非经营地主[②]。收租地主与经营地主的最大区别在于，二者对地租的使用方向不同。收租地主，将收取的地租用于购买更多土地，无助于提高农业生产效率。经营地主倾向于将其地租收入，用于农业生产，改进农业技术条件和物质条件，有利于提高农业生产效率。第三，地主和富农一般占有优等地，而小土地所有者主要占有劣等地（王亚南）。上述三

---

① 王亚南：《中国地租总论》，《解放前的中国农村》（第1卷），中国展望出版社1985年版，第660页。
② 沈志远：《土地改革与发展生产力》，《理论与现实》，香港新中出版社1948年版。

个因素结合在一起，就会出现如下情形。一方面，生产力水平高的优等地，主要以出租经营为主，收租地主收取高额地租，导致这些土地的生产效率低下。另一方面，小土地所有者主要经营劣等地，虽然不需缴纳高额地租，但由于土地质量差，对农业生产效率提高的贡献有限。因此，旧中国农业生产效率低下，在情理之中。在土地所有权集中和封建高额地租两个前提条件下，土地使用权再分散，也无法改善农业生产效率。要改善旧中国的农业生产效率，只有两种选择：一是改变土地所有权过分集中的状况；二是降低地租水平。

## 第二节

### 1950～1952年底的土地改革

#### 一、土地改革的具体做法

中国共产党自成立之日起，就意识到土地对中国农民的重要性。在第一次国内革命战争时期（1924～1927年），中国共产党发动农民打土豪、分田地。在第二次国内革命战争时期（1927～1937年），共产党在各革命根据地进行土地改革，没收地主土地，平均分配给农民耕种。在抗日战争时期（1937～1945年），共产党将"没收地主土地"改为"减租减息"。在第三次国内革命战争时期（1945～1949年），共产党又将"减租减息"改为"没收地主土地"，并均分给农民耕种。至新中国建立前（即1949年前夕），1.6亿人口的老解放区已完成土地改革。1950年6月，中央人民政府政务院决定，在3亿人口的新解放区进行土地改革。这次土地改革将农村与大城市郊区区别开来，分别处理。农村土地改革,主要按《政务院关于农村阶级成分的决定》(1950年8月)和《中华人民共和国土地改革法》(1950年6月)两个文件规定推进,大城市郊区土地改革按《城市郊区土地改革条例》(1950年11月)规定进行。

(一)农村地区阶级成分的划分

《政务院关于农村阶级成分的决定》(以下简称《决定》)是以1933年《怎样分析农村阶级》和《关于土地改革中一些问题的决定》两个文件为基础,做了大量修改、补充和说明后形成的。该《决定》全文近1.3万字,对如何划定农村阶级成分做了非常详细的规定;对土地改革中可能出现的各种情况都有预见,并配有案例和说明。划分农村阶级成分,主要依据两个标准,即土地占有量和是否参加劳动。《决定》对一般情况和特殊情况下的劳动和附带劳动、主要劳动和非主要劳动都有详细说明。

1. 地主。以下八类人员,均划为地主。占有土地,自己不劳动,或只参加附带劳动[1],靠剥削为生的,划为地主。帮助地主收租管家,依靠地主剥削农民为主要生活来源,其生活状况超过普通中农的,划为地主。向地主租入大量土地,自己不劳动,转租于他人,收取地租,其生活状况超过普通中农的,划为地主[2](自己劳动耕种一部分土地者,视为富农)。家庭中有人常年参加主要农业劳动,并出租大量土地,其出租土地数量超过其自耕和雇人耕种土地数量3倍以上,或者占有更多土地,其出租土地数量超过其自耕和雇人耕种的土地数量2倍以上的,均划为地主。有其他职业收入,但同时占有并出租大量农业土地,达到

---

[1] 规定劳动的标准时间为一年的1/3,即4个月。以从事主要劳动满4个月与不满4个月作为劳动与附带劳动的分界(即富农与地主的分界)。

[2] 即通常所说的二地主。

当地地主每户所有土地平均数①以上者,应依其主要收入决定其成分,划为其他成分兼地主,或地主兼其他成分。有些地主虽已破产,破产之后有劳动力仍不劳动,而其生活状况超过普通中农,仍然划为地主。军阀、官僚、土豪、劣绅是地主阶级的政治代表,是地主中最为凶恶者,理应划为地主。

2. 富农。富农一般有自己的土地,也有可能租入一部分土地,或者完全租入土地;他们自己参加劳动,与此同时,也剥削雇佣劳动,或收取地租,或兼放债、或兼营工商业。富农出租大量土地超过其自耕和雇人耕种的土地数量者,划为半地主式富农。

3. 中农。中农一般有自己的土地,也可能租入一部分土地,或者完全租入土地。中农有普通中农和富裕中农之分。普通中农全靠自己劳动,一般不剥削他人,也不出卖劳动力。相反,还可能受部分地租、债利等剥削。富裕中农,其剥削收入占全家总收入的 15%~30%。

4. 贫农。贫农有部分土地和部分农具,或者完全没有土地;一般都需要租入土地,并受人雇佣,受地租、债利与雇佣劳动的剥削。

5. 其他人员。其他人员包括手工业者、手工业资本家、手工工人、自由职业者、小商小贩、开明绅士、革命烈士家属等。

(二) 农村地区的土地没收、征收与重新分配

1. 土地的没收与征收。在划分农村阶级成分后,对不同阶级和社团组织所占有的土地,分别处置,主要包括没收、征收与保留。没收和征收的土地,既包括耕地及附着其上的基础设施,

---

① 地主每户所有土地平均数,以一个或几个县为单位,由各专区或县人民政府提出呈报省人民政府批准。

也包括山林、鱼塘、茶山、桐山、桑田、竹林、果园、芦苇地、荒地及其附着设施。第一，没收地主的土地、耕畜、农具、多余的粮食及其在农村中多余的房屋。对地主的其他财产不予没收。这里所指的其他财产，包括现金、存款和债权等。不没收这些财产，是因为这些财产容易转移，不便于追索。地主兼营的工商业及其直接用于经营工商业的土地和财产，不得没收，其目的是为了保护工商业。第二，征收祠堂、庙宇、寺院、教堂、学校和团体在农村中的土地及其他公地。第三，保护富农所有自耕和雇人耕种的土地及其他财产。若其出租地数量超过其自耕和雇人耕种地数量，出租地应予征收。第四，革命军人、烈士家属、工人、职员、自由职业者、小贩等，其人均拥有土地的数量不得超过当地平均数的 2 倍，超过部分，应予征收。第五，保护中农（包括富裕中农在内）的土地及其他财产。第六，依法没收和征收的土地，如以出卖、出典、赠送或其他方式转移分散，一律无效。第七，土地制度改革以前的土地契约，一律作废。对富农所有自耕和雇人耕种土地、中农土地（包括富裕中农），给予保护，不得侵犯。需要指出的是，当时的《土地改革法》并没有规定征收必须给予补偿。因此，当时的征收也是无偿的。征收与没收的根本区别在于，没收的财产被视为不合法，而征收的财产没有被视为不合法。

2. 土地的重新分配。所有没收和征收的土地[①]和其他财产，均由乡农民协会接收[②]，公平合理地分配给无地、少地及缺乏其他生产资料的贫苦农民，地主也应分得同样等份；对没收和征收

---

① 包括耕地、山林、鱼塘、茶山、桐山、桑田、竹林、果园、芦苇地、荒地等。
② 不包括大森林、大水利工程、大荒地、大荒山、大盐田和矿山及湖、沼、河、港等，这些均归国家所有。

的堰、塘等水利设施，一般应随田分配①。对无地、少地人口，要区分不同情况，分别处理②。土地分配，以乡或等于（相当于）乡的行政村为单位，在原耕基础上，按土地数量、质量及其位置远近，用抽补调整方法，按人口统一分配。在原耕基础上分配土地时，原耕农民自有的土地不得抽出分配；原耕农民租入的土地抽出分配时，应给原耕农民以适当照顾。分配土地时，以乡为单位，酌量留出小量土地，以备本乡情况不明的外出户和逃亡户回乡耕种，或作本乡土地调剂之用，比例最高不得超过全乡土地1%；县以上人民政府，可以酌量划出一部分土地，收归国有，作为农事试验场或国营示范农场之用；这两类土地，在未分配或未办农场前，均租给农民耕种。维持农村修桥、补路、茶亭、义渡等公益事业所必需的小量土地，按原有习惯予以保留，不参加分配；铁路、公路、河道两旁的护路、护堤土地及飞机

---

① 不宜分配者，由当地人民政府根据原有习俗，实行民主管理。
② 主要包括如下情况：（1）只有一口人或两口人，而有劳动力的贫苦农民，可多分配点土地。（2）农村中的手工业工人、小贩、自由职业者及其家属，应酌情分给部分土地和其他生产资料，但其职业收入足以经常维持其家庭生活者，不分。（3）家居农村的烈士家属（含烈士本人）、人民解放军指战员、荣誉军人、复员军人、人民政府和人民团体的工作人员及其家属（包括随军家属在内），均应分给与农民同样的一份土地和其他生产资料，但人民政府和人民团体的工作人员，可视其薪资收入多少，酌情少分或不分。（4）本人在外从事其他职业，而家属居住农村者，其家属应酌情分给土地和其他生产资料，其职业收入足以经常维持其家属生活者，不分。（5）农村中的僧、尼、道士、教士及阿訇，有劳动力，愿意从事农业生产而无其他职业维持生活者，应分给与农民同样的一份土地和其他生产资料。（6）经城市人民政府或工会证明其失业的工人及其家属，回乡后要求分地而又能从事农业生产者，在当地土地情况允许的条件下，应分给与农民同样的一份土地和其他生产资料。（7）还乡的逃亡地主及曾经在敌方工作现已还乡的人员及其家属，有劳动力，愿意从事农业生产以维持生活者，应分给与农民同样的一份土地和其他生产资料。（8）家居乡村，业经人民政府确定的汉奸、卖国贼、战争罪犯、罪大恶极的反革命分子及坚决破坏土地改革的犯罪分子，不得分给土地。其家属未参加犯罪行为，无其他职业维持生活，有劳动力并愿意从事农业生产者，应分给同样土地。

场、海港、要塞等占用的土地,不得分配。

(三) 大城市郊区的土地改革

大城市郊区阶级成分的划定,仿照农村阶级成分划定方法。对大城市郊区的土地和财产处理,基本比照农村土地改革办法,分别予以没收和征收。对没收和征收的土地与财产,其分配办法也基本与农村一致。最根本的区别在于:在农村,没收土地与财产,直接分配给个人,个人拥有这些土地和财产的所有权;在大城市郊区,没收与征收的土地,直接收归国家所有(由市人民政府管理),并直接分配给个人使用,个人只有使用权,没有所有权。国家作为城市郊区的土地所有者,免收地租,耕种者只要缴纳农业税即可。

## 二、土地改革的政治意义与经济意义

解放前,围绕封建地主土地所有制的局限性及如何改革,有三种主张。第一种主张认为[1],封建地主土地所有制并不存在严重问题,佃农制度各国通行,有其存在的合理性。第二种主张认为,封建地主土地所有制存在一定问题,有必要进行改良。比如采取收买或征购地主土地的办法[2],采取减租减息的办法。第三种主张认为,必须对封建地主土地所有制进行彻底改革,真正实行"耕者有其田"[3]。

---

[1] 引自秦柳方:《土地改革与农业生产》一文,《解放前的中国农村》(第2卷),中国展望出版社1987年版,第623~631页。

[2] 孟南在《论中国土地改革》一文中认为:主张征购土地是一种改良主义,不可行。见《解放前的中国农村》(第1卷),第681~719页。

[3] 比如,陈翰笙在《现代中国的土地问题》一文中认为,大地主是促成农村崩溃的主要因素,见《解放前的中国农村》(第2卷),第80~93页;孙晓村在《土地改革的基本原则》一文中认为,实行"耕者有其田"是根除封建剥削的惟一途径,见《解放前的中国农村》(第2卷),第462~465页。

与第一、第二种主张类似,目前学术界出现了质疑20世纪50年代土地改革必要性的观点。有人认为,20世纪50年代的土地改革,是建立在"土地占有关系严重不平等"这一判断基础之上的,即占乡村人口不到10%的地主和富农,占有70%~80%的土地;占乡村人口90%以上的贫农、雇农、中农及其他劳动者,仅占有20%~30%的土地。事实上,当时的土地并没有高度集中在地主和富农手里,而是地主和富农与其他农民各占一半土地。据此,他们认为那场土地改革没有必要,并进一步认为,那场土地改革使土地从生产水平较高的富农转移到生产水平较低的贫农手里,对农业生产造成了破坏。还有人认为,那场土地改革的"政治意义"大于"经济意义"。何军①在分析陕西关中地区41个县土地改革前后的土地占有关系和权力结构后,认为土改后的地权变动对多数农民来说意义不大,但却彻底打破了农村传统的权力网络,按照共产党的意识形态构建了乡村社会,并对关中近30年来的社会政治生活产生了深远影响。

土地改革的政治意义,是显而易见的。这里,我们着重分析土地改革的经济意义。旧中国农地制度导致农业生产效率低下,主要原因在于土地所有权集中和封建高额地租。要提高农业生产效率,必须突破这两个限制条件,要么平均地权(这里的地权是所有权,而不是使用权),要么降低地租,要么两者兼而有之。因此,旧中国地主占有的土地比重究竟是50%还是80%,本身并不重要。重要的是,封建高额地租损害农业生产效率。全国有60%以上的土地是租耕地,这些土地的农业生产效率低下。土地改革,实现了平均地权,免除了封建高额地租,突破了提高

---

① 何军:《20世纪50年代初关中农村的土地改革》,《中国农史》2006年第2期,第115~124页。

农业生产效率的两大限制条件。因此，土地改革具有显著的经济意义。在以手工劳动为主的传统农业里，实现"耕者有其田"的土地改革，有利于提高农业生产效率。至于何军有关陕西关中41个县的案例分析，其结论是合理的。在关中41个县，土地改革前，地主、富农、中农、贫农占有土地比重分别为7.8%、4.2%、54%、24.8%，以户为单位，其人均占地规模分别为0.77公顷、0.52公顷、0.31公顷、0.17公顷，人均占地规模比为4.5∶3∶1.8∶1。与表1-1所列各地区地主和富农占有的土地相比，关中41个县地主和富农与中农、贫农的土地占有差异（2.7∶1）是最小的，即不存在土地占有的严重不平等。因此，关中41个县土地改革的经济意义不可能很显著。不过，我们不能依据个别案例，推断全国总体，那样往往容易犯逻辑错误，即通常所说的"合成谬误"①。

### 三、土地改革的方式与效果

（一）土地改革的方式

纵观世界各国土地改革模式，主要有两种。一种是通过赎买（有偿收购）原土地所有者的土地，再分配给无地或少地的农民。另一种是无偿没收或征收原土地所有者土地，再分配给农民。中国20世纪50年代初的土地改革，采取后一种方式，它有两个显著特点：一是以暴力革命（或阶级斗争）的方式进行。采取一切办法，孤立地主。比如，在农村普遍建立农民协会，主要由贫雇农组成；采取依靠贫雇农，团结中农、中立富农的方针；发动宣传攻势，批斗地主；改变农民认为"租种地主土地

---

① "合成谬误"是一种由个体推断总体的逻辑错误，即认为对个体（局部）来说是对的（有利的），对总体来说也是对的（有利的）。

缴纳地租，天经地义"的思想，使农民认识到受剥削是自己贫困的根本原因。二是没收地主的土地及与土地经营有关的财产如耕畜、农具以及多余的粮食和房屋。与中国大陆不同，同样发生在20世纪50年代的日本、韩国和我国台湾省的土地改革，主要通过赎买地主多余土地，再将其分配给无地或少地的农民。两种不同的土地改革，都取得了良好效果。现在的问题是，为什么中国大陆采用了没收而不是赎买地主土地的做法？概括起来，有两个原因：一是政府缺乏足够权威；二是政府没有足够财力。解放前，共产党建立的根据地临时政府，既没有足够财力，也缺乏法律权威。因此，历次根据地土地改革，均采用没收土地的办法。解放后，新成立的中央人民政府，其法律地位不容质疑，而财力却极其有限。

土地改革可以采用不同方式，但由于其涉及利益重新调整，政府权威对于土地改革的成功起着关键作用。一方面，许多国家和地区的经验表明，公正与权威的政府是土地改革成功的根本保证。新中国的土地改革，凭借政府的强制没收和征收，实现了耕者有其田；东亚国家如日本和韩国的土地改革，主要借助美国政府和军队的强力介入；我国台湾省的土地改革，主要凭国民党政府的强力推进（国民党政府与台湾省的地主阶级没有结成利益共同体）。另一方面，也有许多国家的经验表明，没有权威的政府，其土地改革要么不彻底，要么失败。拉丁美洲许多国家早在20世纪初，就开始推进土地改革，但由于措施不得力，特别是受土地所有者利益集团的阻挠，土地改革效果并不理想。亚洲的菲律宾早在1988年阿基诺总统执政时期，就启动了一项全面土地改革计划，该计划的目标是重新分配1 030万公顷的农村土地或80%的耕地，使65%的农村家庭受益。到1999年，仅有484万公顷土地被重新分配，其中90%为公有土地，私人土地仅占10%。

## （二）土地改革的效果

新中国的土地改革在三个方面取得了良好效果。一是实现了"耕者有其田"。通过土地改革，新解放区3亿多农民，获得了4 666.7万公顷土地。土地由封建地主私有制转变为农民个人私有制。据1954年全国23个省、自治区1.5万户农家收支调查资料显示，全国土改结束后，地主、富农、中农和贫雇农所占的人口比重分别为2.6%、5.3%、39.9%、52.2%，所占的耕地比重分别为2.2%、6.4%、44.3%和47.1%，人均占有土地分别为0.168公顷、0.25公顷、0.245公顷和0.195公顷。地主和贫雇农所分得的土地，略低于平均水平；富农和中农所分得的土地，略高于平均水平。二是减免了地租。通过土地改革，免除了每年向地主缴纳的3 500万吨粮食地租。三是提高了农业生产效率（见后文）。

# 第三节
## 1950~1955年的农业生产互助合作

### 一、农业生产互助合作对小农意义重大

（一）中国农村的传统换工习俗

在中国农村，农民有在农忙季节相互换（帮）工的传统习俗。出现换（帮）工习俗的根本原因在于：土地耕种者没有耕畜、农具，或者耕畜、农具和劳力不够，单靠农户自家力量，难以抢、赶农时。传统换（帮）工习俗，不改变土地、耕畜、农具、劳动力和劳动成果的私人占有，仅仅是出于利用劳动分工与合作的好处。目前，中国农村各地仍然存在这种传统的换（帮）工习俗。

(二) 农业生产互助合作对小农意义重大

农业生产既需要土地、劳动力和农机具等生产要素，也需要农田水利、田间道路等基础设施。农业生产互助合作，可以给小规模农业带来三大好处。第一，互助合作有利于劳动分工，也有利于劳动联合，因而有利于提高劳动生产率。第二，互助合作可以在农户间相互调剂农机具。第三，互助合作可以获得规模效应。

对小规模农业来说，在农田水利等基础设施建设方面进行合作，意义非同寻常。单家独户的农户修建农田水利设施的成本非常高，这种高成本主要体现在两方面：一是资金和劳动需要量大，小规模农户承担不起。二是交易成本高，小农单独修建农田水利设施困难重重。这里，我们虚构一个小农修建农田水利设施的案例，以验证高额交易费用对农田水利设施建设的不利影响。

案例 2[①]：农户单独修建小型拦河坝，交易成本极高

假设南方丘陵地区某农户 A 想引溪水灌田，他有两种选择。一种选择是用抽水机直接将水引到地里。另一种选择是在小溪上游修建一座拦河坝，将水引到地里。这里，假设农户 A 做出第二种选择[②]。在第二种选择里，他需要修建拦河坝和水渠。修建拦河坝，会提高河水水位，对上游其他农户的地可能产生不利影响。这种不利影响可能是直接淹掉部分土地，也可

---

[①] 这是个虚构故事，但这个故事来源于我湖南老家两个真实案例。一个是 20 世纪 70 年代中后期，我们行政村在附近大河（案例 2 中的小溪流入这条河）中修建拦河坝，以引水灌田。在坝修到一定高度后，河上游的行政村不让拦河坝进一步加高，其原因是担心拦河坝抬高水位，发洪水时会浸没他们的农田。一个是 20 世纪 90 年代末，我们村有 3 个组想修建一条公路，这条公路需要经过另一组的农田。另一组的农民不让，于是，这条公路只好绕一个大弯。

[②] 在 20 世纪 50 年代的传统农业社会里，对农业生产来说，抽水机是个奢侈品。一方面工业提供的抽水机数量极其有限；另一方面单个农户也买不起、用不起。修建小型拦河坝，或者制造水车，是当时农民解决水利问题的最常用办法。

能是发洪水时（南方雨季经常发洪水）水位上升更高，淹掉上游的土地。其实，上游受影响的土地面积并不多，可能也就 0.2～0.3 公顷土地，但却分属于 5 户不同农户。于是，农户 A 必须去同这 5 户农户分别协商。在与上游农户协商的同时，他还必须同下游农户协商，因为他的引水渠或引水沟要经过其他农户的地。同样，假设穿过 5 户农户的地。所以，在正式动工以前，他必须同上、下游 10 户利益相关的农户协商。他有几种协商方式可供选择，既可以给其他农户经济补偿，也可以将自己其他地方的土地，与这些农户调换。在这个案例中，只要有 1 户农户不同意，农户 A 的计划就会落空。因此，很可能是交易成本，而不是建筑成本，妨碍这项工程的建设。还有一种可能是，其他农户都同意，但农户 A 满足不了他们的要求，工程也不能建设。事实上，这些农户的要求并不高，只是要求农户 A 与其调换相关地块。由于农户 A 自己的土地有限，因此没有足够地块来满足其他 10 户农户要求。如果换一种方式，与下游利益相关农户一起合作，他们就只需与上游 5 户去协商，交易成本会大大降低。如果将上游相关的 5 户农户也吸纳进来，他们的交易费用会更低。上述情形在中国小规模农业中经常发生。而在规模较大的农业中，发生这种现象的概率要低很多。在土地规模较大的国家或地区，这条小溪两边的所有土地（其实并不多，也就 1 公顷），可能都归属于同一农户。只要经过相关部门审批，这户农户就可以随意建好拦河坝和引水渠（沟）。

## 二、土地改革后，农业生产互助合作的紧迫性

通过土地改革，无地或少地的农民分到了土地。对农民来说，这还不够，还必须解决劳动力、农机具、农田水利和田间道路设施不足等问题。土地改革完成后，许多农户因为没有农机具，农业生产受到严重影响。据中共西北局 1952 年对陕西省长安县高家湾村的调查[①]，土地改革后，全村 167 户农户，完全没

---

① 引自习仲勋：《关于西北地区农业互助合作运动》，《建国以来农业合作化史料汇编》，中共党史出版社 1992 年版，第 61 页。

有牲口的农户占50%。8户雇农完全无牲口；107户贫农，有71户没有牲口；52户中农，有5户没有牲口。特别需要指出的是，土地改革完成后，农村出现了土地买卖现象。比如，山西省忻县地委1952年的调查发现①：1949年至1952年，49个样本村中，农民出卖土地716.5公顷，其中1949年约占4%，1950年约占31%，1951年占51%，1952年占13%；新解放区出卖土地的农户比例，比老解放区高8%。据对143个村、8 125户卖地户的调查，出卖土地有6种原因：为调整生产而出卖者，占19%；为转行而出卖者，占3%；因生产生活困难卖地者，占63%；因好吃懒做卖地者，占6%；其他原因卖地者，占9%。农民生产生活困难，是当时出卖土地的主要原因。为解决农业生产面临的各种困难，中共中央于1950年11月做出了关于农业生产互助合作的决定，要求在新、老解放区广泛开展农业生产互助合作。

### 三、农业生产互助合作的三种形式

中国共产党早在中华苏维埃政府时期，就鼓励农民进行生产互助合作，对互助合作的形式、劳力调剂办法、分配办法等都有规定。中华苏维埃共和国临时中央政府土地人民委员会，于1933年4月发出《关于组织犁牛合作社的训令》，根据当时农民普遍缺少耕牛、农具的情况，要求各地组织犁牛合作社。

土地改革后的农业生产互助合作，主要有三种形式。一是农户自发地组织临时性互助合作。农民在农忙季节，换人工和换牛工，农忙后停止合作。这种合作形式已有很长历史，农民非常熟悉。二是组织常年固定的劳动互助。将农户的人力、耕畜统一调配使用，剩余劳动力去从事副业生产。这种合作形式以土地和农

---

① 山西省忻县地委关于农村阶级分化情况的调查报告，1952年7月16日。

表1-3　1951~1955年全国农业生产互助合作发展情况

| 年份 | 互助组 | | | 农业生产初级合作社（初级社） | | | | 农业生产高级合作社（高级社） | | | |
|---|---|---|---|---|---|---|---|---|---|---|---|
| | 组数（个） | 户数（户） | 百分比 | 社数（个） | 户数（户） | 平均规模（户/社） | 百分比 | 社数（个） | 户数（户） | 平均规模（户/社） | 百分比 |
| 1951 | 4 236 712 | 19 161 253 | 17.5 | 129 | 1 588 | 12.3 | 0.0015 | 1 | 30 | 30 | 0 |
| 1952 | 8 026 037 | 45 364 384 | 39.9 | 3 634 | 57 188 | 15.7 | 0.05 | 10 | 1 840 | 184 | 0.002 |
| 1953 | 7 450 212 | 45 636 863 | 39.2 | 15 053 | 272 793 | 18 | 0.235 | 15 | 2 059 | 137 | 0.002 |
| 1954 | 9 931 480 | 68 477 999 | 58.4 | 114 165 | 2 285 246 | 20 | 1.95 | 201 | 11 774 | 59 | 0.01 |
| 1955 | 7 147 023 | 60 388 790 | 50.7 | 633 213 | 16 880 928 | 26.7 | 14 | 529 | 40 080 | 75.8 | 0.033 |

资料来源：《建国以来农业合作化史料汇编》，中共党史出版社1992年版。

具等生产资料个人所有为基础,但使用方式由个人使用变为共同使用;劳动成果分配方式也有所改变,农业收获物完全归个人所有,副业所得按各户所付出的劳动进行分配,并可能预留一部分公共积累。三是组织初级农业生产合作社。农户将私有土地、耕畜、农具等折为股份,由初级农业生产合作社统一使用,农民按劳动时间获得工分,劳动成果按工分和入股股份分配。

### 四、农业生产互助合作的发展

自1950年底开展农业生产互助合作后,参加农业生产互助合作的农户比例逐年增加(见表1-3)。1951年,全国参加农业生产互助合作的农户为1 916万户,占农户总数的17.5%。到1955年全国参加农业生产互助合作的农户达7 727万户,占农户总数的65%。与互助合作发展趋势相反,单干农户的比例由1951年的82%,下降为1955年的35%。并不是所有农户都认为互助合作比单干好,有些农户在加入合作社后,又要求退社。有关退社现象将在第二章介绍。

## 第四节

## 土地改革与互助合作,提高了农业生产效率

土地改革完成后,农民耕种自己的土地,其生产积极性和劳动积极性都有很大提高。一方面,农民不再向地主缴纳高额地租,除正常缴税外,所有收入归自己,农民有农业生产积极性。另一方面,由于耕种自己的田地,劳动成果与劳动付出直接挂钩,农民有劳动积极性。当时的农业生产互助合作,是农民自由

选择的结果,生产成果仍然归农民所有。这种互助合作在保护农民生产积极性和劳动积极性的同时,利用了分工协作机制,有利于提高农业劳动效率。接下来的问题是,土地改革与互助合作,对提高农业生产效率的贡献究竟有多大?

1950~1955年,我国农作物主要为粮食、棉花和油料。这期间三种作物的生产效率都有显著提高,粮、棉、油总产量分别增长39%、119%和62%;粮食作物单产由每公顷1 155公斤,提高到1 417.5公斤,提高了262.5公斤,增长22.7%;棉花单产由每公顷182.3公斤,提高到263.3公斤,提高了81公斤,增长44.4%;油料单产基本稳定。表1-4列出了播种面积、单产对总产的贡献率。播种面积受耕作制度和生产积极性共同影响,土地改革完成后,南北方开始耕作制度改革,逐步由一年一熟改为一年多熟。1950年农地复种指数为118%,到1955年提高到135%,增加了17个百分点。由于无法区分耕作制度变革和生产积极性变化对复种指数的影响,我们只能依据单产变化来分析农业生产效率变化。

表1-4 粮食、棉花和油料播种面积和单产对总产贡献率

单位:亿公斤,万公顷,公斤/公顷

| 品种 | 粮食作物 | | | 棉花 | | | 油料 | | |
|---|---|---|---|---|---|---|---|---|---|
| | 总产 | 播种面积 | 单产 | 总产 | 播种面积 | 单产 | 总产 | 播种面积 | 单产 |
| 1950年 | 1 324.4 | 11 466.7 | 1 155.0 | 6.9 | 378.6 | 182.3 | 29.7 | 417.7 | 711.0 |
| 1955年 | 1 842.8 | 13 000 | 1 417.5 | 15.2 | 577.3 | 263.3 | 48.3 | 683.7 | 706.5 |
| 增量 | 518.4 | 1 533.3 | 262.5 | 8.3 | 198.7 | 81.0 | 18.6 | 266 | -4.6 |
| 贡献量 | — | 177.1 | 341.3 | — | 3.6 | 4.7 | — | 18.9 | -0.3 |
| 贡献率 | — | 34.2% | 65.8% | — | 43.6% | 56.4% | — | 101.7% | -1.7% |

注:(1)播种面积贡献量=(期末播种面积-期初播种面积)×期初单产;单产贡献量=(期末单产-期初单产)×期末播种面积。
(2)1担=50公斤。
(3)粮食作物包括稻谷、小麦、玉米、大豆、薯类和其他粮食作物。

根据导论部分的分析框架，农业生产效率可分为生产要素效率、技术效率和劳动效率三部分。首先，1950～1955年间，农业生产技术条件基本没有变化，技术效率变化很小。当时，农村工作的重点是土地改革和互助合作，基本没有推广新的优良品种，也没有推广有利于单产提高的其他农业技术措施；农业基础设施没有大的改善，有效灌溉面积比重年均仅增长1个百分点。其次，肥料、农药、农业机械等生产要素投入水平极其低下，生产要素效率变化很小。1952年每公顷耕地化肥施用量（指实物量，而不是折纯量）仅3公斤，到1955年才提高到10.5公斤，年均仅增加2.5公斤；1952年每公顷耕地农药施用量仅0.15公斤，到1955年提高到0.6公斤，年均仅增加0.15公斤；1952年机耕面积比重仅0.1%，到1955年才提高到1.6%[①]，年均提高不到0.5个百分点。1950～1955年，中国还处于典型的传统农业社会，农业劳动力数量充足，农业生产效率基本不受农业劳动力数量限制。因此，1950～1955年间，粮、棉、油单产的增长，主要来源于劳动效率提高。劳动效率提高有3个原因：一是农民劳动积极性提高，根据导言分析框架，这一点容易理解。二是劳动能力提高。土地改革免除了每年向地主缴纳的3 500万吨粮食地租，按4.5亿农业人口计算，相当于每人每年多收77.7公斤粮食，相当于1949年人均粮食产量的31%。免除地租后，农民可以获得更多食物，其营养状况得到改善，劳动者体力有了明显改善。如果农民将这些粮食主要用于农忙季节消费，其提高劳动效率的效果会更明显。三是农业生产互助合作利用了劳动分工与协作的优点，提高了劳动效率。

---

① 1957年机耕面积占2.4%，根据1952～1957年年均提高比重，推算1955年机耕面积比重为1.6%。

事实上，从1954年开始的农副产品统购统销政策损害了农民生产积极性和劳动积极性。比如，1954年政府征购粮食后，广东省很多地方的农民采取诸如退田、不出勤、宰杀家禽家畜等方式，表达自己的不满。浙江省也出现了耕地抛荒和农民退出合作社现象。如果没有统购统销政策的消极影响，上述三种主要农产品单产的增长幅度会更大。也就是说，由土地改革和互助合作引致的农业生产效率实际增长幅度，应当高于当时粮食、棉花的单产增长幅度。

# 第二章
# 1956~1978年的农地制度：集体所有、统一经营

## 第一节
## 农地集体化：集体所有、统一经营

### 一、1955~1957年底，土地由农民私有转为高级社集体所有

（一）高级农业生产合作社（以下简称"高级社"）的大发展

在1950~1955年的农业生产互助合作中，一些地方不同程度地出现了过分追求合作社发展速度和规模的现象。中央政府对此比较谨慎，强调稳步推进，不能盲目发展。1955年下半年，围绕农业生产合作化的发展速度问题，中央政府内部出现分歧。经过激烈争论，主张快速发展的一方占了上风。1955年全国参加农业生产互助合作的农户比例为65%，到1956年增长到92%，一年净增27个百分点，是1950年以来发展最快的一年。特别是高级社发展速度，远快于初级农业生产合作社（以下简称"初级社"）。1955年，全国27个省、自治区中，只有16个

省、自治区建立了 529 个高级社，入社农户仅 4 万户，占全国农户的比重不到万分之五。到 1956 年，全国有 27 个省、自治区建立了高级社，高级社数量增加到 307 358 个，增长了 580 倍；加入高级社的农户达 7 541 万户，增加了 1 885 倍；加入高级社农户占总农户的比重达 63%。与高级社相比，初级社的发展速度要慢很多。1955 年全国有 63 万个初级社，到 1956 年增加到 68 万个，净增 5 万个；加入初级社的农户，由 1 688 万户增加到 3 511 万户，增加了 1.1 倍；加入初级社的农户占总农户的比重达 29%。表 2-1 列出了高级社与初级社的主要异同点。

表 2-1　　　　　高级社与初级社的相同点与不同点

| | 初级社 | 高级社 |
| --- | --- | --- |
| 1. 入社资格 | 限制地主与富农入社 | 不限制 |
| 2. 土地归谁所有 | 农民私有 | 高级社集体 |
| 3. 土地归谁经营 | 统一经营 | 统一经营 |
| 4. 土地可否分到报酬 | 可以 | 初期可以，半年后取消 |
| 5. 是否承认农民入社股份 | 承认 | 不承认 |
| 6. 生产成果分配 | 按劳分配、按股份分配 | 按劳分配 |
| 7. 有无退社自由 | 有 | 有 |
| 8. 规模大小 | 较小 | 较大 |

（二）土地等生产资料转变为高级社集体所有，实行统一经营

1955 年底，全国人大常委会做出两项关键性规定①，这两项规定改变了农业生产互助合作的发展轨迹，影响深远。一是社员必须将土地交给农业生产合作社统一使用。这条规定迫使原来数量众多的生产互助组，必须转为初级社或高级社，必须统一使用

---

① 《农业生产合作社示范章程草案》(1955 年 11 月 9 日通过)。

土地。二是农业生产合作社实行按劳分配。强调农业生产合作社收入是由劳动创造的,而不是社员土地所有权创造的;社员入股到初级社的土地,可以分到适当报酬,但应当固定不变,并且必须低于农业劳动报酬;土地报酬不随生产的发展而增加。半年后,土地报酬被完全取消。1956年6月通过的《高级农业生产合作社示范章程》规定:入社的农民必须把私有土地、耕畜、大型农具等生产资料,转为合作社集体所有,并取消土地报酬;社员土地上附属的私有塘、井等水利设施,随土地转为合作社集体所有,对于新修的,可适当给予补偿;高级社可以抽出最多5%的土地,分配给农民种植蔬菜。农民加入高级社,意味着土地改革时免费获得的土地,又无偿交给了高级社集体。不过,与初级社一样,此时的高级社还允许社员自由退社。社员退出高级社时,可以带走他入社的土地或者相当于同等数量和质量的土地,可以抽回他所缴纳的股份基金和投资。对于严重违反高级社章程的,可以取消其社员资格,土地等财产按一般退社社员办法处置。被取消社员资格的社员,经社员大会或社员代表大会讨论决定,可以恢复其社员资格。

## 二、1958~1978年,农村人民公社"三级所有,队为基础"

### (一) 由高级社发展为农村人民公社

从1958年夏季开始,小型农业生产合作社①被合并成大型农业生产合作社。此后,又以乡(政权组织)为单位,将大型农业合作社组建成农村人民公社。农业生产合作社的一切财产,也收归农村人民公社所有。比如,河南省《七里营人民公社章程》(1958年)规定:原农业合作社的土地(包括社员的自留

---

① 即初级社和高级社。

地)、耕畜、农具、拖拉机、运输工具以及原农业合作社饲养的家禽、家畜等，一律无代价（即无偿）收归公社所有，实行统一经营。与高级社的快速发展相比，农村人民公社发展速度更快，被形象地比喻为"大跃进"。到1958年底，短短几个月时间里，全国74万多个农业生产合作社被改造成26 000多个农村人民公社，入社农户达1.2亿户，占总农户的99%[①]。按照初期设想，农村人民公社是由集体所有制向全民所有制的一个过渡，需要几年时间。农村人民公社包括三级组织，即公社、生产大队和生产队。土地等生产资料存在三种所有制形式，即公社所有、生产大队（管理区）所有和生产队所有。一般而言，生产队相当于初级社，生产大队相当于高级社，农村人民公社由多个高级社合并而成。

（二）农村人民公社的"三级所有，队为基础"

在建立农村人民公社后（1958年秋），一些地方随即出现"一平二调"。"一平"是指在全公社范围内，实行贫富拉平，平均分配。"二调"是指对生产队的某些财产，无偿上调。生产大队无偿占用生产队的土地，公社无偿占用生产大队或生产队的土地。有些地方，这种上调还超出了公社范围，县及县以上机关、企事业单位向公社、生产大队、生产队和农民个人上调房屋、土地、农机具、家禽、家畜和其他农副产品等。"一平二调"严重损害了集体的生产积极性和农民的劳动积极性，使农业生产效率下降。有些生产队或生产大队，将自己的土地无偿赠与其他单位；有些生产队或生产大队不管理农业生产，该收割的农副产品不收割，腐烂在地里；有些生产队或生产大队，隐瞒私分农产

---

① 见《关于人民公社若干问题的决议》（1958年12月10日，中国共产党第八届中央委员会第六次全体会议通过）。

品,甚至站岗放哨,以保护他们的产品。针对这些问题,中央政府决定从1959年起,农村人民公社实行"统一领导、分级管理、三级核算、队为基础"的体制。在实际操作中,有的以生产大队为基础,有的以生产队为基础①。对于这两种办法,中央政府都认可。到1960年底,"三级所有,队为基础"正式成为农村人民公社的基本制度,并规定从1961年算起,至少7年不变,即到第三个"五年计划"的最后一年(1967年);7年以后,"三级所有,队为基础"是否完全转为公社所有制,到时由中央政府统一规定。农村人民公社在强调土地集体所有、统一经营的同时,也分配给社员一定数量的自留地,但最高不能超过当地人均土地的5%。

到1962年9月,农村人民公社"六十条"正式出台②,对农村人民公社体制做了详细规定。与此前有关规定比,农村人民公社"六十条"最根本的改变在于:由强调"三级所有,队为基础",变为强调"队为基础"。生产队作为农村人民公社的基本核算单位,直接组织生产和收益分配,实行独立核算,自负盈亏,这种制度至少30年不变(即到1992年);生产队范围内的土地(含社员的自留地、自留山和宅基地)都归生产队所有,不准出租和买卖;社员自留地可占生产队耕地面积的5%~7%,最多不能超过15%;生产队扣留的公积金比例为可分配总收入的3%~5%,公益金比例为可分配总收入的2%~3%;生产队社员用于生产队建设的积累工,应控制在全年基本劳动日数的3%左右。将生产队定为农村人民公社的基本核算单位,原因在于:生产是以生产队

---

① 见毛泽东关于人民公社基本核算单位问题写给各省、市、区党委第一书记的一封信。
② 《农村人民公社工作条例修正草案》(1962年9月27日)。

为基本单位组织的，如果统一分配以生产大队为单位，就会出现矛盾。农村人民公社与高级社的根本区别在于：高级社的社员有退社自由，而农村人民公社社员却不能自由退社。

实行农村人民公社后不久，就发生了全国性饥荒，即通常所说的"三年困难"时期。从农业生产水平看，1960~1962年的粮食总产和单产都是最低的。引起粮食产量下降的原因有两个：一是农村人民公社"一平二调"的共产风，影响了集体的生产积极性和农民的劳动积极性。二是严重的自然灾害，使农业技术效率急剧下降。从统计数据看，1960~1962年农作物成灾面积占农作物播种面积的平均比重为14%，比1950~1959年的平均值（5.6%），高出8.4个百分点；比1963~1979年的平均值（7.2%），高出6.8个百分点。

## 第二节
## 农业合作化与集体化中的社员退出

在政府统一组织农民加入合作社和农村人民公社的过程中，农民并没有盲目跟从，他们通常采用退出的办法表达自己的不满。归纳起来，有两种办法：一是退社；二是包产到户。根据农地所有制的性质，中国20世纪50年代的农业合作化与集体化，可划分为四个阶段，即互助组、初级社、高级社和农村人民公社。在这四个阶段，各地都不同程度地出现过"退社"或"包产到户"现象。在当时环境下，农户的这种正常反应，被政府视为不正常现象。

（一）互助组与初级社阶段（1950~1955年）的"退社"

1950年，东北局向中央的报告中提及，一些经济上升较快的农民要求"单干",这些农民认为只有"单干"才能搞好农业生产,想退出互助合作组。这一阶段的"退社",有两个原因:一是退社社员认为"单干"更好。二是互助组和初级社允许社员退社。据史料记载,浙江省有50多个县在贴出社员可以自由退社的布告后,就出现了社员退社。于是,干部不得不把布告撕下来。1955年,浙江省农业生产合作社由5.3万个减少为3.8万个,减少了1.5万个;入社农户占总农户的比例由28%下降到18.6%①。

(二)高级社阶段(1956~1957年)的"退社"与"包产到户"

据当时的中央农村工作部对辽宁、安徽、浙江、河北、四川等8省统计,在1956年秋收分配前后,出现了社员退社和要求退社的现象;实际退社户占社员户数的1%~5%,要求退社的农户比例还要高一点。浙江省宁波专区退社的农户约占5%,要求退社的占20%。要求退社的社员,主要是富裕中农;其次是劳动力少、人口多的户和手工业者。在这个阶段,导致社员退社的原因有四个:一是收入减少;二是对社员劳动时间控制过死;三是高级社领导干部作风有问题;四是对社员入社的生产资料处理不当。

针对高级社统一经营的弊端,有些地方采用包工包产责任制或包产到户的办法。到1956年3月,四川省98%的社都建立了包工包产责任制。1957年春天,浙江省永嘉县有200多个社实行"包产到户",温州专区有1 000多个农业社、10万多户农户实行"包产到户"。"包产到户"的具体做法是:将社里"三包"(包工、包产、包成本)包到生产队后,再包到每户社员;把社里成片土地,重新打乱划成小块,确定每块地的"三包"标准,按劳

---

① 见《建国以来农业合作化史料汇编》,第246页和243页。

动力分田，以户为单位实行分散经营。社员对承包土地的产量负完全责任，超产部分全部奖励，减产部分全部赔偿。平时社员单独生产，农忙时，小组互助。全社性农活，大家出工。

（三）农村人民公社时期（1958~1978年）的"退社"与"包产到户"

1959年，江苏省一些地方把全部农活包到户，个别地方还出现了包产到户，甚至提出"土地分到户，耕牛农具回老家"。1961年春夏之间，贵州省少数生产队出现包产到户。1962年，山东省少数地区出现个别社员要求退社。1962年6月，甘肃省临夏回族自治州在全区范围内推行"大包干到户"，2个月内，全州8 288个生产队中，有5 943个生产队搞单干，占72%。1962年，湖南全省有5.5%的生产队，实行分田单干。最有代表性的是，从1960年到1962年，陕西省清涧县7个公社的662个生产队，有14%搞单干；归纳起来，清涧县存在5种单干形式：第一，分田到户，土地全归还原主，按人、按劳或人劳结合分到户。第二，包产到户，包产量很低，只够交公粮，根本没有统一分配。第三，划小核算单位，2~3户一个队，甚至成为兄弟、父子班。第四，给老年人一点地，自种自食。第五，扩大自留地比例，有的地方自留地比例高达40%。

# 第三节

## 选择并快速推进农地集体化的原因分析

这里，我们重点探讨两个问题。一是为什么中国在20世纪50年代选择了农地集体化（即集体所有和统一经营）；二是为什么会如此快速地推进农地集体化。

## 一、实行土地公有的进程、步骤及形式选择

中国共产党以马克思列宁主义作为自己的行动指南,其目标是建立一个社会主义国家。按照马克思的分析,社会主义公有制优越于资本主义私有制。因此,在中国共产党取得政权后,实行土地公有①成为必然选择,这没有什么可以讨论的。可以进一步讨论的是,在什么时间、以何种方式、采取何种公有制形式。

### (一) 土地公有的进程安排

刘少奇曾于1952年10月对土地改革后的农业集体化时间做过估计,他认为在未来10~15年内,可将中国多数农民组织在农业生产合作社和集体农场内,基本实现农业集体化,即在1962~1967年间,实行土地公有。毛泽东于1953年6月指出,要经过三个五年计划,基本上完成社会主义工业化和对农业、手工业、资本主义工商业的社会主义改造,即最迟于1967年完成农业社会主义改造。1955年7月,毛泽东曾经对农业社会主义改造做出过安排②,关于土地改革,他认为:到1958年春季,全国将有2.5亿左右的人口和5 500万左右的农户,加入到半社会主义性质的合作社(即初级社);到1960年,其他一半农村人口和农户,将加入初级社;1960年以后,逐步实现由初级社向高级社的转变。综上所述,刘少奇与毛泽东有关农业社会主义改造的进程安排,基本一致。

随之而来的问题是,用15年左右时间进行农业社会主义改

---

① 土地公有包括两种形式,即集体所有和全民(国家)所有。
② 他认为前两个五年计划,农村改革是以社会改革为主、技术改革为辅;第三个五年计划内是社会改革与技术改革同时并存;此后,社会改革完成,技术改革继续进行。在全国范围内基本完成农业技术改革,需要4~5个五年计划,即20~25年时间,也就是到1975~1980年期间。

造有何依据？从已有史料推断，主要是受苏联经验影响。毛泽东1955年7月在《关于农业合作化问题》的报告中指出：苏联在1920年结束国内战争，从1921年至1937年，共用17年时间，完成了农业合作化，而且合作化的主要工作是在1929~1934年里完成的；苏联的经验告诉我们，用15年（从1953年算起）左右时间完成农业社会主义改造，是完全可能的。

（二）实行土地公有的步骤

毛泽东（1955年7月）认为，实现农业社会主义改造，可分三步走。第一步是按自愿互利原则，号召农民组织仅带有社会主义萌芽、几户为一组或十几户为一组的农业生产互助组。第二步是在农业生产互助组的基础上，号召农民组织以土地入股和统一经营为特点的、小型半社会主义性质的农业生产合作社（即初级社）。第三步是在小型半社会主义性质的合作社基础上，按自愿互利原则，号召农民组织大型的完全社会主义性质的农业生产合作社（即高级社）。

（三）土地公有制形式

1958年12月10日，党的八届六中全会通过的《关于人民公社若干问题的决议》指出：集体所有制和全民所有制，都是社会主义所有制，但全民所有制比集体所有制更进步。根据当时的生产力水平，还是选择了集体所有制。

## 二、快速推进农地集体化的原因

从1955年下半年开始，中央政府内部围绕农业生产合作问题，展开了激烈争论，以邓子恢为代表的所谓"保守派"占了下风。自此，农业生产合作运动开始改变原先设计轨迹。同年12月，毛泽东改变了原来的想法，要求1956年下半年基本上完成初级社建社工作，以省为单位，75%的农户要入社；争取于

1959年完成高级社建社工作，即1959年基本实现土地集体所有，比原计划提前8年。农业生产合作发展速度加快，既有内因，也有外因。内因，即互助合作产生了良好经济效果。第一章的分析显示，土地改革与互助合作提高了农业生产效率，产生了显著经济效果。这种结果，很容易使决策者犯"合成谬误"的逻辑错误，认为更大范围内的合作可以产生更大经济效果。外因，即农副产品统购统销政策。1953～1954年，国家先后对粮食、食用油和棉花实行统购统销政策①。一般地说，国家的统购价格要低于市场价格。比如，1966年全国每百公斤小麦的统购价格为27.8元，而每百公斤小麦的国内市场价格却达55.2元，后者比前者高98%。低价征购1亿多农户的农产品，交易成本巨大。相反，如果将1亿多农户集合组织成几百万个生产单位，交易成本会成倍降低。统购统销政策的初始设计者陈云认为②，粮食统购统销政策的主要困难在于：面对数量众多的农户，很难估准产量和余缺数量。据此，有学者将20世纪50年代的统购统销与农业合作化联系在一起，认为是统购统销政策执行困难，才使得中国走上农业合作化和集体化道路，我个人认为，这个判断不准确。

归纳起来，中国选择并快速推进农地集体化，有三个原因：第一，实现土地等生产资料集体所有，是中国共产党的既定目标。这既是政治决定，也是马克思主义经济理论使然。第二，土

---

① 在此后几年里，对生猪、茶叶、烤烟等上百种重要农副产品，实行派购；统购、派购以外的农产品，实行议购。派购与统购没有实质差别，都是国家向农业生产者分配的农产品交售任务，农业生产者必须按分配数量与价格，按时上交。农业生产者在完成统购任务后，剩余的统购农产品，只能卖给国营粮食商业或供销合作社；在完成派购任务后，剩余的派购农产品，可以自由出售。
② 《陈云文选》(1949～1956)，人民出版社1984年版，第276页。

地改革与互助合作的增产效果明显,是快速推进农地集体化的根本原因(即内因)。第三,统购统销政策,是快速推进农地集体化的重要外部因素。需要指出的是,统购统销作为一个重要的推动力量,加快了农地集体化进程,但它并不是第一位的原因(根本原因)。农业合作化和农地集体化,主要以解决农业生产问题为目标。统购统销主要针对农产品市场,以解决农产品收购和销售为目标。此外,从时间上,也能判断出来。早在农副产品统购统销政策之前,中央政府就对农业合作化和农地集体化的进程做出了具体安排。

## 第四节　农地集体化的利、弊分析

任何一项制度都会有利、有弊,农地集体化(即集体所有、统一经营)也是如此。一方面,农地集体所有、统一经营,不仅实现了劳动与资金的联合,还实现了农业领域的高额积累,降低了政府低价收购农副产品的交易成本。另一方面,这项制度也存在明显弊端,其中既有制度本身的问题,也有治理问题。制度本身的问题,突出表现为两个方面:一是生产队作为基本核算单位,没有生产经营自主权;二是无法监督和调动社员劳动积极性。治理问题主要表现为,没有合理的用人机制。

### 一、农地集体所有、统一经营的两个积极影响

(一)为农业和农村自身发展提供了资金积累和劳动积累

无论是与互助组和初级社比,还是与家庭承包经营比(见第三章),农地集体所有、统一经营制度,在为农业和农村经济

发展提供资金积累和劳动积累方面，具有明显优势，它剥夺了农民对劳动成果的直接支配权。对如何分配统一经营收入，初级社、高级社和农村人民公社均有详细规定。归纳起来，其分配优先序是：先完成国家税收和统购、派购任务，再扣减当年生产经营费用，然后提取公积金、公益金等集体提留，最后剩余实行按劳分配（粮食按人口和工分分配）。此外，社员和生产队还需要提供劳动积累。公积金和劳动积累工主要用于农业基本建设，公益金主要用于农村社会福利。表2-2列出了不同时期有关公积金、公益金和劳动积累工的提取规定。

表2-2　　　　初级社、高级社和农村人民公社有关公共积累的规定

| | |
|---|---|
| 初级社<br>（1955年11月） | ①公积金不超过合作社每年实际收入的5%，以后可逐步提高到10%；从事经济作物生产的合作社，公积金可高一点。②公益金不超过合作社每年实际收入的1%，以后逐步提高到2%或3%。 |
| 高级社<br>（1956年6月） | ①公积金一般不超过当年纯收入的8%，经营经济作物的可以增加到12%。②公益金不超过2%。 |
| 农村人民公社<br>（1961年6月） | 对生产大队的规定：①公积金为大队可分配总收入的5%；②公益金为大队可分配总收入的3%~5%；③积累工为每个社员基本劳动日的3%。<br>对公社的规定：①公社向大队提取的公积金，不能超过生产大队当年公积金的20%；②积累工不能超过生产大队劳动力总数的2%。<br>生产队不是基本核算单位，故没做规定。 |
| 农村人民公社<br>（1962年9月） | 对生产队的规定：①公积金为可分配总收入的3%~5%，收入水平高的，可多留；②公益金为可分配总收入的2%~3%；③积累工为社员全年基本劳动日数的3%。<br>公社和生产大队不从生产队提取公积金和公益金。 |
| 农村人民公社<br>（1978年12月） | ①公积金为可分配收入的5%，收入水平高的队可多留；②公益金为可分配收入的2%~4%；③县、公社和大队专业队从生产队抽调劳动力，一般可占到总劳动力的5%，最多不能超过10%。 |

注：本表根据《农业生产合作社示范章程草案》、《高级农业合作社示范章程》、《农村人民公社工作条例（草案）》、《农村人民公社工作条例修正草案》和《农村人民公社工作条例（试行草案）》整理。

1. 资金积累。公积金与公益金主要根据当年集体可分配总收入的一定比例提取。在确定公积金与公益金的提取比例时，初级社的参照收入为每年实际收入，高级社的参照收入为当年纯收入，人民公社时期的参照收入为可分配总收入。实际上，这些参照收入，都是纯收入在不同时期的不同叫法，即总收入扣减国家税收和各项生产经营费用后的余额。所以，比较不同时期公积金和公益金高低，只要依据提取比例高低即可判断。根据规定，初级社的公积金和公益金占当年纯收入的6%；高级社的公积金和公益金占当年纯收入的10%，高的可达14%；农村人民公社的公积金和公益金占当年纯收入的5%~8%。国家统计局数据显示，农村人民公社时期，公积金与公益金实际提取比例，远高于规定比例。在1956~1965年和1970~1979年的20年里[1]，全国农村集体税后纯收入为8521亿元，其中集体提留1223亿元，占14.4%；分配给社员7298亿元，占85.6%。在集体提留中，公积金867亿元，占税后纯收入的10.2%；公益金212亿元，占税后纯收入的2.5%；其他提留144亿元，占税后纯收入的1.7%。

2. 劳动积累。初级社与高级社时期，对劳动积累工没有具体规定。农村人民公社对社员和集体的劳动积累，做了具体规定。表2-2显示，计提劳动积累工的依据完全不同，有时以社员全年基本劳动日为基数，有时以总劳动力为基数。为方便对比，我们这里假设有一个拥有120口人的A生产队，其劳动力人数为50人，每人每年劳动日数按300天计算。根据1962年9月的规定，这个生产队每年应当有劳动积累工450个，即每个劳动力每年需承担9个劳动积累工。按照1978年12月的规定，生产队要向县、公社和生产大队等三级组织提供劳动力，三级抽调

---

[1] 本人未能找到1966~1969年相关统计数据。

生产队劳动力的比例为 5%~10%，即抽调 A 生产队 2.5~5 个劳动力，折合为 750~1 500 个劳动积累工，即每个劳动力每年承担 15~30 个劳动积累工。

(二) 降低了国家收购农副产品的交易成本

一般认为，自 20 世纪 50 年代建立农副产品统购、派购制度起，国家以工农产品价格"剪刀差"的形式，从农业提取工业化所需资金。依靠"剪刀差"，国家究竟从农业中拿走了多少资金，不同学者采用不同方法，得到的计算结果差异很大。比如，武力[①]通过计算得出 1960~1978 年的"剪刀差"总额为 2 800 亿元，年均为 147 亿元；发展研究所[②]计算的结果是 30 年"剪刀差"总额为 6 000 亿元，年均 200 亿元。

这里，我们关注的重点不在于"剪刀差"总额为多少，而是国家低价收购农副产品的交易成本问题。农地集体所有、统一经营的制度设计，降低了国家低价收购农副产品的交易成本，这主要体现在两个方面。一是减少了缴纳单位数量。在人民公社体制下，生产队是基本核算单位，其数量基本稳定在 480 万个左右。农业税的收取和农副产品的征缴，也一般以生产队为单位。如果农地由农户私人所有并经营，征缴单位就会增为 1 亿多，净增几十倍。二是实行集体统一核算，农户很难控制劳动成果的分配。在集体核算体制下，生产队的劳动成果分配，首先必须保证完成国家税收任务和农副产品统购、派购任务，单个农户无法控制集体劳动成果的分配。由于农户没有产品支配权，即使不愿意低价缴纳农副产品，也找不到有效对策。

---

① 武力：《1949~1978 中国"剪刀差"差额辩正》，《中国经济史研究》2001 年第 4 期。

② 发展研究所综合课题组：《农民、市场和制度创新》，《经济研究》1987 年第 1 期。

## 二、农地集体所有、统一经营的三个消极影响

**(一) 生产队作为基本核算单位,没有生产经营自主权**

农村人民公社时期,生产队是基本核算单位,却没有生产经营自主权,无法自主安排农业和工副业生产。生产队须按生产大队和人民公社的生产计划,配置本生产队的生产要素。生产队的土地、劳动力、资金和劳动成果,经常被上级单位无偿平调。以笔者湖南省隆回县老家为例,20世纪70年代,就多次出现过县、公社和生产大队无偿抽调生产队劳动力和土地的现象。比如,县里为修建"木瓜山水库"①,在全县范围内,无偿抽调各生产队的劳动力,被抽调劳动力的生活费用,也完全由其所在生产队负担;公社无偿抽调各生产队的劳动力,修建公路大桥,被抽调劳动力的大部分生活费用,由其所在生产队负担;公社无偿抽调生产队的山林,开荒后建成公社园艺场(也叫经济场);生产大队无偿抽调各生产队的土地,组建大队园艺场;生产大队无偿抽调各生产队劳动力,修建拦河坝,引水灌田,而真正受益的只有少数几个生产队。至于生产队为什么不反对这种无偿平调?据老人们回忆,这些平调都是以公共利益为名进行的,在当时强调"一切以大局利益为重"的环境下,生产队的干部和社员都不敢反对。

**(二) 无法监督和调动社员劳动积极性,难以真正做到按劳分配**

在农业集体化体制下,除给农户留有一点自留地外(一般不超过5%),其他土地全归生产队统一经营,集体劳动成果主

---

① 该水库于1978年竣工,正常库容5 525万立方米,现已灌溉耕地4 500公顷。

要按工分分配。这种分配方式，使社员非常关注工分数量，忽视劳动质量和劳动效果，并经常引发矛盾。

1. 社员挣取工分的三种途径。工分是生产队分配各类收入（实物收入和现金收入）的重要依据，社员可通过多种途径挣到工分。第一，参加本生产队的农业和副业生产。社员参加本生产队农副业生产所得工分，取决于参加劳动的天数和底分。所谓底分，就是正常情况下，一个劳动力劳动一天所应得的标准工分值。某个社员的底分，是由生产队社员大会根据其劳动能力和表现评定的。不同的人，有不同的底分。以湖南省隆回县为例，成年男性劳力一天标准底分为 10 分，双抢季节可能是 12 分；成年女性劳力一天标准底分为 6.5~7.5 分，双抢季节还会高一点；未成年的小孩参加劳动，也评定底分，一般为 1.2~2.5 分。第二，参加队外的副业生产。外出者在外面取得收入后，须向生产队缴纳一定数量的副业收入。作为交换，生产队给其记工分，以便参加生产队的实物分配和现金收入分配。比如，生产队某社员到"三线建设"工地去挖土方，劳动一天可挣到 8 元，他须向生产队缴纳 2 元，生产队则给他记 10 分工分①。第三，为生产队提供临时劳动。农户代为生产队照看耕牛，生产队按耕牛的大小和品种（黄牛、水牛），给农户记一定工分。在农忙季节，农户利用空闲时间或家庭辅助劳动力，为劳作的耕牛提供青草，生产队按收割青草的重量，给农户记工分。比如，每 5 公斤青草，记工 1 分，割 25 公斤青草就得 5 分工分。对社员来说，更多工

---

① 事实上，生产队每个工日（10 分）的工值为 0.25 元。外出从事副业生产的社员，须向生产队缴纳 2 元，才能记 10 分工分，其实际工值是生产队从事农业生产工值的 8 倍。由于外出从事副业生产，可挣到更多的钱，所以，社员还是愿意外出从事副业生产。至于为什么大多数社员仍然在生产队从事农业生产？主要是因为当时从事副业生产的机会太少，只有能力较强的社员，才有机会外出从事副业生产。

分，可分配到更多产品和现金收入。

2. 工分难以充分体现劳动贡献。劳动包括劳动数量与劳动质量。严格地说，按工分分配不是真正意义上的按劳分配，它存在三大问题。第一，工分评定主要以体力为参照标准，忽视劳动技能。一般而言，成年男性体力强于成年女性，成年男性的底分也高于成年女性。这种办法，在以体力为主的劳动中是公平的，而在以技能为主的劳动中就不公平了。在生产队组织的劳动比赛中，女性在插秧、割禾、采摘果实等工序中，速度明显快于男性，但女性得到的工分却低于男性。在这些工序中，女性社员受到了不公正待遇。她们通常采取与男性同步的应对办法，因而难以发挥女性劳动者的特长。第二，难以有效监督偷懒行为。以笔者小时候所在的生产队为例，社员出工分为早晨出工、上午出工和下午出工，农忙时还有晚上出工。不同时段，出工计分不同。社员出工，需要由生产队长统一吹哨召集，到工地上集中劳动。至于社员在工地上的努力程度，只能靠社员的自觉。对于生产队劳动过程中的偷懒行为，当地流传以下顺口溜：三斤锄头两斤把，拿着锄头撞（即顶）下巴[①]。为提高社员的积极性，生产队有时候也组织劳动定额，将一定量的农活包给一个或几个社员，完成后记一定数额的工分。第三，难以鉴定和评价劳动质量。与工业流水线作业不同，农业作业地域分散，作物种类多样，劳动过程无法标准化，要客观公正地评估劳动质量和劳动效果很困难。这里，用一个采摘柑桔的案例，以验证用工分评判劳动成果

---

① 理解这句顺口溜，得先弄清楚锄头的结构。锄头由一块铁头和一个木柄组成，铁头越大，其挖土能力就越强，人们在挖土时，是双手前后握住木柄。这句顺口溜的大意是，三斤重的锄头，就有两斤是木柄，而真正的铁头才一斤，这样的锄头挖土能力很差。不仅如此，生产队的社员还常用这样的锄头顶住下巴，站在那里东张西望不干活。

存在的缺陷。

**案例3：柑桔采摘中的工分评记与劳动质量**

在集体化时期，采摘柑桔有两种评记工分办法，即按天记工分和按社员采摘柑桔重量记工分。第一种办法，不能充分体现劳动效果，会使社员偷懒。第二种办法，主要根据社员采摘柑桔重量评记工分。事实上，在柑桔采摘中，以采摘重量来评价劳动贡献，也是不妥当的。有柑桔采摘和储藏经验的农民都有以下经验①：在柑桔采摘时，要轻摘轻放；碰撞过多、过重的柑桔，在储藏时容易腐烂。在采摘柑桔时，乱扔柑桔的社员，其采摘速度快，采摘的柑桔数量会更多。不过，他采摘的柑桔会很快腐烂掉，其损失要么直接由本生产队承担，要么由后续环节的经销商承担。相反，采摘时注意轻放的社员，其采摘量会下降，而采摘的柑桔更耐储藏，进而可以减少储藏过程中的损耗。根据柑桔采摘数量评记工分，关注了劳动数量，却忽视了劳动质量。因此，第二种方法也无法准确评估劳动者的劳动贡献。

3. 按工分分配，经常引发社员间的矛盾与纠纷。生产队统一记工分、统一分配劳动成果的办法，常常引致社员发生矛盾。比如，谁的底分评高了，谁的底分评低了；谁多记了工分，谁少记了工分；谁迟到了，谁早退了；谁没有按时、按质、按量完成生产队布置的任务；谁偷工减料；谁家耕牛没养好，等等。不只是在评、记工分环节发生矛盾，在产品分配时也发生争执。比如，生产队在分稻谷时，通常将稻谷堆成一堆，然后根据抓阄的

---

① 这个经验来源于笔者父母10多年的柑桔储藏经历。自20世纪90年代以来，柑桔价格不断下降。最低时，产出旺季（10～11月），每公斤仅售0.2元。为增加收入，我父母决定先将柑桔储藏起来，到春节前后再卖。在开始的几年里，储藏的柑桔很容易腐烂，损失不少。即使如此，也比即时采摘即时卖合算一些。经过几年的观察、分析与试验，他们终于发现：轻摘轻放的柑桔不容易腐烂。自从有了这个发现后，他们不再轻易请别人帮助采摘柑桔。这个案例同时证明，有积极性的劳动者，会积累劳动与生产经验，进一步提高劳动效率。

顺序，从某个方向依次给社员称稻谷。有的社员抱怨自己分到的稻谷水分太多，有的抱怨自己分到的稻谷里稻草或杂质太多。年底生产队决算后，收钱户到欠钱户家要钱，欠钱户拿不出钱，双方也发生争吵。

（三）用人机制不合理，生产队和生产大队存在严重的治理问题

一方面，生产队和生产大队没有生产经营自主权。另一方面，它们还兼有行政组织特征，必须完成上级分配的各类任务。以生产队为例，生产大队和公社常常干涉生产队负责人的选举。按照土地改革时划定的阶级成分，划为地主和富农的社员，一般不能担任生产队负责人，只有贫下中农才能成为生产队负责人的候选人。通常，地主和富农文化水平高于贫下中农，他们比贫下中农更懂经营管理，他们是农村的"经济能人"。不仅地主和富农不能选为生产队负责人，在贫下中农的候选人中，那些懂生产、会经营的能人被选中的可能性也不高。这些能人懂管理、会经营，其行为往往不利于上级交办任务和生产计划的完成。所以，农村人民公社时期，生产队负责人的产生方式，更利于"政治能人"的成长，而不利于"经济能人"的成长。不只是生产队负责人的产生方式有问题，生产队的生产经营决策权高度集中，一切生产经营安排都由主要负责人决定。其他社员，即使农业生产技术和经营管理水平再高，也必须听从主要负责人的安排。

## 第五节
### 农地集体化对农业生产效率的影响

现在，我们根据导论分析框架，分析农地集体化对农业生产

效率的影响。本书第三章图3-1反映了1956~1978年粮食单产变化趋势,除1958~1960年粮食单产明显下降外(原因分析见本章第一节),1960~1978年粮食单产(即农业生产效率)呈逐年增长趋势。这种增长趋势,是由两个因素综合形成的。一方面,集体化时期的公共积累制度,为农业生产及基础设施建设提供了资金和劳力保障,提高了农业生产要素效率和技术效率。根据国家统计局数据,1956~1965年和1970~1978年的19年里,国家财政对小型农田水利补助和支援公社的支出,累计为270亿元,年均为14亿元。同期集体公积金年均达43亿元,是国家财政资助资金的3倍多。集体化时期的公共积累,实质就是地租(内在地租)。不过,这种地租与解放前的地租存在两点不同:一是地租水平远低于解放前;二是地租用途不同。封建地主收取地租,很少用于农业生产经营和农业基础设施建设。集体化时期的地租,主要用于农业生产经营和农田基本建设,取之于农业,用之于农业,促进了农业生产要素效率和技术效率的提高。另一方面,农地集体经营损害农民劳动积极性,降低了农业劳动效率。事实上,在农村人民公社体制下,生产(大)队与社员间的关系是一种典型的雇佣关系,社员不能退社。生产(大)队长是生产队生产经营的决策人,是生产过程的指挥者,社员只是付出自己劳动能力。这种雇佣关系与解放前的雇佣关系没有本质区别,会降低农业劳动效率。

# 第三章

# 1979 年以来的农地制度：家庭承包经营与集体统一经营

## 第一节 1979～1984 年：从生产责任制到家庭承包经营

**一、农村出现三种不同形式的生产责任制**

1978 年底召开的中国共产党第十一届三中全会，将农业列为首要议题，并发布了《中共中央关于加快农业发展若干问题的决定（草案）》。全会强调：要稳定"三级所有，队为基础"的体制，不得无偿调用和占用生产队的劳力、资金、产品和物资；要严格执行按劳分配，按劳动数量和质量计算劳动报酬。党的十一届三中全会后，一些地方积极试验并推广各种形式的农业生产责任制。归纳起来，有三种不同类型，即不联产责任制、联产承包责任制和包干到户。

（一）不联产责任制

不联产责任制，是指生产队在统一经营、统一核算前提下，将某个时期的农活承包给作业组或个人，明确规定其应当按质完成的作业数量和应得工分，超额完成给予奖励，完不成任务或质量不合格，扣减工分报酬。不联产责任制的特点是，承包者只对某项或几项作业负责，而不对最终成果负责。比如，"小段包工，定额计酬"（以下简称"定额包工"）属于不联产责任制。

（二）联产承包责任制

联产承包责任制，是指生产队在统一经营、统一核算前提下，把承包者的利益与最终成果部分挂钩，包产内的产量上缴生产队，由生产队按工分统一分配；超产奖励，减产受罚。联产承包责任制主要有"专业承包、联产计酬"、"包产到组"、"包产到劳"和"包产到户"。顾名思义，常说的家庭联产承包责任制，专指包产到户责任制。家庭联产承包责任制仍然需将产品上缴生产队，将上缴产品折算为工分后，再由生产队统一进行分配，这样的分配办法手续繁琐，同样容易出现"一平二调"。

（三）包干到户

包干到户，是指生产队将土地承包到农户，农户与生产队签订承包合同，按合同规定上缴国家税收、定购任务和集体提留，剩余产品完全归农户自己，简称"交够国家的、留足集体的，剩余都是自己的"。包干到户，是真正意义上的家庭承包经营。由于约定俗成的原因，家庭承包经营（即包干到户），一直被称为家庭联产承包责任制，直到1998年中国共产党十五届三中全会，正式改称家庭承包经营。

表3-1数据显示，1979年，全国约有85%的基本核算单位实行了各种类型的生产责任制，其中实行不联产责任制（即定额包工）的为55.7%，实行联产承包责任制（即联产到组、到劳和包产到户）的为29.1%；全国只有2 000个基本核算单位实行包干到户。到1984年，全国基本核算单位中，有99%实行了家庭承包

经营（即包干到户），实行其他各种类型生产责任制的不到1%。

表 3-1  20世纪80年代初全国农村各种生产责任制类型

单位：万个，%

| 生产责任制类型 | 1979 | | 1980 | | 1982 | | 1984 | |
|---|---|---|---|---|---|---|---|---|
| | 数量 | % | 数量 | % | 数量 | % | 数量 | % |
| 基本核算单位 | 479.6 | — | 561.1 | — | 593.4 | — | 569.2 | — |
| 其中：实行生产责任制 | 407 | 84.9 | 521.8 | 93 | 585.9 | 98.7 | 569 | 100 |
| 1. 实行定额包工 | 267.3 | 55.7 | 218.7 | 39 | 53.2 | 9 | 5.4 | 0.9 |
| 2. 实行联产到组 | 119.5 | 24.9 | 132.6 | 23.6 | 53.2 | 9 | 5.4 | 0.9 |
| 3. 实行联产到劳 | 15.1 | 3.2 | 48.4 | 8.6 | 53.2 | 9 | 5.4 | 0.9 |
| 4. 实行包产到户 | 4.9 | 1 | 52.5 | 9.4 | 52.2 | 8.8 | 5.4 | 0.9 |
| 5. 实行包干到户 | 0.2 | 0.1 | 28.3 | 5 | 480.3 | 80.9 | 563.6 | 99 |
| 6. 实行其他形式 | | | 41.3 | 7.4 | — | — | — | — |

注：（1）资料来源：《建国以来农业合作化史料汇编》，中共党史出版社1992年版，第1390页。

（2）基本核算单位指生产队或生产大队。

（3）由于一个基本核算单位可能同时实行多种形式的生产责任制，因此第3~8行数据之和可能大于第2行数据。

## 二、家庭承包经营的发展历程

（一）1978年秋~1979年冬，推行定额包工责任制，不许包产到户和包干到户

1979年4月，中共中央批转的《〈关于农村工作问题座谈会纪要〉的通知》（即七省会议纪要）要求：必须保持农村人民公社"三级所有、队为基础"制度的稳定；在坚持生产资料集体所有，劳动力统一使用，生产队统一核算和分配的前提下，实行生产责任制；生产责任制形式可以多种多样，除特殊情况（比如深山、偏僻地区的孤门独户等）经县委批准外，不许包产到户，不

许划小核算单位,一律不许分田单干。同年9月,中国共产党十一届四中全会通过的《中共中央关于加快农业发展若干问题的决定》要求:继续稳定"三级所有、队为基础"的体制,人民公社、生产大队和生产队的所有权和自主权应该受到国家法律保护,任何单位和个人,绝对不允许无偿调用和占用生产队的劳力、土地、牲畜、机械、资金、产品和物资;在人民公社各级组织实行生产责任制,实行按劳分配;不许分田单干,除某些副业生产的特殊需要和边远山区、交通不便的单家独户外,也不要包产到户。

概括起来,农村人民公社各级经济组织可以试行多种类型的生产责任制,这些责任制可以以作业组为单位,可以以劳动力为单位,就是不能以农户为单位。不过,从上述两个文件看,在半年时间里,中共中央对包产到户的态度还是有所松动,从不许包产到户,到不要包产到户。

(二) 1980年春~1981年底,普及责任制,家庭承包经营迅速发展

在全国激烈讨论农户家庭联产责任制的关键时刻,邓小平充分肯定了包产到户和包干到户。1980年5月3日,邓小平就农村政策发表谈话,他认为一些适宜搞包产到户的地方,包产到户的效果很好,变化很快,包产到户不会影响集体经济的发展。1980年9月27日,中央发布《中共中央印发〈关于进一步加强和完善农业生产责任制的几个问题〉的通知》(以下简称《通知》)。该《通知》充分肯定了各类形式的生产责任制,特别指出在那些边远山区和贫困落后地区,长期"吃粮靠返销,生产靠贷款,生活靠救济"的生产队,群众对集体丧失信心并要求包产到户的,应当支持群众要求,可以包产到户,也可以包干到户,并在一个较长的时间内保持稳定。1979年,全国基本核算单位479.6万个,实行生产责任制的基本核算单位407万个,其中实行包干到户的核

算单位为 0.2 万个。到 1981 年全国基本核算单位 601.1 万个，实行生产责任制的基本核算单位 587.8 万个，其中实行包干到户的核算单位 228.3 万个，占全国基本核算单位的 38%。

（三）1982 年春至 1983 年底，全面推行家庭承包经营

由于包产到户与包干到户增产效果明显（见后文），其优越性逐步被广大农民和干部所认可。学术界、理论界和决策界对包产到户、包干到户基本形成共识，将包产到户、包干到户视为集体经济内部的一种生产责任制，家庭承包经营（即包干到户）成为社会主义合作经济的一个经营层次。包干到户虽然实行分户经营，但它是建立在土地公有制基础之上，农民不能买卖集体土地，集体和农户保持承包关系，集体向农户收取一定的承包费和提留，有的还由集体统一进行农业基础设施建设。在农地集体所有制条件下，实行包产到户特别是包干到户，有利于将集体统一经营的优越性和农户家庭承包经营的优越性结合起来。

1982 年 1 月 1 日，中共中央批转《全国农村工作会议纪要》，充分肯定了包产到户和包干到户，认为小段包工定额计酬，专业承包联产计酬，联产到劳，包产到户、到组，包干到户、到组等，都是社会主义集体经济的生产责任制；包工、包产、包干的区别主要在于劳动成果分配方法不同。1983 年 1 月 2 日，中央发布《中共中央关于〈印发当前农村经济政策的若干问题〉的通知》充分肯定了联产承包责任制，认为联产承包责任制采取了统一经营和分散经营相结合的原则，这种统分结合的双层经营体制具有广泛适应性，既可适应于当前手工劳动为主的状况和农业生产的特点，又能适应农业现代化进程中生产力发展的需要，并要求林业、牧业、渔业和多种经营都实行联产承包责任制。

到 1983 年，全国 589 万个基本核算单位中，有 576.4 万个实行了包干到户，占 97.9%；全国 18 523.2 万户农户，实行包干到

户的农户为 17 497.7 万户，占农户总数的 94.5%。至此，由家庭承包经营与集体统一经营相结合的双层经营体制基本形成。

### 三、家庭承包经营的两种类型

家庭承包经营有两种形式。第一种是按人均包，即按人口均分土地，这种形式最为普遍。第二种是按户（或个人）竞包。在谈及家庭承包经营时，通常指的是第一种形式。归纳起来，这两种形式有如下区别。第一，承包依据不同。按人均包以农户家庭人口数量作为承包依据，只要是集体经济组织成员，原则上都应有份承包地。按户竞包以农户或个人的出价为依据，谁的出价高，就由谁承包。第二，承包对象不同，开放程度不同。按户均包仅针对本集体经济组织成员，具有封闭性。按户竞包可以是本集体经济组织成员，也可以是本集体经济组织以外的农户或个人，具有开放性。第三，承包主体对承包合同的关注程度不同。按人均包，其土地分配标准、承包任务分配标准、权利与义务等基本一样，主要差别在于承包地数量不同（因各户人口不同引起），农民对承包合同关注度不高。有的地方，甚至是集体统一一份承包合同。按户竞包，农民与集体签有正式书面合同，合同对承包地数量、承包期限、承包款、双方的权利和义务都有详尽规定，农户和集体都比较重视承包合同。通常，村或村民小组集体预留的机动地、村级园艺场等，均实行按户竞包。

在家庭承包经营初期，按人均包的承包纠纷较少，而按户竞包的纠纷较多。按户竞包纠纷较多，主要是在家庭承包经营初期，因经验不足，集体确定的承包款偏低。非承包户觉得集体吃亏了，要求撕毁原承包合同。在这种情况下，通常有两种选择：一是经双方协商或法院调解，适当提高承包款。二是上诉到法院，由法院判决。

## 第二节
## 1984年："15年不变"与"大稳定、小调整"

在20世纪80年代初期，各地分配承包地时，一般采用按人口均分的办法，也有采用按劳动力，或者按人、劳比例分配办法的。土地好坏搭配，承包期短。这种土地分配办法，给农业生产带来诸多不便。比如，地块小而分散，不利于耕作；承包期太短，农民不进行长期投资。为解决这些矛盾，中共中央在1984年的一号文件中要求：土地承包期一般应在15年以上；生产周期长的和开发性项目，如果树、林木、荒山、荒地等，承包期应当更长一些。这项政策被简称为"15年不变"，也被称为"第一轮承包"。据史料记载①，承包期定为15年，是经过多次修改形成的。巧合的是，20世纪50年代农业合作化时期，中央政府曾经提出用三个五年计划，即15年时间，完成农业社会主义改造。这两个"15年"是否有关联，只有建议者和决策者清楚。

1984年中共中央的一号文件同时规定：如群众有土地调整要求的，可以在延长承包期之前，本着"大稳定、小调整"的原则，经过充分协商，由集体统一调整土地。对15年承包期内是否调整承包地，并没有做明确规定。既没有规定15年承包期内可以调整承包地，也没有规定15年承包期内不可以调整承包地。从实际执行情况看，多数地方将"大稳定、小调整"原则，

---

① 祖国补：《农村土地承包期十五年政策的出台经过》，《中国农村改革决策纪事》，中央文献出版社1999年版。

同时用于延包前和延包后。在15年承包期内，绝大多数地区都对承包地进行过调整。有的隔3~5年大调整一次，有的隔3~5年小调整一次，还有的年年小调整。

## 第三节

## 1993年："30年不变"与"增人不增地，减人不减地"

1984年出台承包期"15年不变"政策时，并没有明确界定承包起止期限。1979~1983年，各地采用的生产责任制形式也不统一。有的是直接承包到户；有的是先承包到组，再承包到户；有的是先包产，后包干。因此，15年承包期的起始时间很不一致，但不超出1978~1984年的范围。如果将1978年作为起始期，那么到1993年就要到期。所以，中央政府必须在1993年决定此后家庭承包经营制度的走向。1993年11月，中共中央做出决定：耕地承包期再延长30年不变；开垦荒地、营造林地、治沙改土等从事开发性生产的，承包期可以更长。这项政策被简称"30年不变"，也被称为"第二轮承（延）包"。同样，第二轮承包期为什么定为30年？也很难找到客观依据。巧合的是，1962年9月，农村人民公社"六十条"曾经提出，生产队作为农村人民公社的基本核算单位至少30年不变。这两个"30年"是否有关联，也只有建议者和决策者清楚。按照时间计算，第二轮承包最早于2023年到期，距今还有15年时间。

在提出"30年不变"政策的同时，中共中央提倡30年承包期内实行"增人不增地，减人不减地"。所谓"增人不增地，减人不减地"，就是承包期内不再根据人口变化调整土地。早在第一轮承包期内，贵州省湄潭县于1987年试行"增人不增地，减人不减地"的办法，试行效果不错。后来，被中共中央决策所采纳。在第二轮承包期初期，中共中央只是提倡承包期内不再调整土地。于是，有的地方执行"增人不增地，减人不减地"政策，规定30年承包期内不再调整承包地；有的地方执行"大稳定、小调整"政策，允许30年承包期内继续调整承包地。直到1997年中央政府明确指出：30年不变，指的是土地承包经营期限，至于集体土地实行家庭承包经营，是一项长期不变的制度。也就是说，30年承包期内，不要再根据人口变化调整承包地。

## 第四节

## 1984年以来的农地规模经营

### 一、农地规模经营的原因

实行家庭承包经营后，一些经济发达地区又开始探索农地规模经营。不过，它与农村人民公社时期的集体规模经营，有本质区别。家庭承包经营后，又出现农地规模经营，主要有四个原因：第一，家庭承包经营后，农户有了生产经营自主权，可自由配置生产要素。第二，较长的土地承包期。土地承包期较长，一方面导致人均占地不均；另一方面确保了农民对土地的长期占有和处置权。第三，农业生产特别是粮食生产，比较效益低。农业比较效益低，使农民从事农业的生产积极性下降，一些地方还出现了农民荒芜承包地的现象。第四，"米袋子"省长负责制。这项制度迫使地方政府必须高度重视粮食生产，必须完成国家粮食定购任务。提高农民粮食生产积极性，只有三种选择，即提高粮食价格、提高粮食单产和扩大粮食生产规模。对地方政府来说，最直接、最有效的办法就是扩大粮食生产规模。

## 二、农地规模经营的形式

（一）重新组建集体农场或家庭农场

这种农地规模经营的特点是，利用政府行政权威，将农户的承包地（承包经营权）重新收回，再发包给专业农户，以实现农地规模经营。

1986年，北京市顺义县开始在全县范围试行农地规模经营，其做法是：改变"人人分地，户户种田"的土地均分办法，集体通过重新调整土地，直接兴办村级集体农场或发展专业承包到劳家庭农场，实行统一经营。到1997年，顺义全县有村办集体农场324个，经营土地2.5万公顷（劳均经营粮田9.7公顷），占全县粮田面积的62.8%；专业承包到劳经营的粮田1.15万公顷（劳均经营2.3公顷），占全县粮田面积的28.8%。全县以家庭承包形式经营的粮田面积仅8.4%，户均规模为0.53公顷。

1987年，江苏省苏南地区①开始试行农地规模经营，主要以农户为单位组建家庭农场。到1994年底，江苏全省农地适度规模经营单位达20 000个，经营面积7.3万公顷，平均经营规模为3.67公顷；规模经营发展最快的无锡县，有56%的责任田实行了规模经营。

（二）两田制：口粮田和责任田

自20世纪80年代中期以来，一些地方为解决农民种粮积极性和完成农产品定购任务难的问题，将承包耕地划分为"口粮田"和"责任田"。"口粮田"按人均分，"责任田"实行招标承包和规模经营。1988年，山东省平度市开始试行"两田制"，到1996年全市31万户农户中，有11 799户农户"两田"都不要，占3.8%；有30 448

---

① 即苏州、无锡和常州三个市。

户农户只承包"口粮田",占 9.8%;扩大经营规模的农户 12.6 万户,占 40.6%;经营 1.33 公顷以上的种田大户 11 120 户,共经营 1.79 万公顷,户均 1.6 公顷。自 20 世纪 90 年代初起,全国许多不具备条件的村组也开始推行"两田制","两田制"在全国迅速发展。根据农业部统计①,1994 年全国有 1/3 的农村集体经济组织实行"两田制",实行"两田制"的耕地面积达 3 900 万公顷,占全国耕地总面积的 42%。1997 年,中央政府明令禁止"两田制"。

(三) 反租倒包

所谓"反租倒包",是指先按照家庭承包经营的办法,将农地承包经营权确定给农户,再由村组集体向农户租用承包土地,并支付租金,然后村组集体再将租回的土地,重新发包给新的承包者,以实行规模经营。在推行"反租倒包"过程中,一些集体经济组织违背农民意愿,强制农户交出承包经营权,这引起农民不满。到目前为止,"反租倒包"并不为中央政府所提倡,但我们不能据此完全否定"反租倒包"制度设计中的合理内核。这一制度有利于提高农业生产的专业化、规模化,有利于提高农业生产的总体效益,其关键是要将收益增量在集体、农民和新承包者间进行合理分配。这里,提供一个"反租倒包"的案例。

**案例 4**[②]:反租倒包与规模经营

浙江省绍兴县柯桥镇丰富村,共有水田 21 公顷,其中口粮田 16 公顷,责任田 5 公顷。全村 301 个劳动力,从事二、三产业的 275 个,占 91.3%;纯务农劳动力 26 个,占 8.7%。为改变"人人种地、户户种粮、效益低下"的状况,该村于 2001 年推行"反租倒包",在稳定农户承包经

---

① 引自《中国农业发展报告》(1995),中国农业出版社 1995 年版。
② 本案例引自《绍兴县土地使用权流转和信托服务资料汇编》(2001 年),未经实地调查。

营权基础上,实行农地规模经营。具体做法为:(1)定"反租倒包"期限。"反租倒包"期限分别为 6 年和 10 年。(2)定农户反租款。村里按每年每公顷向农民支付 4 500 元租金。(3)定承包款。承包者每年每公顷向村里上缴承包款 6 000 元。"反租倒包"对农户、集体和承包大户都有利。一是农户不再为自己承包的那点"口粮田"发愁,每年每公顷能得到 4 500 元租金。二是集体增加了收入,责任田每公顷可净收 6 000 元,口粮田每公顷可净收 1 500 元。全村 21 公顷水田,累计可净增收入 54 000 元。三是承包大户增收。2004 年,承包大户许永顺在丰富村租地 0.67 公顷,从事蔬菜生产,当年纯收益可达 35 000 元。

(四)社区土地股份合作制(以广东省佛山市南海区为例)

所谓社区土地股份合作制,是指将集体的土地估价折股,股权分配给农民,土地交由股份合作组织(即原来的集体)统一规划、统一开发,实行规模经营。社区土地股份合作制,有两种类型:一种是仅将土地折股量化到个人;另一种是将土地与其他集体资产全部折股量化到个人。不论哪种类型,对原社区集体经济进行社区股份合作制改造,必然涉及 3 个根本问题,即土地与其他集体资产折价、股权配置和股权处置。这里,我们重点介绍广东省佛山市南海区土地股份合作制的主要做法及经验。

1. 土地与其他集体资产折价。由于农村没有规范的土地市场和权威的土地价格信息,因此,如何给土地定价成为难点。综合南海区的经验,有三种土地折价办法。在土地数量和质量比较均匀的村、组,一般按政府征地价折算;在土地差别大的村、组,一般按土地经营效益折价;在集体经济落后的边远地区,一般按配股需要的数量折价。集体资产既包括固定资产,也包括流动资金。对于固定资产一般以账面净值折价;没有账面净值的,以现值折价。

2. 股权配置。配置股权,实质是利益分配。首先是设不设集体股。有些地方设置了集体股,有些地方不设集体股。其次是如何配置个人股。归纳起来，有三种配置个人股的办法。有的村社实行"三权十股制"，即设立基本股权、承包股权和劳动贡献股权。基本股权满股为3股，凡是在规定日期前为本社法定农业人口的每人配置3股。承包股权满股为3股，16岁以上配置3股，16岁以下配置2股。劳动贡献股权满股为4股，分两部分计算，第一部分以承包责任田的期数为依据，承包3期的配1.5股、承包2期的配1股、承包1期的配0.5股；第二部分以劳动年龄计算，满股为2.5股，分五级，每级相隔7年，16~23岁配0.5股，依此类推，45岁以上配足2.5股。三种股权满股者，能配10股。有的村社仅设承包股权，并将承包股权划分为两档，16岁以下配0.5股，16岁以上配1股。还有的村社也仅设承包股权，但按年龄将承包股权划分为若干档次。个人股权的初始配置均为无偿配置，即只要是当时在册的集体经济组织成员，就能免费获得股权。

3. 股权处置。在土地股份合作制初期，集体经济组织成员无偿获得股权，股权不可流转，不可继承，不可变现退出。随着社区股份合作组织人口数量的变化，新增人口要求获得股权，外出人口特别是"出嫁女"不愿意交出股权。为解决这些矛盾，一些地方采用"固化股权、出资购股、股权流动"的办法，完善土地股份合作制。"固化股权、出资购股、股权流动"，有两种类型。第一种类型为：设立资源股和物业股，区别对待两种股份和新老人口。资源股（土地股）由原经济社的土地构成，将土地量化到农业人口，每人0.2股，属自然无偿配给，随户口终止而自动丧失，随户口迁入自动获得。资源股不得继承、转让、买卖、抵押和退股套现。物业股由股份经济组织的非土地净资产构成，物业股按人的年龄设立若干档次，并量化到村民。股东因年龄递增，需增加股权的，以及因婚嫁迁入或新出生的，要获得股权，必须以现金购入相应档次的物业股权。物业股权，在一定时间和范围内可进行买卖、转让、继承、抵押和退股取值。第二种类型为：对新老人口区别对待。即对改革时点前在册的股东实行无偿配股，对满股为 10 股的股东股权进行固化。未满 10 股的老股东，按每年增加 0.5 股，直至增加到 10 股为止，并对其股权进行固化。对改革时点前新出生和新娶入的人员，实行无偿配股。改革时点后新出生的人员或迁入人员，一律不予出资购股。

4. 社区土地股份合作制改革的两点经验。佛山市南海区的社区土地股份合作制改革，取得了两点重要经验。第一，股值不宜过高。比如，大沥镇六联村于 1995 年实行股权"生不增，死不减"办法，农村居民股权数量普遍为 1 股或 0.5 股。由于每年每股能分红 5 000 多元，没有配股的村民强烈要求重新配股。从 2004 年开始，该村决定对 1995 年以来没有取得配售股的村民进行配售股，但由于 1995 年每人只配 1 股，使得单股股值过高，新股东[①]要取得配售股，价格很高，有些新股东根本支付不起。于是，村里不得不对股权做重新调整，将原来每人 1 股或 0.5 股统一调整为 20 股，以降低每股股值；对 1995 年以来没有取得配股的村民，每人配售 10 股，按上一年每股股值作为售股价格。第二，股份分红的多少对土地股份合作制至关重要。南海区经验表明：土地股份合作制成功的关键在于给农民足够的股份分红。以 2000 年为例，南海区共有股份经济社 1 499 个，股东总人数 514 329 人，其中有分红的股份经济社 974 个，涉及股东人数 484 928 人，分别占股份经济社和股东人数的 65% 和 94%；股东分红总股数为 161.6 万股，共分配股份分红 5.07 亿元，每股分配 314 元，人均分配 1 046 元。没有分红的股份合作经济组织，农民没有积极性。比如，和顺镇白岗村洲表村民小组，在组建土

---

① 即 1995 年以来没有取得配售股的村民。

地股份合作组织后一直没有分红，直到2003年农民仍然坚持把耕地按农业人口均分到户，并实行3~5年一调整。在后期"固化股权、出资购股、股权流动"的股份合作制完善阶段，有无股份分红和股份分红的高低成为关键因素，它直接影响股东购股积极性。比如，南海区平洲夏西村平稳、简池、三联、罗芳、良溪等5个股份经济合作社，2000年的人平股份分红分别达到1 816元、1 662元、1 649元、1 498元、1 949元。在2000年推行"固化股权、出资购股、股权流动"的改革中，这5个股份经济合作社的新入户人员购股和股东增股购股发生率均达100%。而夏东村由于股份分红较低，购股发生率只有50%左右。股红分配少，导致股东购股积极性不高，并且容易出现退股套现，致使购股现金收入少于退股折现支出，出现收不抵支。

（五）专业土地股份合作制（以湖南省浏阳市为例）

所谓专业土地股份合作制，是指取得土地承包经营权的农户，将其承包的土地（即承包经营权）入股，组建新的专业合作组织，从事农业生产经营活动。这种专业合作组织，可以打破原集体经济组织界限。这里，我们以湖南省浏阳市普迹镇书院村为例。书院村共有23个村民小组，616户农户，耕地164公顷，人口2 288人。书院村农民有种植蔬菜的习惯，但单个农户无法应对市场风险，蔬菜卖不出好价格。为改变这种状况，2006年5月，书院村6个村民小组的全体农户，以土地入股组建惠农合作社，统一蔬菜的销售与生产。目前，惠农合作社有出资股东20位（本村农民14位、外村农民6位），土地入股社员166户，外围社员69户。20位出资股东共计190股，每股出资500元，入股资金总计95 000元；土地以0.15公顷为1股（相当于500元），166户农户共入股245股，共计土地36.8公顷。惠农合作社对产前、产中和产后实行统一管理，分户核算。合作社的利润分配为劳动报酬占70%、公益金占5%、公积金占15%、股份分红占10%；劳动报酬当天折算。从2006年5月组建开始到2007年2月初，惠农合作社已为入股社员直销蔬菜3 000吨，为周边非社员农户代销蔬菜2 000吨。惠农合作社带给我们三点启示。第一，整组、整村的农户加入合作社，有利于合作社的生产布局和田间管理，有利于基础设施建设和新技术的引进、使用。第二，组建合作社，有利于统一产品生产标准，有利于产品销售。第三，单个农户可以通过合作机制，解决生产经营的外部性问题，获得规模效益。

### 三、农地规模经营的效果评价

总体说来，农地规模经营有以下三个方面的效果。第一，提高农业劳动生产率。规模经营提高了劳均经营耕地面积，因而劳均产出也相应提高。第二，增加农业生产投入，改善农业生产条件。实行规模经营，提高了政府与农业生产经营者投资农业的积极性，改善了农业基础设施。第三，提高中等地和劣等地的土地产出率。规模经营提高土地产出率，主要表现在中等地和劣等地上。这些土地的产量本来较低，通过投资改造后，其生产水平会有大幅提高。至于规模经营是否会提高优等地的土地产出率，有待进一步验证。

## 第五节
## 家庭承包经营的利、弊分析

### 一、家庭承包经营的两个积极影响

（一）家庭承包经营调动了农民劳动积极性，提高了农业劳动效率

人们常常说，家庭承包经营调动了农民生产积极性，这种说法

不严谨。如导论所述，生产积极性与劳动积极性，是两个完全不同的概念。农民生产积极性，主要取决于比较收益。家庭承包经营调动的是农民劳动积极性，因为它将最终成果与农民劳动付出直接挂钩。实行家庭承包经营后，农业生产效率确实有显著增长。接下来的问题是，由家庭承包经营引致的农业劳动效率提高，对农业生产效率增长有多大贡献？为此，我们需要利用导论部分的分析框架，估算家庭承包经营（劳动效率）对农业生产效率的贡献份额。在第一章，我们估算过土地改革和互助合作时期的劳动效率，当时技术效率和生产要素效率对农业生产效率的贡献低，基本可以忽略，因此，期间农业生产效率的增长，等同于劳动效率的提高。自20世纪60年代以来，技术进步和生产要素对农业生产效率的贡献不断增加。首先，农业技术条件不断改善。耕地有效灌溉面积比重由1960年的33.5%，提高到1979年的45.2%；高产品种种植面积不断增长。其次，农业生产要素投入不断增长。1960~1979年，每公顷耕地化肥施用水平，由21公斤提高到333公斤，增长近15倍；每公顷耕地农药施用量，由3公斤提高到10.5公斤，增长了2.5倍；机耕面积占耕地面积比重，由6.8%提高到42.4%，提高了35.6个百分点。因此，要估算家庭承包经营所导致的劳动效率，必须先估算技术效率和生产要素效率。在正式估算这两个效率前，还需要说明一点。除导论分析框架中所提及的影响农业生产效率各因素外，人们自然还会想到价格因素。从1979年开始，国家大幅度提高了粮食、棉花、生猪等18种重要农产品的收购价格，平均提价幅度为24.8%。事实上，价格因素对农产品产量的影响，包括增减播种面积、增减要素投入；对单产的影响，主要是增减要素投入。所以，生产要素效率中已包括价格因素的影响。

1. 1979~1984年的技术效率和生产要素效率估算。如导论所述，为直观起见，我们不用农业产值指标表示农业生产效率①,而用粮食单产指标替代。粮食是当时最主要的农作物,其播种面积占农作物总播种面积的80%左右。观察图3-1中1950~1978年的粮食单产②曲线图（粗实线）,你会发现粮食单产变化趋势,可分为两个阶段,即1950~1958年和1960~1978年。在这两个阶段,粮食单产呈现逐年增长趋势。1950~1958年,每公顷单产由1 155公斤,提高到1 567公斤,增长幅度为36%;1960~1978年,每公顷单产由1 172公斤,提高到2 527公斤,增长幅度为116%。如第一章所述,1950~1958年③,化肥施用量、机械化程度都很低,基本不采用优良品种,期间粮食单产的增长,应归于劳动效率的提高。1960~1978年,农地实行集体所有和统一经营,期间的劳动效率基本不变,粮食生产效率的提高主要归于技术效率和生产要素效率增长。我们假设1960~1978年的技术效率和生产要素效率是逐年递增的。将1960~1978年的粮食单产与年份进行线性回归,得到回归方程为$Y = 1\ 144 + 73 \times N$ ($T = 35.7$, $N = 1, 2, \cdots, 19$)。回归结果显示,粮食单产呈逐年线性增长特征,即假设技术效率和生产要素效率逐年增加是合理的,我们称这种增长为常规增长。因此,假定1979~1984年的技术效率和生产要素效率,仍然按1960~1978年线性增长趋势变化,是合理的。

2. 1979~1984年劳动效率对农业生产效率的贡献估算。根据前面回归方程和1960~1984年技术效率和生产要素效率成线性增长的假设,我们可以推算1960~1984年的粮食预测单产。

---

① 林毅夫曾经利用生产函数,以农作物产值为因变量,系统地分析了家庭承包经营对农业生产的贡献。他发现,在1979~1984年的农作物产值增长中,家庭承包经营制度的贡献率为48.64%,化肥贡献率为32.2%。
② 指稻谷、小麦、玉米、大豆、薯类和其他粮食的平均单产。
③ 1950~1955年有些数据,是根据1950~1958年的变化趋势推算出来的。

至此，我们可以绘出 1960～1984 年粮食单产的实际增长曲线（图 3-1 中的粗实线）、预测增长曲线（图 3-1 中的细实线）。图 3-1 显示，1960～1978 年间的两条曲线基本一致；1979～1984 年的粮食单产实际增长曲线，高于预测增长（常规增长）曲线，两曲线间的超常规增量，就是劳动效率对农业生产效率的贡献增量。根据实际单产与预测单产的差值，可以估算劳动效率对农业生产效率的贡献增量和贡献率（见表 3-2 第 5、6 列）。有意思的是，随着实行家庭承包经营基本核算单位的逐年增加，劳动效率对粮食生产效率贡献的绝对量和相对份额，均在逐年增长，1984 年达到最高。因此，从全国总体来说，评估劳动效率（家庭承包经营）对粮食生产效率的贡献，应以 1984 年的贡献率为准，劳动效率（家庭承包经营）对粮食单产增长的贡献率为 21.5%。应当说，这个贡献率是很高的，而且它还具有延续性。在 1950～1992 年的 43 年里，只有 4 个年份的粮食单产增长达 10% 以上，其他年份都低于 10%，有的甚至是负增长。

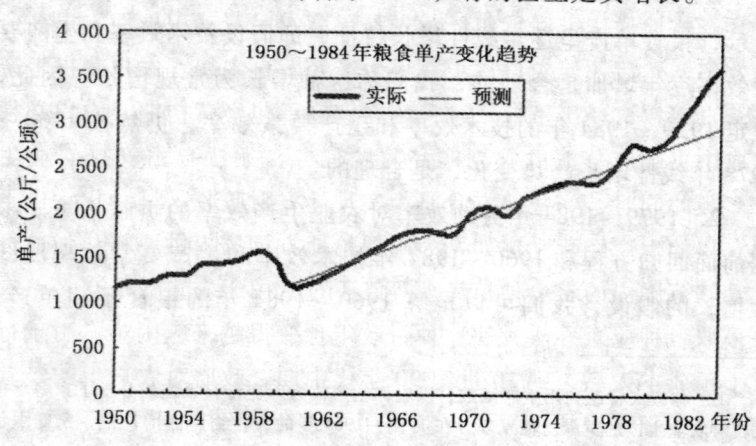

图 3-1　1950～1984 年粮食单产变化趋势

资料来源：历年《中国统计年鉴》。

表 3-2  1979~1984 年劳动效率对农业生产效率的贡献

单位：公斤/公顷，%

| 年份 | 实行家庭承包的基本核算单位比重 | 实际单产 | 根据方程测算 | | |
|---|---|---|---|---|---|
| | | | 预测单产 | 超常规增量 | 贡献率（%） |
| 1979 | 1.1 | 2 784 | 2 604 | 180 | 6.9 |
| 1980 | 14.4 | 2 735 | 2 677 | 58 | 2.2 |
| 1981 | 45.0 | 2 826 | 2 750 | 76 | 2.8 |
| 1982 | 89.7 | 3 123 | 2 823 | 300 | 10.6 |
| 1983 | 97.8 | 3 397 | 2 896 | 501 | 17.3 |
| 1984 | 99.1 | 3 608 | 2 969 | 639 | 21.5 |

注：超常规增量＝实际单产－预测单产；贡献率＝超常规增量/预测单产×100%。

（二）家庭承包经营使农户获得了生产经营自主权，有利于提高农业经济总效率

严格地说，家庭承包经营先是提高农民劳动积极性，提高劳动效率，然后才使农户逐步获得生产经营自主权。农户获得生产经营自主权，经历了一个过程。在家庭承包经营初期，农户必须完成中央政府分派的农副产品收购任务，无法自由安排农业生产。与此同时，一些地方政府为实现地方财政收入最大化，也干预农户的生产经营。比如，为确保给地方烟厂提供原料，强迫行政管辖范围内的农户种植烤烟等。不过，由于农户数量众多，农户采取各种应对办法，使这种行政干预变得越来越困难。由于行政干预成本太高，到 20 世纪 90 年代中期，政府对农户生产经营的行政干预逐步减少，农户获得了更多生产经营自主权。这里，我们通过两个真实案例，分析农户与政府围绕农业生产经营自主权展开的博弈。

**案例 5：乡政府强迫农民种植烤烟，农民采取应对措施**

20 世纪 80 年代中期，某乡政府强迫农民种烤烟，不种就要罚款。当时，当地农民没有种烤烟的习惯，不懂烤烟种植、烘烤技术。因此，农民对种植烤烟缺乏信心。迫于政府的行政压力，又不得不种植。为了规避罚款，一些农民想出了有效应对措施。他们按乡村干部的要求，买下烤烟种子，并将种子播在苗床里。在后来的检查中，乡村干部发现大家都育了烤烟苗，很高兴。可是，没过多久，许多苗床里的烤烟苗，要么全部枯死，要么部分枯死。乡村干部并不知道死苗的真正原因，而农民自己是知道的。没有烤烟苗，自然也就不能种植烤烟了。没有种植烤烟，或者种植面积不够，不是农户不想种，而是烤烟苗死了。因此，乡镇政府要罚款，也就没有理由了。

**案例 6：乡政府要求农民种植杂交早稻，农民采取应对措施**

20 世纪 90 年代初，笔者在乡政府工作。某日，乡政府召开会议，讲了让农民试种杂交早稻的事。根据当地习惯，农民早稻种常规稻，晚稻种杂交稻。大家都知道，杂交稻比常规稻产量高。因此，乡政府让农民种杂交早稻也是有道理的。会议结束后，乡里包村干部和村干部背着杂交早稻种子，挨家挨户让农民购买，种子价格为 6.4 元/公斤。村组干部甚至跟村民说，不种杂交早稻要罚款。有些农民明确表示不购买；有些农民碍于面子，只好买下来。后来，乡镇干部发现实际种植杂交早稻的农户，并没有买种子的那么多。在与农民的闲谈中，才发现部分购买了杂交早稻种子的农民，并没有种植杂交早稻，他们将高价买来的杂交早稻种子碾成大米煮饭吃了。农民为什么不种杂交早稻呢？是他们愚昧，不懂科学技术，还是另有原因。对于这个问题，我曾经百思不得其解。一个偶然的机会，我父亲给我讲清了其中的道理。他讲了两个理由：一是根据以前试种农户的经验，杂交早稻产量与常规早稻产量差不多。从理论上讲，杂交稻比常规稻高产，但在南方丘陵地区，早稻生长期内，一般阴天多雨，光照不足，杂交稻在光合作用方面的优势，得不到充分发挥，因而其增产效果不明显。二是杂交稻生长期长，成熟晚，早稻种植杂交稻，会延误杂交晚稻插秧期，降低晚稻产量。这样看来，不是农民不相信科学，而是我们无知。

不要低估农户获得生产经营自主权的意义。农户有了生产经营自主权后，他会根据比较收益来配置生产要素。粮食生产比较收益高，他就会多种粮食。非粮食作物比较收益高，他就会多种非粮食作物，比如经济作物、蔬菜和果树等。农业比较收益低，他就会外出务工经商。因此，让农户享有充分生产经营自主权，将提高农业经济的总效率。

**二、家庭承包经营的两个消极影响**

（一）土地按人口均分，好坏搭配，地块分散，降低了农业作业效率

在家庭承包经营初期，这一负面影响更显著。据有关典型调查[①]，1984年全国农户平均土地经营规模为0.56公顷，户均地块为9.7块，平均每块不到0.06公顷。地块过于分散，降低了农业作业效率。后来，农民意识到了这个问题，通过土地调整，地块细碎化现象得到一定程度缓解。你肯定会问，为什么农民在分配土地时，偏好选择好坏搭配呢？难道农民不知道好坏搭配，会引起地块分散，会使耕种不方便吗？农民选择好坏搭配的目的，在于均分级差地租Ⅰ。一个集体经济组织的土地，有好有坏。根据地租理论，中等地与优等地会产生级差地租Ⅰ。合理分配级差地租Ⅰ，只有两种办法：一是对土地评等定级，承包好地的农户多缴纳承包费（级差地租Ⅰ）。二是好地、差地搭配均分。通常情况下，农民都知道哪块土地质量好，哪块土地质量差，却缺乏精确的计量数据，缺乏土地评等定级资料。在这种情况下，要精确计量某块

---

① 引自《农业经济问题》1986年第6期第9页。

土地的级差地租Ⅰ,几乎不可能。于是,选择好坏搭配成为必然。

(二)农民提供公共物品的积极性降低,农业基础设施建设受到影响

家庭承包经营提高了农民劳动积极性,这主要体现在生产私人物品上。相反,农民提供公共物品的积极性却在下降(与农业集体化时期比),主要有两种表现。

1. 在税后可支配收入中,用于公共物品支出的比重下降。在农业集体化时期(见第二章),集体将税后可支配收入的14.4%,用于公共积累和公益事业等支出;其中,用于农田水利等基础设施建设支出比例为10.2%,用于公益事业和管理费的支出为4.2%。实行家庭承包经营后,农民税后可支配收入用于公共物品的支出比例,远低于农业集体化时期。在1983~2002年的20年里①,农民税后可支配收入为21.5万亿元,用于公共积累和公益事业的支出为8 442亿元,占税后可支配收入的4%;其中,用于基础设施建设的公积金为1 982亿元,占税后可支配收入的比重不到1%。

2. 农民对集体和乡镇政府征收公共费用,极其不满。家庭承包经营后,农民提供公共物品的水平远低于农业集体化时期,而农民的不满情绪却高于农业集体化时期。一些地方,甚至出现农民抗缴税费的群体性事件。究其原因,无外乎三个方面:第一,农民缴纳的公共费用逐年增加。在实行家庭承包经营的头几年里,除缴纳国家税收和定购任务外,农民基本不缴纳其他费用。1983年,农民缴纳的公共费用占税后可支配收入的比重为1.1%。此后,这一比重逐年增加。1984~1991年,农民缴纳的公共费用占上年农民人均纯收入比例分别4.8%、9.7%、

---

① 根据《中国农业年鉴》(历年)数据整理计算。

9.4%、9.8%、10.8%、10.2%、7.4%、7.4%。第二，集体和政府征收的公共费用，超过中央政府规定的标准。为缓解农民对税费增长的不满，中央政府于1991年底出台了《农民承担费用与劳务管理条例》。该条例规定，除正常税收外，农民缴纳的村提留①和乡统筹②，以乡为单位，不得超过农民上年人均纯收入的5%；每个农村劳动力每年承担5~10个义务工③、10~20个积累工④。事实上，不少地方征收的村提留和乡统筹，超过了5%的上限规定。1992~1996年，农民上缴的村提留和乡统筹，占上年农民人均纯收入的比例分别为7%、6.2%、6.2%、5.5%和4.7%。第三，农民上缴的公共费用，没有直接用于为农民提供生产和生活服务。农民上缴的"三提、五统"，除村提留中的公积金和公益金直接用于农民生产和生活服务外，管理费和五项乡统筹等都不直接用于为农民提供服务，这是农民不满意的根本原因。在1983~2002年的20年里，农民上缴8 442亿元的村提留和乡统筹，其中农民直接受益的公积金和公益金仅占36%，其他64%用于与农民生产和生活没有直接关系的项目支出。除缴纳村提留和乡统筹外，农民还要承担义务工和积累工，每个劳动力每年共计15~30个工。以第二章A生产队为例，这个生产队需要出义务工和积累工，合计为750~1 500个。高于1962年标准，与1978年标准持平。

不仅农民上缴"三提、五统"积极性下降，而且"三提、五统"资金直接用于农业基础设施建设的比例很低。因此，农

---

① 即公积金、公益金和管理费，以下简称"三项提留"或"三提"。
② 即乡村两级办学、计划生育、优抚、民兵训练和乡村道路建设，以下简称"五项统筹"或"五统"。
③ 义务工，主要用于植树造林、防汛、公路建勤、修缮校舍等。
④ 积累工，主要用于农田水利基本建设和植树造林。

田基础设施建设和生产条件改善受到严重制约。一是小型水库数量不断减少。1984年全国有小型水库82 273座,到1989年下降为80 010座,5年减少2 263座,年均减少453座。期间,小型水库大量减少,有两个原因,即基本不新建和原有小型水库淤积、毁损或报废。20世纪90年代以后,这种下滑趋势逐步得到遏制。到2005年,小型水库的数量仍然没有恢复到1981年的水平。二是有效灌溉面积增长速度放慢。1952~1984年,有效灌溉面积年均递增速度为2.5%,其占耕地面积的比重由18.5%上升到45.4%,年均上升0.8个百分点;1985~1989年,有效灌溉面积年均仅递增0.3%,其占耕地面积的比重由45.5%上升到47%,年均上升0.4个百分点;1990~1995年,有效灌溉面积年均仅递增0.6%,占耕地面积的比重由50%上升到52%,年均上升0.4个百分点。1996年以后,耕地面积数据有了较大调整,而有效灌溉面积变化不大。因此,不宜比较。

## 第六节
## 家庭承包经营的两大发展趋势

从改革开放30年的发展历程看,家庭承包经营呈现两大发展趋势,即规模变小和规模扩大的趋势同时并存,兼业化和专业化的趋势同时并存。

### 一、规模变小和规模扩大的趋势同时并存

从全国看,农户农地经营规模总体上在变小。国家统计局农村住户调查数据(见表3-3)显示,从20世纪90年代初到2005年,我国农户耕地经营规模由户均0.69公顷下降为户均

0.57公顷，农户耕地经营规模平均下降了17.4%。

表3-3　　　　1991~2005年全国农村居民家庭户均经营耕地面积　　　　单位：公顷/户

| 年　份 | 1991 | 1993 | 1995 | 1997 | 1999 | 2001 | 2003 | 2005 |
|---|---|---|---|---|---|---|---|---|
| 户均经营规模 | 0.69 | 0.67 | 0.65 | 0.60 | 0.59 | 0.55 | 0.53 | 0.57 |

资料来源：根据《中国农村住户调查年鉴》（2006），中国统计出版社2006年版，数据计算。

导致农地经营规模变小的原因有三个：（1）根据人口变化调整承包地。从历年政策看，中央政府偏向于不调整承包地。实际上，农民更认可土地调整，特别是在人口变化较大的情况下。在第一轮承包期内，根据人口变化调整土地，几乎成为一个常态①。到2003年，《农村土地承包法》正式生效，对土地调整做了严格限制。尽管如此，一些地方仍然根据农户人口变化，进行土地调整。因此，人均土地面积不断变小。（2）农业户数不断增加，农户人口规模在变小。中国社会没有类似于国外的"长子继承"制度安排，在分户的同时，土地也要被均分。1990年全国乡村总户数为2.2亿户，到2004年增加到2.5亿户，增加了3 000万户。据全国农村住户调查数据，1990年农户户均常住人口为4.8人，到2003年下降到4.1人。（3）耕地总面积在不断减少。随着工业化和城镇化进程的加快，耕地非农化也是导致农户经营规模不断变小的一个因素。不过，最主要的还是前两个因素。基于家庭承包经营"以户为单位、按人口承包"的基本制度内核，考虑到中国所处的现代化和工业化阶段以及地区间的差异，要完全禁止承包地调整还有困难②，再加上农村分户习

---

① 廖洪乐：《农村承包地调整》，《中国农村观察》2003年第1期。
② 廖洪乐、习银生、张照新等著：《中国农村土地承包制度研究》，中国财政经济出版社2004年版，第50页。

俗，毫无疑问，我国农户农地平均经营规模将会变得更小。

在多数农户农地经营规模不断变小的同时，也有部分农户的农地经营规模在扩大。全国农村固定观察点 2005 年数据显示，全国 18 375 户农户，共经营耕地 10 111 公顷，户均经营规模为 0.55 公顷，其中有 261 户农户的经营规模在 3.33 公顷以上，占总户数的 1.4%。这里，我们关注的问题是，在农户户均农地经营规模不断变小的前提下，农地规模经营是不是也萎缩了？这需要定量分析。首先，我们需要设定规模经营水平。其次，考察规模经营覆盖面是扩大了还是缩小了。我们确定 1990 年为基准年份，将规模经营水平定为 1.33 公顷及以上[①]。一些农户会因其所处地区人均耕地资源丰富，自然成为规模经营农户。衡量规模经营覆盖面的指标，以规模经营面积占总面积的比重为主，辅之以规模经营农户数占总农户数比重。表 3-4 数据显示，1991 年全国农村固定观察点样本农户规模经营面积占样本农户耕地经营总面积的比重为 36.7%，到 2005 年规模经营的比重上升为 37.4%；1991 年和 2005 年，1.33 公顷以上规模经营样本农户比重基本稳定在 8.5% 左右。相对于户均农地经营规模不断变小的趋势，农户耕地规模经营还有了发展。

表 3-4　　1991 年和 2005 年全国农村固定观察点样本农户耕地规模经营　　单位：户，公顷，%

| 年份 | 样本户数 | 经营耕地面积 | | 规模 1.33 公顷以上的农户 | | 规模 1.33 公顷以上农户的经营面积 | | |
|---|---|---|---|---|---|---|---|---|
| | | 总计 | 户均 | 总数 | 百分比 | 平均值 | 合计 | 百分比 |
| 1991 | 23 990 | 14 151.4 | 0.59 | 2 050 | 8.5% | 2.53 | 5 193.3 | 36.7% |
| 2005 | 18 375 | 10 111 | 0.55 | 1 539 | 8.4% | 2.45 | 3 779.7 | 37.4% |

注：本表样本不包括当年不经营耕地的农户。

---

① 农业部农村改革试验区办公室将苏南地区劳均经营农地面积 1 公顷以上的，视为规模经营单位。农业部农村改革试验区办公室：《从小规模均田制走向适度规模经营》，《中国农村经济》1994 年第 12 期。

## 二、农户（业）生产兼业化和专业化趋势同时并存

自 20 世纪 80 年代初以来，我国农户经济出现了兼业现象，即农户同时从事农业和非农业。评价农户兼业化程度有两个指标，即农户劳动时间构成和农户收入构成。在日本，学术界把这两个指标结合起来①，即所有家庭成员从事非农劳动 30 天以下的为纯农户；所有家庭成员从事非农劳动 30 天以上、且农业所得大于 50% 的为一兼农户；所有家庭成员从事非农劳动 30 天以上、且农业所得少于 50% 的为二兼农户。全国农村固定观察点办公室以农户收入构成来划分农户兼业程度，农业生产收入占家庭生产性收入 80% 以上的为纯农户；农业生产收入占家庭生产性收入 50%~80% 的为一兼农户；农业生产收入占家庭生产性收入 20%~50% 的为二兼农户；农业生产收入占家庭生产性收入低于 20% 的为纯非农户。按全国农村固定观察点划分农户兼业的标准，1991 年我国纯农户、一兼农户、二兼农户和纯非农户分别占农户总数的 41%、24%、19% 和 16%；到 2005 年这一比例分别变为 18%、17%、28% 和 37%。与 1991 年相比，纯农户比例下降 23 个百分点，兼业农户比例上升 2 个百分点，纯非农户比例上升 21 个百分点，我国农户经营的兼业化和非农化经营趋势明显。需要特别说明的是，样本农户 1991 年平均经营耕地 0.58 公顷，2005 年平均经营耕地降为 0.55 公顷，户均耕地经营规模下降了 0.03 公顷。与此同时，纯农户耕地经营规模平均增加 0.2 公顷，经营规模扩大 25%，有向专业化发展的趋势（见表 3-5）。

---

① 马永良：《中国农户兼业问题的经济分析》（日文），日本京都大学博士论文（2002 年），第 25 页。

表3-5　　1991年和2005年全国农村固定
　　　　 观察点样本农户兼业情况　　　单位：户，公顷，%

| 年份 | 样本总数 | 纯农户 | | | 一兼农户 | | | 二兼农户 | | | 纯非农户 | | |
|---|---|---|---|---|---|---|---|---|---|---|---|---|---|
| | | 户数 | % | 户均面积 | 户数 | % | 户均面积 | 户数 | % | 户均面积 | 户数 | % | 户均面积 |
| 1991 | 25 063 | 10 300 | 41 | 0.81 | 6 018 | 24 | 0.53 | 4 844 | 19 | 0.40 | 3 901 | 16 | 0.17 |
| 2005 | 20 473 | 3 776 | 18 | 1.00 | 3 514 | 17 | 0.65 | 5 659 | 28 | 0.45 | 7 523 | 37 | 0.20 |

注：本表样本包括当年不经营耕地的农户，即所有样本农户。

## 第七节
## 1978年以来的集体统一经营

农村人民公社时期，集体土地不是百分百的统一经营，生产队给社员分配了一定比例的自留地。比如，1962年9月通过的《农村人民公社工作条例修正草案》允许社员保留一定比例的自留地、饲料地和开荒地，由农户自由经营，其产品和收入归社员所有。一般情况下，这三类土地占生产队耕地面积的5%~10%，最多不超过15%。后来，一些地方取消了社员自留地和家庭副业。

1978年以来，集体土地也不是百分百的都实行家庭承包经营，仍有部分土地或地上基础设施，由集体统一经营。这里，有三种情形：第一，土地仍然由集体统一经营。据农业部统计[①]，到1991年，全国实行专业队（组）承包经营和实行"集体统一经营、统一分配"的村（组）有8.3万个，占村（社）总数的1.8%。河南省临颍县南街村，共有13个生产队。1980年实行

---

① 见《中国农业年鉴》(1992)，农业出版社1992年版，第101页。

家庭承包经营后，村民们纷纷外出务工经商，粮食生产急剧下降。为此，村里决定，不愿意承包土地的农户，可以将承包地上交给村集体，由村集体统一耕种。村集体统一给交回土地的农民分配口粮。从1986年5月到1990年10月，全村有700多户承包户先后将153.3公顷承包地全部交回集体，转由集体统一经营。第二，大部分土地实行家庭承包经营，集体预留部分机动地。集体预留机动地，有两个目的：一是为新增人口预留；二是为增加集体收入，以支付日常公共管理开支。第三，集体统一为农户提供服务。比如，集体统一组织农田基础设施建设，统一为农民提供供种、供苗、供水服务等。

# 第四章

# 与家庭承包经营有关的若干问题

## 第一节

## 农地所有制:国有、私有还是集体所有?

### 一、有关农地所有制的三种主张

(一)农地国有永佃

所谓农地国有永佃,就是将农地所有权收为国有,农民拥有土地的永久使用权。主张农地国有永佃的学者认为,农村人民公社解体后,没有一个新的集体经济组织来替代人民公社;由生产大队和生产队演变而来的行政村和村民小组,是一级行政组织,而非经济组织。因此,家庭联产承包责任制的发包方实际上不存在。农地所有权主体缺位,致使所有权不能实现产权的排他性。绕开农地所有制创新,而仅对农地使用权制度进行改革,不是长久之计。他们认为比较可行的解决办法是,将农地国有与私有的优点结合起来:农地所有权归国家,不允许买卖或转让,国家凭所有权进行宏观调控;农地使用权永久归农民,并允许转让。

（二）农地私有

主张农地私有的学者认为，中国农地制度的根本问题在于农地不属农民私有，农民缺乏长期投资信心。这些学者认为，农地私有有三大好处：有利于农户增加对土地的长期投资，有利于农地流转与集中，有利于提高农业效率。这些学者还认为，家庭承包经营至少存在以下四个问题：土地调整妨碍农民对土地长期投入；地块分散，且土地不能向种田能手集中，纯农户难以扩大生产规模，影响农业生产效率；土地不能作为抵押品，影响农户贷款；农民作为所有者，无权享受农地非农化后的增值收益。因此，他们认为，解决中国农业、农村和农民问题的最有效途径，就是实行农地私有，并提出了具体建议。杨小凯教授（2002年）曾经提出，中国可将30%～40%的土地留为集体所有，将60%～70%的土地彻底分给农民私有；文贯中教授（2006年）建议，应当给予农民自由退出集体经济组织的权利。

（三）农地集体所有与家庭承包经营

第三种主张认为，中国农地不宜实行私有或国有，集体所有符合中国国情。与此同时，他们还强调农地必须实行家庭承包经营，而不宜实行集体统一经营。周诚教授（1989年）认为，保留土地私有的历史时机已经失去，实行土地国有的时机还未到来，最好的选择是完善农村土地集体所有制。罗依·普罗斯特曼教授（1994年）建议中国继续实行农地集体所有，而给农民较长期的农地使用权，他还建议将自留地和宅基地划为私有，并允许农民用土地使用权做抵押。

## 二、中国不宜实行农地国有或农地私有

（一）农地国有会剥夺农民

农地国有会产生对农民的剥夺。尽管主张农地国有的学者从

理论上推断，农地国有不会形成对农民的剥夺，但20多年来的经验证明，农地国有肯定会剥夺农民。根据周天勇的估算①，1979～2004年，国家和城市工商业从农村集体土地低价征用中，获取了9万多亿元资产。

(二) 在小规模经营环境下，农地私有难以实现"三个有利于"

罗马俱乐部2004年出版过一份研究报告（《私有化的局限性》），对公共部门的许多私有化案例进行了分析，并提出以下建议：在有些情形下，私有化也许是最好选择，而在另一些情形下，对公共部门进行改革也许更好；对私有化应当有健康认识，不应无条件地拥护或拒绝。尽管这份报告研究的是各国公共部门的私有化改革案例，但它的结论对农地私有化有借鉴意义。农地私有化并非万能，它只是建立发达农业的一项必要条件，而非充分条件。世界上绝大多数国家实行农地私有，但农业真正发达的国家就十几个。解放初期，中国实行农地私有，广大农民在获得土地后，生产积极性高涨，但很快就遇到一家一户解决不了的问题，比如缺耕牛农具、无力进行农田基础设施建设等。相反，20世纪80年代发生在中国的农地改革，却在农地集体所有制框架内实现了农业生产效率的显著提高。

在中国的小规模经营环境下，农地私有难以实现前文提及的"三个有利于"。第一，农地私有不一定能促进土地长期投资的增长。主张农地私有的学者认为，农地私有有利于农户增加对土地的长期投资，这个结论是正确的。在农地私有制国家里，农户理所当然是土地投资（包括长期投资）主体，中国实行农地私

---

① 周天勇：《维护农民土地权益的八个问题》，http://www.theory.people.com.cn，2006年6月14日。

有也会是这种情况。在我国现行农地集体所有制下,农地的长期投资由集体和农户两大主体共同承担。所以,如果把农地私有和集体所有作为可能选项,我们关注的问题应该是:农地私有与农地集体所有相比,哪种制度设计更有利于增加土地长期投资。中国农户经营规模过小,而且地块分散,以全国户均经营0.53公顷耕地计算,250 000$m^2$(即500米长和500米宽)区域内,就有47户农户。如果实行农地私有,单个农户利用和修建农田基础设施(比如灌溉机井、水渠、田间道路等)的交易成本将非常巨大,甚至会使交易和谈判无法进行,进而阻碍农户对土地进行长期投资(见第一章案例2)。相反,农地集体所有巧妙地解决了交易成本问题。第二,农地私有不一定有利于土地流转与集中。世界上有两种农地经营模式,一种是欧美大农场模式;另一种是亚洲小规模经营模式(包括中国)。从亚洲其他国家的经验看,农地私有并不能促进土地流转与集中。日本农地实行私有,自20世纪50年代以来,农户兼业妨碍了农地流转,影响了农业生产效率和农业竞争力的提高[①]。为改变这种状况,日本政府不得不采取各种措施,引导农地向规模经营发展[②]。我国与日本一样,农户经营不仅规模小,而且兼业化趋势明显。中国实行农地私有,会出现与日本相反的趋势?这是个未经验证的假设。笔者2006年底在湖南省浏阳市调查农地流转,发现一个有趣现象:不论是专业合作组织、公司还是个人租赁农地,发展规模农业,一般是以村民小组为单位,统一租种。进一步访问发现,产生这种现象,有两个原因:一是单个农户承包地数量有限;二是不把

---

[①] 梅建明、何新民:《日本农业兼业经营对农地经营规模的影响及启示》,《湖北社会科学》2003年第7期。
[②] 焦必方:《日本农地规模化经营的动向分析》,《中国农村经济》2000年第7期。

全组土地成片租种过来,无法进行土地平整和农田基础设施建设,无法统一耕种和统一管理。根据"浏阳"现象,我们可以推断:在中国小规模经营的农业环境里,农地私有会阻碍规模经营的发展,其根本原因仍然是谈判交易费用太高。第三,农地私有不等于提高农业效率。由于农地私有并不能增加对土地的长期投资,也不一定促进农地流转与集中,所以,农地私有难以提高农业生产效率。在当前农业生产条件下,实行农地私有,会出现一些高效率的专业化农场,但更多的兼业农场会由于长期投资的交易成本太高,其农业生产效率会下降。因此,在今后相当长一段时期内,我国仍然不宜实行农地私有。

(三)对农地家庭承包经营问题的辨析

主张农地私有的学者,指出家庭承包经营存在四个问题(见前文)。第一,关于土地调整对农户长期投资的影响。1999年,农业部农村经济研究中心土地课题组对全国800多农户的实证研究表明,在农业比较效益低、非农就业机会有限的条件下,土地调整对农地长期投资的影响非常有限。第二,关于土地调整导致地块分散细碎。目前,还缺乏有关地块细碎及其原因的实证研究。可以肯定的是,地块细碎并非完全由土地调整引起。中国农村的分户习俗也会引起承包地重新分割,导致地块细碎化。1985年我国有1.9亿户农户,2005年达到2.5亿户,20年增加了6 000万户,年均增加300万户。土地调整有导致地块分散细碎的可能,也有导致地块集中成整的可能。在家庭承包经营初期,有些村组调整土地就是为了解决承包地过于分散、细碎等问题。第三,关于农民不能用土地做抵押获得贷款。这个问题是客观存在的。根据我国已有经验,解决农村土地抵押问题不需要私有化。土地能否做抵押,关键不在于土地所有权归谁所有,而在于土地市场价值高低和土地使用权期限长短。我国城镇国有建设用地所有权归国家，土地使用者只获得 40~70 年的土地使用权，但土地使用者却可凭国有建设用地使用权向银行获得贷款。由于建设用地市场价值高，银行也愿意提供贷款。农地抵押权更多的是个法律问题，而不是经济学问题。只要法律规定农地使用权（承包经营权）可以抵押，障碍就自然排除。1988 年，全国农村改革试验区与世界银行在贵州省湄潭县建立农用地土地银行的尝试失败，根本原因在于农用地市场价值太低。第四，农民作为所有者，无权享受农地非农化后的增值收益。这个问题也是客观存在的，其根源不在于农地集体所有，而在于现行土地征收制度。解决这个问题，只需改革现行土地征收制度和集体经济组织治理问题，无须实行农地私有，关键是要确立农村集体土地所有权与国有土地所有权的平等地位。

## 第二节 1984 年以来家庭承包经营对农业生产效率的贡献

### 一、1984 年以来学术界围绕家庭承包经营的争论

如第三章所述，家庭承包经营提高了农业生产效率，这已成为共识。到 1984 年，全国粮食总产量超过 4 亿吨。此后几年，粮食产量不升反降。在当时，粮食播种面积占农作物播种总面积的 80%，农业以增加粮食产量为主要目标。粮食产量不升反降，必然引起学术界和决策界关注，焦点集中在如何评估家庭承包经营的地位与作用。概括起来，有四种观点。第一种观点认为，由家庭承包经营引起的效率增长已释放完毕，今后粮食及农业生产

增长，必须依靠农业技术进步和增加生产要素投入。第二种观点认为，由家庭承包经营引起的效率增长已释放完毕，应通过农地私有化促使农民增加对土地的长期投入。第三种观点认为，由家庭承包经营引起的效率增长已释放完毕，应退回到集体统一经营。第四种观点认为，家庭承包经营符合农业生产特点，对农业生产有促进作用，应长期坚持。应当说，这四种观点都有各自的道理，它们均试图在粮食生产（产量增减）与家庭承包经营间建立某种逻辑关系，却都未能理清这种逻辑关系。在学术争论转变为决策争论后，这种不清晰的逻辑关系演变为错误结论。粮食产量被视为判断家庭承包经营有效性的关键变量，粮食产量增长，家庭承包经营制度有效；粮食产量下降，家庭承包经营制度失效。于是，一些人主张坚持家庭承包经营；另一些人主张改变家庭承包经营，要么退回到集体统一经营，要么实行农地私有。产生上述分歧的根本原因有两个：一是缺乏一个清晰的逻辑框架客观分析家庭承包经营的作用机制；二是混淆了生产积极性与劳动积极性，将两者等同。根据导论部分有关农业生产效率的分析框架，家庭承包经营制度的作用在于提高了农民劳动积极性，而非农民生产积极性。农民生产积极性，主要由比较收益决定。

## 二、1984年至今，家庭承包经营仍然对农业生产有促进作用

（一）由家庭承包经营引致的劳动效率，对粮食单产增长仍有较大贡献

根据第三章分析结论，家庭承包经营提高了农民劳动积极性和农业劳动效率。家庭承包经营提高劳动效率的机制体现为，将劳动付出与劳动最终成果直接挂钩。只要这个机制不被破坏，由其产生的劳动效率就会客观存在。如导论所述，农业生产效率由

技术效率、生产要素效率和劳动效率三部分组成；劳动效率与技术效率均能将生产函数曲线外移。随着技术效率和生产要素效率的提高，农业生产效率会逐年增长，由劳动积极性引致的劳动效率在农业生产效率中的份额必然下降。现在的问题是，1985年以后，劳动效率对农业生产效率的贡献份额，是否低到可以忽略不计的程度？因此，家庭承包经营是否还有效，关键要看由它引致的劳动效率在农业生产效率中还占多大比重。

采用第三章的方法，将1960~1978年的粮食单产预测曲线，延长至2006年，即假设1985~2006年的技术效率和生产要素效率仍按1960~1978年的线性趋势增长。图4-1中的两条曲线表明，1985~2006年间，粮食单产实际增长曲线，高于预测单产增长（常规增长）曲线，两条曲线间的差距为超常规增长量，即劳动效率对农业生产效率增长的贡献量。根据第三章表3-2的估算方法，可以计算出每年劳动效率对农业生产效率的贡献率。在1985~1999年的15年里，劳动效率对粮食单产增长贡献率的平均值为12.5%[①]，低于1984年的贡献率。劳动效率对粮食单产增长贡献下降，这并不奇怪，因为生产要素效率和技术效率在不断提高。现在的问题是，2000~2006年劳动效率对单产增长贡献率平均值仅为2.4%，是不是劳动效率对粮食单产增长的贡献真的可以忽略不计了呢？2000年以来，劳动效率对粮食单产增长的贡献大幅下降，只有两种可能：一是劳动效率确实下降，即农民劳动积极性下降；二是高估了生产要素效率和技术效率。根据表4-1对比数据，很快就会发现：第一，2000年以

---

① 1985~2006年劳动效率对粮食单产增长的贡献率分别为14.5%、13.3%、13.6%、9.8%、9%、15.4%、11.4%、12.7%、13.5%、9.8%、12.4%、16.6%、11.7%、12.8%、10.5%、3%、1.4%、2.7%、-0.5%、4.3%、3.1%和3.1%。

来，生产要素投入量出现负增长（即生产要素投入水平下降），生产要素效率被高估。2000~2005年间，每公顷粮食作物的用工量下降、化肥施用量基本稳定不变（对粮食单产增量无贡献甚至是负贡献），农业机械化程度增长速度放缓（对粮食单产增量贡献下降）。因此，2000~2005年的生产要素效率被高估了。第二，2000年以来，农业技术条件改善不如以前，技术效率被高估。有效灌溉面积年均递增速度下降，其对粮食单产增量的贡献率下降；成灾面积占受灾面积比重提高，自然灾害加剧，必然促使粮食单产下降；常规高产品种被优质低产品种替代，必然引起单产降低。因此，剔除被高估的生产要素效率和技术效率，2000年以来的劳动效率对粮食单产的贡献份额会更高。现在我们假定2000年以后的技术效率和生产要素效率维持在1998年或1999年水平①，那么2000~2006年的劳动效率对粮食单产增长

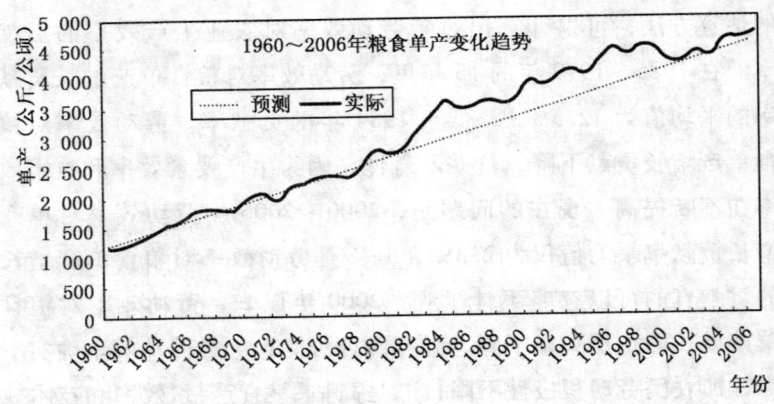

图4-1　1960~2006年粮食单产变化趋势

资料来源：历年《中国统计年鉴》。

---

① 1998年粮食预测单产为每公顷3 991公斤（1 144+73×39=3 991）；1999年粮食预测单产为每公顷4 064公斤（1 144+73×40=4 064）。

的贡献率约为 11% 或 9%[①]。如第三章所述,这仍然是个很大贡献,并且这种贡献具有延续性。

表 4-1　　1985~1999 年与 2000~2005 年间生产要素投入水平与技术条件水平对比

| 时期 | 每公顷用工量(日) | 每公顷施化肥(公斤) | 农业机械化程度年均递增率 | | | 有效灌溉面积年均递增 | 成灾面积占受灾面积比重算术平均值 | 高产品种比重 |
|---|---|---|---|---|---|---|---|---|
| | | | 机耕面积 | 机播面积 | 机收面积 | | | |
| 1985~1999 年平均 | 234 | 304.5 | 4.6% | 9.6% | 13.8% | 1.5% | 50% | 高 |
| 2000~2005 年平均 | 165.9 | 301 | 1% | 3.4% | 5.2% | 0 | 57% | 低 |

注:(1) 每公顷用工量、每公顷施化肥,为水稻、小麦和玉米三种粮食平均值。资料来源于《全国农产品成本收益资料汇编》(2007)(中国统计出版社 2007 年版)。

(2) 机耕面积、机播面积、机收面积、有效灌溉面积,其原始数据来源于历年《中国农业年鉴》。

(3) 成灾面积占受灾面积比重,原始数据来源于《中国农业发展报告》(1995、2005)(中国农业出版社 1995 年版、2005 年版)。

(二) 受比较利益影响,农民粮食生产积极性经常变化

现在,我们来分析 1984 年以后农民粮食生产积极性是否下降了?全国普及家庭承包经营后,影响粮食生产的不利因素增多(见表 4-2)。比如,1984 年首次出现"卖粮难",粮食生产比较效益下降;农户生产经营目标,由追求粮食产量最大化变为追

---

[①] 剔除被高估的生产要素效率和技术效率后,按 1998 年粮食预测单产水平测算,2000~2006 年劳动效率对粮食单产增长的贡献率分别为 6.5%、6.6%、9.5%、7.8%、14.2%、14.5% 和 15.8%;按 1999 年粮食预测单产水平测算,2000~2006 年劳动效率对粮食单产增长的贡献率分别为 4.8%、4.8%、7.8%、6.2%、12.6%、12.8% 和 14.2%。

求收入最大化；政府不断倡导调整农业生产结构，等等。无论出于何种原因，农户和政府都在逐年调减粮食生产。突出表现为：粮食作物播种面积不断减少，经济作物、蔬菜和果园种植面积增加，非农产业快速发展。在1950~1983年的33年里，粮食作物占农作物播种面积的比重由93.3%下降为79.3%，下降14个百分点，年均下降0.42个百分点。1984~2006年，粮食作物占农作物播种面积的比重由78.3%下降为67.3%，下降11个百分点，年均下降0.5个百分点。相反，非粮食作物种植面积却在逐年增加。以蔬菜和水果为例，1985~2006年，蔬菜种植面积增加了2.8倍，占农作物播种总面积的比重由3.3%上升为11.6%；水果种植面积增加了2.7倍，占农作物播种总面积的比重由2%上升为6.4%。

表4-2　　1984年以来，不同因素对粮食生产（单产）的影响

| 影响因素 | | 粮食播种面积 | 粮食单产 |
| --- | --- | --- | --- |
| 1. 农户生产经营目标 | 由产量最大化变为收入最大化 | 减少 | 影响不大 |
| 2. 农产品比价 | 粮食比较效益低 | 减少 | 可能降低 |
| 3. 农业生产结构调整 | 20世纪80年代中期：发展经济作物 | 减少 | 影响不大 |
| | 20世纪90年代初：高产、优质、高效农业 | 减少 | 降低（高产品种退出） |
| | 1998年以来：农业结构战略性调整 | 减少 | 降低（高产品种退出） |
| 4. 退耕还林（1998年） | 劣等地退出粮食生产 | 减少 | 提高（劣等地退出） |
| 5. 工业化与城市化 | 占用优质耕地 | 减少 | 降低（优等地退出） |
| | 耕地复垦 | 增加 | 降低（生地替代熟地） |
| | 农业劳动力老年化 | 减少 | 降低 |

续表

| 影响因素 | | 粮食播种面积 | 粮食单产 |
|---|---|---|---|
| 6. 农业技术革新 | 优质品种 | 不变 | 降低 |
| | 先进栽培技术 | 不变 | 提高 |
| 7. 农业物质条件改善 | 水利条件改善 | 增加 | 提高 |
| | 化肥、农药等投入品增加 | 不变 | 影响不大 |
| | 农业机械化程度提高 | 不变 | 不确定（尚缺乏证据） |

粮食播种面积下降，不一定意味着农民粮食生产积极性下降。农民粮食生产积极性，可依据粮食种植面积和农民对粮食生产过程的关照程度（这里的关照程度包括物质生产要素投入和照料时间）来评价。根据排列组合规律，两个指标会出现四种组合：增加粮食种植面积，细心关照粮食生产过程；增加粮食种植面积，减少对粮食生产过程的关照；减少粮食播种面积，细心关照粮食生产过程；减少粮食播种面积，减少对粮食生产过程的关照。第一种组合下，农民粮食生产积极性高涨；第二、三种组合下，农民仍然有粮食生产积极性；第四种组合，则意味农民粮食生产积极性开始下降。1984年以来，粮食播种面积一直在下降。所以，必须分析农民对粮食生产过程的关照程度。反映农民对粮食生产过程关照程度的最好指标，是物质生产要素投入量和用工数据，取得这两项指标比较困难，不过，它们与粮食单产有很强的相关性，我们可用粮食单产指标来替代这两项指标。事实上，粮食单产年际间有变化。在1984~2006年的22年里，有7个年份的粮食播种面积和粮食单产同时下降，这意味着当年农民粮食生产积极性下降。不过请注意，期间农民劳动积极性并没有下降。

## 第三节
## 承包地调整与农地保障功能

**一、"大稳定、小调整"政策与"增人不增地,减人不减地"政策**

(一) 农民对两项政策的认可程度

农民对"大稳定、小调整"政策与"增人不增地,减人不减地"政策的认可程度,可从两方面来分析。一是农民对这两项政策的态度。农业部 1994 年百县调查结果显示,有 35.3% 的农民认为"增人不增地,减人不减地"是好办法;有 47.9% 的农户认为不好;还有 16.7% 的农民认为无所谓。二是政策的实际执行情况。根据农业部提供数据,到 1996 年底,在已经延长承包期的村中,真正将承包期固定为 30 年不变的村不足 30%,明确"增人不增地,减人不减地"的村只是少数。在新签订的土地承包合同中,承包期在 5 年以下的占 12.9%,6~14 年的占 28.7%,15~29 年的占 28.4%,30 年以上的只占 30%。也就是说,当时农民对"大稳定、小调整"政策的认可程度更高。随着时间的推移,特别是《中华人民共和国农村土地承包法》(以下简称《农村土地承包法》)正式施行后,越来越多的农民开始认可并接受"增人不增地,减人不减地"政策。2005 年,中国人民大学和美国农村发展研究所对中国 17 省 1 773 个村的一项调查表明,有 70% 的村在 30 年承包期内将不再调整承包地。

(二) 学术界和决策界围绕两项政策的争论

自第二轮承包以来,围绕承包地调整问题的争论一直存在,不仅农民和乡村干部认识不统一，学术界和决策界也存在明显分歧。有的主张继续实行"大稳定、小调整"，认为土地是农民基本生活保障和就业保障，人人都应有份承包地。有的主张实行"增人不增地，减人不减地"，认为土地调整不仅不利于农民对土地进行长期投入，还为乡村干部从中谋取不正当利益提供了机会。不同学者、不同政府官员对两项政策有不同偏好。这种不同偏好，集中体现在《农村土地承包法》立法过程中两派观点的激烈交锋。从已公开文献看，2002年杜润生先生曾就此问题写信给田纪云[①]先生，信中提及："将要提交全国人大常委会进行二读的《中华人民共和国农村土地承包法》草案，与我以前看过的几稿不同，将包含一条允许在30年使用期内进行一次或几次土地调整的规定（比如说允许每10年调整一次）。如果属实，会引来某些不利后果。……国家立法应当明确，在《农村土地承包法》中不得出现在30年期限内重新调整土地的条款。至少，前几稿中明确表示禁止土地调整的规定应当予以恢复。"由此可见，双方争论的焦点，在于承包期内是否应当允许调整承包地。最后定稿的《农村土地承包法》对土地调整问题做出了如下规定：承包期内不得调整承包地，但因重大自然灾害等原因引起耕地损坏，可经乡镇政府和县级主管部门批准，适当进行小调整。这也算是争论双方的一种折衷与妥协。在笔者个人看来，如果发生了集体土地征收情形，也应当允许小调整。

## 二、承包地调整与农地保障功能

（一）承包地调整的原因

针对农村普遍存在的土地调整现象，学者们早就做出过解

---

① 1998～2003年任第九届全国人大常委会副委员长。

释。归纳起来，有两种解释。第一种解释认为，是村组干部想调整土地，这样他们可以从中得利（陈锡文，1993），即村组干部有调地偏好。第二种解释认为，是农民要求进行土地调整（龚启圣、刘守英，1998），即农民有调地偏好。其理由是，家庭承包经营制度既缺乏私有制的好处，又无法解决公有制条件下因人口变动、就业不稳定等因素所引起的社会保障问题。农业部农村经济研究中心土地课题组1999年对全国6省12县824户农户的调查结果表明，有84%的农户认为承包期内应该根据人口变化调整土地，只有15%的农户赞成承包期内不调整土地。这项实证研究验证了第二种解释的合理性。

事实上，有关土地调整问题的讨论一直没有区分土地大调整与土地小调整的不同。在前人研究分析基础上，笔者曾经将土地调整区分为大调整和小调整，并用农业部农村经济研究中心土地课题组5省10县的90个村民小组数据做过验证[1]，发现影响承包地调整的因素很多。比如，所在地二三产业发达程度，对小调整有显著负影响，对大调整有显著正影响。笔者同时发现，村干部的偏好不影响村民小组的土地调整；村民小组长偏好于土地小调整，非村组干部农户偏好于大调整。这个发现部分否定了村组干部偏好土地调整的推论。事实上，农民是否选择土地调整，既是不同农户相互博弈的结果，也与土地对农民收入的贡献紧密相关。当农户收入主要来源于土地时，农民很看重土地，其要求按人口均分土地的愿意会很强烈。相反，其要求均分土地的愿意就会降低。根据这个逻辑推断，随着二三产业的不断发展和外出务工经商农民的增多，逐步降低土地调整频率，应该能得到更多农民的认可。因此，笔者有关承包地调整原因的分析，应当属第三

---

[1] 廖洪乐：《农村承包地调整》，《中国农村观察》2003年第1期。

种解释。

(二) 农地保障功能逐步弱化

长期以来,农地一直承担着中国农民的收入保障和口粮保障。今后,农地的收入保障功能和口粮保障功能会逐步弱化。首先,农地收入保障功能逐渐弱化。根据国家统计局的收入划分法,农户收入分为工资性收入、家庭经营收入、财产性收入和转移性收入。这里,我们将家庭经营收入再细分为三类,即直接来源于农地的收入、间接来源于农地的收入和直接来源于非农产业的收入。直接来源于农地的收入包括农业、林业和渔业收入,间接来源于农地的收入包括以粮食、蔬菜为主要原料的牧业收入。表4-3数据显示,我国农户纯收入主要来源于家庭经营收入和工资性收入,这两项收入占农户纯收入的90%以上。1985~2005年间,直接来源于农地的收入（即农林渔业收入）比重,由53.3%下降为36.5%,下降了近17个百分点;间接来源于农地的收入（即牧业收入）比重,由13.1%下降为8.7%,下降了4.4个百分点。2005年直接来源于农地的纯收入为1 188元,

表4-3　　　1985~2005年全国农民人均纯收入构成情况

单位:元,%

| 年 份 | 人均纯收入（元） | 工资性纯收入（%） | 家庭经营纯收入（%） | | | | 财产性纯收入（%） | 转移性纯收入（%） |
|---|---|---|---|---|---|---|---|---|
| | | | 小计 | 农林渔 | 牧业 | 非农业 | | |
| 1985 | 397.6 | 18.1 | 74.4 | 53.3 | 13.1 | 8.0 | — | 7.4 |
| 1990 | 686.3 | 20.2 | 75.6 | 52.5 | 14.1 | 9.0 | — | 4.2 |
| 1995 | 1 577.7 | 22.4 | 71.4 | 52.6 | 8.1 | 10.7 | 2.6 | 3.6 |
| 2000 | 2 253.4 | 31.2 | 63.3 | 39.2 | 9.2 | 14.9 | 2 | 3.5 |
| 2005 | 3 254.9 | 36.1 | 56.7 | 36.5 | 8.7 | 11.5 | 2.7 | 4.5 |

注：根据《中国农村住户调查年鉴》(2006)（中国统计出版社2006年版）数据整理。

相当于当年农民人均生活消费支出的45.5%；来源于农地的纯收入[①]为1 471元，相当于当年农民人均生活消费支出的57.6%。从农户收入构成的发展趋势看，直接或间接来自土地的收入比重，呈不断下降趋势。其次，农地口粮保障功能也逐步弱化。随着收入水平的提高和收入来源途径的多样化，农民可以用货币到市场上购买口粮。因此，农地的口粮保障功能会逐步弱化。随着农民对土地依赖程度的减弱，降低土地调整频率甚至禁止土地调整成为可能。随着时间推移，农民对"增人不增地，减人不减地"政策的认可程度会逐步提高。

## 第四节
## 土地长期投入与承包期的关系

### 一、学术界围绕承包期长短对土地长期投入影响的争论

在研究中国农地制度时，学术界通常根据承包期长短评价地权稳定性。承包期长，地权稳定；承包期短，地权不稳定。土地的长期投资，通常包括种植绿肥、施农家肥、打机井、修引水渠、修排水沟、挖水塘、改良土壤、平整土地等。在实际研究时，常常将不同类型的长期投资进行归类。比如，将种植绿肥、施农家肥等归为一类，并将土壤有机质含量作为衡量指标；将打机井、修排水沟等归为一类，将总投资作为衡量指标。

围绕地权稳定性对农民土地长期投资影响的讨论，学术界存在不同观点。有人认为，在中国，地权稳定性对土地长期投资影

---

① 即直接来源于农地的纯收入与间接来源于农地的纯收入之和。

响有限。有人认为，地权稳定性对土地长期投资有显著影响。即使是针对同一长期投资，也会出现相互矛盾的结论。比如，有研究发现地权稳定性对机械投资没有显著影响，也有研究发现地权稳定性对机械投资有显著影响。再比如，有研究发现地权稳定性对农户施用农家肥有显著影响，也有研究发现地权稳定性对农户施用农家肥影响不大。实证研究结果为什么有如此大的反差？归纳起来，有很多原因。比如，土地长期投入类型多样，投入规模差异很大；地区间存在显著差异；中国农民的观念和行为并不符合严格意义上的"经济人"假设。在中国这种农地小规模经营环境里，分析地权稳定性（承包期长短）对土地长期投入的影响，需要加倍小心。尽管实证研究得出的结论并不一致，但却没有一项实证研究发现，地权稳定性（承包期长短）对土地长期投入有显著负影响，即地权越稳定，农民对土地的长期投入越少。

## 二、承包期长短对土地长期投入影响的共识性问题

围绕承包期长短（地权稳定性）对土地长期投入的影响，没有取得一致结论，这符合中国地区差异大的特征。不过，在以下五个方面，我们应当达成共识。

（一）承包期长短会影响部分农户的长期投入，对另一部分农户没有影响

一个栽种多年生果树的真实案例，可以验证这个结论。

**案例7：承包期长短对栽种多年生果树的影响**

1985年，笔者父母与其他4户农户（分别称A、B、C、D）共同承包村里经济场的部分旱地，承包期为8年（第一轮承包）。在这些旱地中，有些栽种了柑桔树，有些没有。当时柑桔价格比较好，与种植其他农作物

相比，柑桔收益最高。抓阄的结果是，我父母与农户A分到的土地，没有一棵柑桔树；其他3户农户的承包地上，都有柑桔树。记忆中，我父母第一年在承包地上种过小麦和黄豆，第二年又种过烤烟，但收益都远低于其他有柑桔树的承包户。为提高承包地收入，我父母也想在承包地上栽种果树，首先想到的是栽种柑桔或杨梅。很快，柑桔和杨梅被排除在外，因为这两种果树，都需要5年以上才能挂果，而剩余承包期却只有6年。一个偶然的机会，我母亲与她表姐在闲聊时谈到这个想法，她表姐家刚好栽种了很多桃树。桃树一般在栽种2年后就能挂果，而且收入也不错。当年，我父母就将这块承包地全部栽上野生桃苗，第二年开始嫁接，第三年就有嫁接苗挂果，到第5年就有不错收入。承包期长短，直接影响我父母选择种植哪种多年生果树。之所以选择桃树，而排除柑桔和杨梅，不是因为前者比后者收益高，也不是因为前者比后者易栽培，更不是因为前者比后者投资少，仅仅是由于这块地的剩余承包期比较短。此后，柑桔价格逐年下降，桃子价格逐年上涨，到承包最后一年，我父母从承包地上获得的收入，已高于其他农户从其承包地上获得的收入。接下来的问题是，第一轮承包到期后怎么办？我父母决定继续承包，用他们的话说，即使有人出来竞包也不怕。因为他们知道这块地上的桃树一年能有多少收入，而其他农户却心里没底（用经济学语言表述是信息不对称）。最后结果还不错，没人出来竞包，他们继续承包这块旱地，承包期为10年（第二轮承包）。直到2003年，这块地还由我父母承包，据说承包期为12年（第三轮承包）。只不过原来栽种的桃树，已完全老化或枯死。农户A的承包地与我父母承包地紧挨在一起，他也承包了3轮。在这3轮承包期内，农户A既没有栽种桃树，也没栽种其他果树或者进行其他长期投入。有意思的是，2003年我父母又与其他2户农户，分别承包了村里另一片荒山，承包期为33年。我父母将承包荒山的一半，全部栽种上柑桔树；另一半退耕还林栽上松树。这次之所以选择栽种柑桔，而不是桃树，有三个原因：一是这块地的承包期较长，但这不是惟一原因，也很难说是主要原因。二是桃树挂果快，但产果期短，柑桔树挂果慢，产果期却很长。三是预计今后柑桔会涨价。另外2户农户，在将承包的荒山翻垦后，并没有栽种经济林，而是全部退耕还林栽上松树。

对栽种多年生果树这项长期投资而言,不仅农户间存在差别,地区间也有差别。A 自然村多数农户,都栽种了各种果树,比如梨树、桃树、杨梅、枇杷等,并且收入不错。与 A 自然村相反,B 自然村却很少有农户栽种多年生果树。作为外来者,你对这一现象很感兴趣,希望找到各种可能影响因素。于是,设计出各种统计指标,包括收入、地形、灌溉条件、交通状况等,并利用计量模型找出了影响因素。事实上,你并没有找到真正原因,真正原因在于两个自然村的社会风气不同。B 自然村偷盗现象严重,村民怕自己栽种的水果被当地其他人偷摘。偷摘他人水果可能是为了解谗,也可能是为了出售获取更多收入。相反,A 自然村基本没有偷盗他人水果现象发生。

(二)承包期长短对超过农户承受能力的大额长期投资没有影响

在第一轮 15 年承包期内,我父母承包了河边的一丘水田。由于紧靠河边,这丘田每年都会被洪水冲刷。后来,河岸跨了,这丘田被洪水冲走了约 1/8。要防止水田继续受洪水侵害,必须加固河堤。这段河堤有 30 米长、10 米高,工程花费太大,我父母他们无法承担这种高额费用。1999 年第二轮 30 年承包后,这丘水田分给了另一农户。同样,这户农户也无能为力,只能让洪水继续冲刷。今后,一个可能的结果是,只有等洪水继续冲刷,并直接危害到更多农户的承包田时,才会出现农户合作整修河堤的可能。

(三)集体长期投入与农户长期投入相互替代、相互补充

分析中国农户对土地的长期投入,必须将集体经济组织纳入进来。实行家庭承包经营后,土地承包到农户,但生产队或生产大队作为集体经济组织,仍然在发挥作用,这种作用主要体现在公共公益事业建设方面。集体经济实力强的地方,一般由集体出

资进行农田基本建设；集体经济实力弱的地方，一般由农户集资，集体统一组织，引导农户进行农田基本建设。之所以需要集体统一组织，主要是由于这些长期投资需要较多的劳动力和资金，单个农户承担不起。事实上，有些定期或不定期进行土地调整的村组，不是他们不关心长期投资，而是他们建立起了集体统一组织长期投入的机制。在农业部农村经济研究中心土地课题组（笔者为主要成员之一）1998年对陕西省富县的调查中，就曾经发现有个村民小组，在土地重新分到户以前，由集体统一进行土地平整。集体长期投入与农户长期投入是一种相互替代、相互补充的关系，集体长期投入多，农户长期投入就少；集体长期投入少，农户长期投入就相应增加。

（四）较长的土地承包期是农户增加土地长期投入的必要条件，而非充分条件

通常，人们会认为，只要有较长的土地承包期（稳定地权），农民就会增加对土地的长期投入，误将稳定的地权视为农户增加土地长期投入的充分条件。事实上，影响农民对土地长期投入的因素多种多样，稳定的地权只是其中的影响因素之一。

（五）较长的土地承包期有利于农民掌握地块"习性"

这一点与土地长期投入没有关系，但农民觉得这点很重要。虽然现在一些地方已开始推行测土配方施肥，但中国大多数农民还是根据自己多年的经验为农作物施肥。经验需要多年积累，地块经常变动，农民很难掌握地块"习性"。这里的"习性"，实质上就是土壤的理化性质、肥力状况等。

## 第五节

## 农地流转：农地承包经营权流转与所有权互换

### 一、农地承包经营权流转

所谓农地①承包经营权流转，是指与承包地相关的权利或义务的转移。《农村土地承包法》（2003年）和农业部发布的《农村土地承包经营权流转管理办法》（2005年），对农地承包经营权流转做了许多规定。这里，主要介绍农村土地承包经营权流转的基本原则、主要类型和几项主要限制性规定。

（一）农地承包经营权流转的基本原则

归纳起来，农地承包经营权流转应当遵循五项原则：平等协商、自愿和有偿原则；不得改变土地所有权性质和农业用途；流转期限不得超过剩余承包期限；受让方须有农业经营能力；在同等条件下，本集体经济组织成员享有优先权。

（二）农地承包经营权流转的7种类型

综合已有文献，农地承包经营权流转包括7种类型，即互换、转包、转让、出租、入股、继承、代耕。（1）互换。互换是指承包方之间为方便耕作或各自需要，对属同一集体经济组织的承包地块进行交换，同时交换相应土地承包经营权。（2）转包。转包是指承包方将部分或全部承包经营权，以一定期限转给

---

① 这里的"农地"既包括以家庭承包方式承包的农业用地，也包括以招标、拍卖等方式承包的荒山、荒沟、荒丘、荒滩等农村土地。

同一集体经济组织的其他农户,从事农业生产经营。转包后原土地承包关系不变,原承包方继续履行承包合同规定的权利和义务。接包方按转包时约定的条件,对转包方负责。(3)转让。转让是指经承包方申请和发包方同意,将部分或全部土地承包经营权,让渡给其他从事农业生产的农户,由其履行相应权利和义务,转让后原土地承包关系自行终止,原承包方承包期内的承包经营权部分或全部消失。(4)出租。出租是指承包方将部分或全部土地承包经营权,以一定期限租赁给他人,从事农业生产经营。出租后原土地承包关系不变,原承包方继续履行原土地承包合同规定的权利和义务。承租方按出租时约定的条件对承包方负责。(5)入股。入股是指实行家庭承包方式的承包方之间为发展农业经济,将土地承包经营权作为股权,自愿联合从事农业生产经营;其他承包方式的承包方,将土地承包经营权量化为股权,入股组成股份公司或者合作社等,从事农业生产经营。(6)继承。继承是指通过招标、拍卖和公开协商方式取得土地承包经营权的,在承包期内,承包人死亡后,其继承人可继续承包。(7)代耕。代耕是指农户将自己的承包地交由他人耕种,代耕期限一般不超过1年。

(三)农地承包经营权流转的限制性规定

除前面提及的五项原则外,2003年施行的《农村土地承包法》和2005年农业部发布的《农村土地承包经营权流转管理办法》(以下简称《流转管理办法》),对农地承包经营权流转还有以下限制性规定。

1. 以家庭承包方式取得的农地承包经营权,没有获得抵押、继承和入股组建股份公司(或合作社)等3项授权。《农村土地承包法》将农村土地承包方式分为两类:一类为家庭承包;另一类为专门针对荒山、荒沟、荒丘、荒滩等农村土地,采取的招标、拍卖、公开协商等承包方式（以下简称"其他承包方式"）。《农村土地承包法》规定，以其他承包方式取得的土地承包经营权可以抵押和继承。而以家庭承包方式取得的农地承包经营权，则没有获得上述两项授权。农业部发布的《流转管理办法》规定，以其他承包方式取得的土地承包经营权，可以用于入股，组建股份公司或合作社；以家庭承包方式取得的农地承包经营权，只能入股联合从事农业生产经营。

2. 农户转让承包经营权，须由农户自己提出申请，并经发包方同意。《农村土地承包法》第四十一条规定，经发包方同意，农户可以转让部分或全部农地承包经营权；《流转管理办法》第十一条和第十八条分别规定，农户转让承包经营权，须由农户（即承包方）提出申请和经发包方同意。

3. 农地承包经营权的转包、互换，只能在同一集体经济组织内部进行，并需报发包方备案。《农村土地承包法》和《流转管理办法》均有多项条款规定，农地承包经营权的转包、互换，限在同一集体经济组织内部进行，并须报发包方备案。相对而言，对农地承包经营权出租的限制性规定较少，只需报发包方备案即可。

对农地承包经营权流转做出上述种种限制，出发点各不相同。限制农地承包经营权抵押、继承和入股组建股份公司，主要是为避免农民失去土地，失去就业和基本生活保障。转让承包经营权需承包方申请，并经发包方同意，一是为防止集体经济组织随意收回农民承包地，二是为确保本集体经济组织成员享有优先权。至于农地承包经营权转包、互换，需要报发包方备案，主要是为方便集体收取各类税费和承包费。

实际上，上述有些限制早已名存实亡。比如，同一集体经济组织内部的农户互换承包经营权，一般都不报发包方（集体）

备案。农户在互换农地承包经营权时,习惯于采取等面积(或者其他等价)方式互换。这种互换方式,只是调换了承包地块,而互换双方的承包费和承包义务没有变化。随着制度环境的改变,上述限制应当逐步解除,使农户获得完整、充分的农地承包经营权。

## 二、农地所有权互换

早在家庭承包经营初期,农民为耕种方便或其他需要,就开始等价①互换承包地。这种互换,在同一个集体经济组织内部,主要体现为承包经营权互换;在不同集体经济组织之间,主要体现为农地所有权互换。通常,我们比较关注农地承包经营权互换,而忽视了农地所有权互换。忽视农地所有权互换,主要是由于我国没有建立起有效的集体土地所有权登记制度。这里,介绍2个互换农地所有权的案例,这2个案例均发生在我父母居住的行政村(以下简称"本村")。

**案例8:本村二组农户B与本村五组农户A互换承包地块,导致农地所有权互换**

农户A是本村五组村民,20世纪80年代初,其住房在本村二组附近,离五组有1公里左右。大概是1984年,农户A想将其老房拆除,到五组附近建新房。本村二组农户B知道这个消息后,就跟农户A商量,能否将其腾出来的宅基地及其附近的0.13公顷承包旱土(这2块飞地属五组,完全被二组土地包围)换给自己。也就是说,二组农户B想在五组农户A的老宅基地上建房。协商的结果是,双方同意互换。根据当时实际情况,这种选择对双方都有利。农户A将房子迁到五组后,离其承包的水田更近

---

① 包括两种情况:土地质量相同时,等面积互换;土地质量不同时,通过经济补偿或者面积折抵等方式,实行等价互换。

了,而离其老宅基地及附近的 0.13 公顷承包旱土更远了。同样,二组也有一块 0.26 公顷的旱地,离五组比较近,完全被五组土地包围,是一块完全意义上的飞地。于是,二组农户 B 就跟五组农户 A 写了书面互换协议,五组组长作为证人参加了协议的起草,而二组组长则没有参加。由于二组农户 B 在五组附近的承包旱地不够,他主动跟二组其他农户商量,将他们在五组附近的承包旱地先换过来(承包经营权互换),再换给五组农户 A。由于农户 A 为农户 B 建房提供了方便,除了等面积互换土地外,农户 B 给农户 A 补偿了 120 元现金①。二组农户 B 在换到土地后,本想在农户 A 原来老宅基地上建房。由于农户 A 的老宅基地就在大队小学旁边,时任大队书记怕影响小学发展②,不让农户 B 在此建房。于是,二组农户 B 只好在互换来的另一处旱地上建房,而将农户 A 留下的宅基地改成了农业用地。二组农户 B 与五组农户 A 的土地互换,是土地所有权的互换。

**案例 9:本村二组农户 D 与本村一组农户 C 互换承包地,导致农地所有权互换**

20 世纪 90 年代中期,本村一组农户 C,想在本村二组附近换地建房。于是,找二组农户 D 协商,农户 D 将其承包水田与农户 C 等面积互换。在他们双方互换承包地时,二组有些农户不同意,提出反对意见,最后还是未能阻止农户 D 与农户 C 互换其承包地。

上述 2 个案例,为我们提供了两点有益启示:一是农户不仅可以互换农地承包经营权,而且可以互换农地所有权。二是农户互换土地不应仅局限于农业用途。有人可能会问,农民跨集体经济组织互换土地可能会损害集体利益?事实上,这种担心是多余的,农户个人比集体更关心自己的利益。

---

① 相当于当时大学毕业生 3 个月工资。
② 在 20 世纪 90 年代中后期的小学撤并大潮中,这所小学被撤消。

## 第六节
## 家庭承包经营与社会化服务

实行家庭承包经营后,农户独立从事生产经营,会遇到许多依靠自身力量解决不了的困难。以水稻生产为例,根据其生产流程,农户须在产前购买种子和化肥;在产中完成犁田、耙田、施底肥、灌溉、施面肥、除草、病虫害防治、收割、凉晒等工序;在产后储藏、销售和加工稻谷;若自有资金不足,还必须筹集资金。要有效解决这些问题,小农必须借助外部力量,通常有三种选择,即自发性的农户合作、集体统一提供服务和其他社会组织提供服务。这三种形式的合作与服务,不是完全的竞争、排斥关系,而是具有层次性,相互补充。

### 一、自发性的农户合作

当生产经营活动遇到困难时,小农必须选择合作。以南方稻作区为例,通常会有以下五个方面的合作。一是农户间的换(帮)工。农忙季节换(帮)工,可以产生劳动规模效应,减少生产过程中的劳动时间浪费。二是农户合作共同抵抗自然灾害。在干旱季节,几个农户共同合作,用水车车水抗旱。三是农户共同购买化肥、农药等生产资料。在20世纪80年代,化肥等生产资料实行专营制度,农民必须凭票才能到供销合作社购买肥料。为节约时间,几个农户选派一名代表,到乡镇供销社去购买化肥。四是农户合作购买、管护和使用生产役畜。耕牛是南方稻作区的主要役畜,由于农地规模过小,家家户户饲养耕牛是一种浪费。于是,几户农户共同喂养一头耕牛,平时轮流放养,耕作时轮流使用。五是农户合作建造生产用房,共享技术。比如,几户农户共同出资、出劳建造烤烟房,或者轮流烤烟,或者选出一名烤烟技术好的农民,专门负责烤烟。

## 二、集体统一提供服务

自发性的农户合作并不能解决全部问题,它有难以克服的局限性,其合作范围与合作对象有限。只有相互熟悉、邻里关系和睦且愿意合作的农户,才能形成真正的合作关系。正因为如此,家庭承包经营后,农村人民公社体制解体,但农民仍然自觉维护原来的集体经济组织,依靠集体为其提供服务。比如,统一机耕、统一机收、统一供种、统一供肥、统一灌溉、统一病虫害防治等。在有些情形下,自发性的农户合作,替代不了集体统一组织的服务。这里,我们引用两个真实案例,以说明集体统一提供服务的必要性。

### 案例10:集体统一组织杂交水稻制种

1991年,笔者与另外3位县乡干部一行4人到邻乡A村蹲点,主题是对农民进行社会主义思想教育,重点是帮A村修建3公里水渠,改善农业生产条件。为增加农民收入,A村决定利用其有利的地理条件,从事杂交水稻制种。杂交水稻制种,对周围环境要求很高。制种区必须封闭,集中连片,中间不能播种其他任何作物,这样才能保证种子纯度。A村最后划定的制种区,范围涉及几个村民小组的近百户农户。正如你预想的那样,有些农户不愿意制种,有些农户强烈要求制种。根据杂交水稻制种要求,A村只有两种选择,要么划定区域范围内的所有农户都制种,要么所有农户都不制种。只要有1户农户不愿意,其他99户想制种的农户也必须放弃。经过村组干部的多次说服,最后所有农户同意在划定范围内生产杂交水稻种子。在这个案例中,如果没有集体权威的介入,依靠自发性的农户合作,不可能达成协议。

**案例 11**①：集体统一行动，保护集体和集体成员个人财产

通常，农民依靠自身力量保护其财产和劳动成果。当自身力量不够时，必然借助宗族力量（主要发生在解放前）或集体力量（主要发生在解放后），这种现象在中国农村广泛存在。实行家庭承包经营后，也是如此。比如，A 生产队农户 B 家的成员，偷砍（或偷摘）C 生产队农户 D 责任山中的树木（或柑桔园中的柑桔），被 C 生产队农户 E 发现。对于这件事，有两种处理方式。第一种方式是，C 生产队农户 D 直接找偷砍（或偷摘）树木（柑桔）的农户 B，要求退还树木（或柑桔）并赔偿。第二种方式是，C 生产队所有农户都派一名代表，十几人甚至几十人到偷砍树木（或偷摘柑桔）的农户 B 家里去，对农户 B 进行罚款。如果农户 B 不主动交罚款，就强制执行，搬拿农户 B 家的财产（包括生猪与耕牛），双方冲突不可避免。有时候，冲突还不仅局限于农户 B 和 C 生产队的代表，A 生产队的其他农民也会卷入（当然主要是帮农户 B）。在外人看来，特别是法治社会的人看来，这种处理方式不可理喻。不过，这种方式曾经非常有效。这种统一行动机制，有两大好处。一是加大了侵犯他人财产和劳动成果的风险成

---

① 这个案例根据本村（即我父母居住的行政村）5 个真实故事缩编而成，这些故事均发生在 20 世纪 80 年代中期到 90 年代初。(1) 本村 F 组某农户之女，偷摘 B 组某农户柑桔后被发现，B 组于第二天晚上组织全组农户代表去他们家罚款，双方发生肢体冲突。(2) 本村 C 组农户，偷砍 B 组的树木，B 组当天晚上组织全组农户去他们家罚款，双方发生严重肢体冲突。(3) 本村 C、D、E 组（属一个自然村）与 B 组发生山林界址纠纷，双方均于白天统一组织农户去勘界，但没发生肢体冲突。(4) 本村 C、D、E 组与外村发生山林界址纠纷，双方均于白天统一组织农户去勘界，但没发生肢体冲突。(5) 本村 C 组某农户，偷砍 F 组山里的柴草，F 组、G 组（同属一个自然村）于某天晚上统一组织农户代表，到 C 组该农户家去罚款，双方发生肢体冲突，F 组、G 组的群众强行捉走了农户 C 家的一头猪，在超过缴纳罚款的通牒期限后，F 组和 G 组将这头猪宰杀分给各户；C、D、E 组的群众听到这个消息，很是气愤，组织 3 个组的群众于某天晚上，到 F 组组长家里去索要被宰杀的猪，F 组和 G 组的村民齐心将 C、D、E 组的村民赶走；就在第二天，另一个意外情况发生了，F 组组长家的生猪和鸡意外中毒死亡，据传说是 C、D、E 组有人投放了老鼠药，不过，没有找到证据。

本。二是克服了"搭便车"行为。不管你与利益被侵害的同组（或同村）农户有无矛盾，当他的利益被外人侵害时，你不能坐视不管，更不能幸灾乐祸，必须参与集体行动。

有了前面这2个案例，你就能理解实行家庭承包经营后，为什么中国农民仍然有比较强的集体意识。自发性的农户合作只能解决部分问题与困难，还有很多问题，需要借助集体力量来解决。当自己的财产和劳动成果受侵犯时，农民更多地依靠集体（村规民约）而不是法律维护其权益。这有四个原因：一是法律条款过于原则，针对性不强；二是法律条款过于复杂，农民文化程度低，难以准确理解条款含义；三是农民的法制意识不强；四是法律维权成本高，需要浪费很多时间成本，甚至财力等。

### 三、其他社会组织提供服务

除前面2个途径外，农户还从其他各种社会组织获得服务。比如，农业技术推广机构（包括政府和民间的）为农户提供各类生产技术指导；农机服务机构组织跨区域机耕、机收服务；金融部门为农民提供贷款服务；龙头企业为基地农户统一提供服务；法律部门为保护农业生产资料和农业劳动成果提供服务，等等。这里，重点介绍政府为农民提供的土地信托服务。所谓土地信托，是指在坚持土地所有权不变、承包经营权稳定的前提下，按照土地使用权（农用地为承包经营权）依法、自愿、有偿转让原则，土地信托服务机构受土地承包经营者委托，将其拥有的土地使用权（农用地为承包经营权）在一定期限内转让给其他单位和个人的行为。

**案例 12**[①]：**浙江省绍兴县建立土地信托服务组织**

绍兴县于 2001 年在县级设立土地信托服务中心，在镇一级设立土地信托服务站。土地信托服务组织的建立，加速了土地流转和规模经营，绍兴县当年流转的土地面积达 1.05 万公顷，流转率达 40%。

绍兴县各级土地信托服务组织，主要承担四项职能：(1) 接受土地使用权供求登记和信息咨询。即登记、汇集可流转土地的数量、区位、类别等情况，接受土地供求双方咨询。(2) 发布土地使用权供求信息和进行项目推介。多渠道、多形式向辖区内外及时发布土地储备和可开发土地资源信息。(3) 中介协调和指导鉴证。即协调流转双方提出的有关事宜，办理合同（协议）鉴证手续。(4) 跟踪服务和调处纠纷。土地信托服务组织的服务对象为：本县范围内要求转让土地使用权（包括水田、旱地、水面、滩涂、山林等）的村经济合作社、农户和需要受让土地使用权的种养大户、工商业主。

土地信托服务组织的工作程序为：(1) 申请信托。转让人和受让人以书面形式，向中心提出申请。(2) 供求登记。将供求信息录入计算机。(3) 发布信息。土地信托服务中心通过广播、电视、简报、互联网等多种形式，向社会发布土地使用权出让、受让信息，并接受供求双方咨询。同时，积极推介效益农业项目。(4) 协商转让。根据出让、受让信息，及时配对。(5) 指导鉴证、追踪服务。

---

① 摘自《绍兴县土地使用权流转和信托服务资料汇编》(2001 年)，未经实地调查。

# 第五章
# 1950年以来的农村土地征收制度

## 第一节
## 两个重要概念：土地征收与土地征用

20世纪50年代初土地改革完成后，中国出现了两种土地所有制形态，农村土地为农民私人所有，城市及郊区土地为国家所有。经过农业合作化，农村私人土地转变为集体所有，城市及郊区土地仍为国家所有。随着工业化进程的推进和城镇向外扩张，农村集体土地不断转为国有土地。我国主要通过土地征收（用）制度，将集体土地变为国有土地。

一、1950~1952年底，土地改革时期的土地征收与征用

1950年颁布的《中华人民共和国土地改革法》和《城市郊区土地改革条例》两项法规，规定对下列土地分别予以没收或征收。(1) 没收地主在农村和城市郊区的土地；(2) 征收祠堂、庙宇、寺院、教堂、学校等公共团体的土地及其他公地；(3) 征收工商业家的土地；(4) 富农、革命军人、烈士家属、工人、职员、自由职业者、小贩以及因从事其他职业或因缺乏劳

动力而出租小量土地者，其超过当地人均面积 2 倍以上的土地，应被征收；（5）半地主式的富农出租大量土地，超过其自耕和雇人耕种的出租土地，应被征收。上述被没收或征收的土地，若位于农村，则直接由乡农民协会接收，并统一分配给少地或无地的农民。若上述土地位于城市郊区，则一律收归国有，然后交给乡农民协会，统一分配给少地或无地农民耕种，并免交地租；经营者不得出租、出卖或荒废国有土地；原经营者不用时应交还给国家。在土地改革过程中，土地没收或土地征收，都是国家凭其行政权力，使土地所有权发生转移。两者最大的不同在于，被没收的土地被视为非法占有，被征收的土地则不被视为非法占有。需要指出的是，两项法规均没有"对征收土地给予补偿"的条款。也就是说，与没收一样，征收也是无偿的。

《城市郊区土地改革条例》第十三条规定，国家为市政建设及其他需要，可以收回农民耕种的国有土地，并给予补偿。与此同时，该条例第十四条规定：国家为市政建设及其他需要，征用私人所有的农业土地，须给以适当代价，或以相等之国有土地调换。这里，"征用"也会使土地所有权发生转移，但它不同于土地改革过程中的"征收"。两者的区别主要体现在两个方面：第一，目的不同。征收土地是为了将土地重新分配给农民使用，征用土地是为了国家市政建设需要。第二，征收土地是无偿的，而征用土地须给予适当补偿。

## 二、1953~2004 年的土地征用与临时租用（借用）

1953 年出台的《国家建设征用土地办法》规定：国家可以征用个人私有土地、集体土地和国有土地，土地被征用后，其所有权归国家；对征用范围外的土地，用地单位或施工单位可以租用或借用，用于堆存材料或运输道路等用途。这个办法于 1957

年做过一次修正,到1982年被废止。1982年新颁布的《国家建设征用土地条例》,对征用土地与租用土地的权属关系做了更加明确的规定:国家征用的土地,所有权属于国家,用地单位只有使用权;对于租用或借用的临时用地,使用期满后,应恢复耕作条件,并归还原生产队(即土地所有者)。这些条款,后来被《中华人民共和国土地管理法》(以下简称《土地管理法》采纳,并一直延续到2004年。根据1953~2004年土地管理的相关规定,国家征用的土地,既包括私人土地和集体土地,也包括国有土地。土地征用与临时租用的区别,主要体现在土地所(占)有权关系和使用期限上。第一,土地征用改变了土地所(占)有权关系,征用后的土地为国有土地;临时租用土地,不改变土地所(占)有权关系,仍归原土地所(占)有者所(占)有。第二,征用后的土地,由新土地使用者长期使用,使用期满后,收归国有;而临时租用土地,租用期限较短,使用期满后,必须归还原土地所(占)有者。

### 三、2004年以来的土地征收、征用与临时租用

2004年8月,第二次修正的《土地管理法》重新界定了征收与征用这两个概念,将原来改变土地所有权关系(即由私有所有或集体所有,转为国家所有)的征用,称为征收;将不改变土地所有权关系,而仅改变土地使用权关系的,称为征用。一般说来,只有在紧急状态下才会发生土地征用。临时租用的概念,还是原来的含义。

### 四、土地征收与土地征用

从前面分析可知,自新中国建立以来,不同时期,征收与征用被赋予不同含义。根据2004年8月《土地管理法修正案(草

案)》对征收与征用的重新定义，1950~2004年的中国农村土地征用实质上都是土地征收。如果仅根据字面意义理解，认为2004年以前征用的农村集体土地或私人土地，仍属于原来的集体或私人所有，那就错了。至今仍有许多学者，将国家征收农村集体土地的行为称为征用，这是习惯使然。本书主要关注农村集体土地征收制度[①]。所谓农村集体土地征收，是指国家依靠国家权力，强行收买集体土地所有权，将集体土地转变为国有土地的行为。

## 第二节
## 征收农村（集体）土地的目的

有关国家征收农村土地的目的，不同时期，有不同规定。首先，不同时期的宪法对国家征收农村土地的目的有不同规定。1954年《中华人民共和国宪法》（以下简称《宪法》）首次提出，国家征收农村土地的目的是为公共利益；1975年和1978年的《宪法》均不再强调国家征收农村土地的公共目的；1982年以来的《宪法》再次恢复强调国家征收农村土地的公共利益目的。其次，不同时期的专业土地管理法规，对国家征收农村土地的目的有不同规定。1950~1986年的土地管理法规均不强调国家征收农村土地的公共目的，从1987年开始强调国家征收农村土地的公共目的。有意思的是，尽管1954~1974年与1982~1986年期间的《宪法》均强调国家征收农村土地的公共目的，而期间的专业土地管理法规，却均未提及征收农村土地的公共目的（见表5-1）。

---

① 对农村集体土地征用与临时租用，不予分析。

表 5-1　　　1950 年以来，法律、法规有关征收农村（集体）土地目的的规定和表述

| 时　期 | 法规名称 | 征收农村（集体）土地的目的与用途 |
|---|---|---|
| 1950~1953 年 | 《城市郊区土地改革条例》 | 市政建设及其他需要 |
| 1954~1981 年 | 《国家建设征用土地办法》 | 厂矿、铁路、交通、水利、国防等建设；文化、教育、卫生建设，市政建设和其他建设 |
| 1982~1986 年 | 《国家建设征用土地条例》 | 国家进行经济、文化、国防建设以及兴办社会公共事业 |
| 1987~1998 年 | 《土地管理法》 | 国家进行经济、文化、国防建设以及兴办社会公共事业；国家为了公共利益的需要，可以依法对集体所有的土地实行征用 |
| 1999~2004 年 | 《土地管理法》 | 国家为公共利益的需要，可以依法对集体所有的土地实行征用 |
| 2004 年至今 | 《土地管理法》 | 国家为了公共利益的需要，可以依法对土地实行征收或者征用并给予补偿 |
| 1954 年 | 《宪法》 | 国家为了公共利益的需要，可以依照法律规定的条件，对城乡土地和其他生产资料实行征购、征用或者收归国有 |
| 1975 年 | 《宪法》 | 国家可以依照法律规定的条件，对城乡土地和其他生产资料实行征购、征用或者收归国有 |
| 1978 年 | 《宪法》 | 国家可以依照法律规定的条件，对土地实行征购、征用或者收归国有 |
| 1982 年 | 《宪法》 | 国家为了公共利益的需要，可以依照法律规定对土地实行征用 |
| 2004 年 | 《宪法》 | 国家为了公共利益的需要，可以依照法律规定对土地实行征收或者征用并给予补偿 |

# 第三节

## 征收农村（集体）土地的补偿

为了公共利益，国家征收农民私人土地或者农民集体土地，

都给予适当补偿。表 5-2 列出了不同时期的征收补偿规定及标准[①]，我国农村土地征收补偿大体可分为三个阶段。第一阶段为 1950~1954 年，国家征收农民私人土地，一般均给予土地补偿和安置补助。土地补偿方式有两种，要么以同等土地互换，要么给予经济补偿。第二阶段为 1954~1981 年，国家征收私人土地，既给予土地补偿，也给予安置补助；国家征收集体土地，不给予土地补偿，但给予安置补助。第三阶段为 1982 年至今，国家征收集体土地，既支付土地补偿，也支付安置补助。自 1950 年以来，在征收农村土地时，对被征收土地上的附着物（包括青苗）均给予补偿。土地补偿费、安置补助费和地上附着物补偿费，最终均由用地单位支付。

1982 年以来的农村集体土地征收补偿，有 4 个特点。(1) 不以土地市场价格作为补偿依据。集体土地征收补偿标准，主要根据原产值倍数法确定。也就是说，根据土地的原用途来确定补偿标准，而不是根据征收后的新用途来补偿。(2) 补偿范围不断扩大，补偿标准逐步提高。1982~1986 年期间，征收集体无收益土地不给予土地补偿，征收农民宅基地不给予安置补助；1987 年以来，这两项限制性条款被取消，许多地方在征收农村集体未利用（或无收益）土地时，也给予适当补偿。耕地的征收补偿最高限额，由 20 倍提高到 30 倍，再到可以超过 30 倍。(3) 不同地区征收补偿标准不同。国家制订了耕地补偿标准的最低和最高限额；其他土地的补偿标准，由省级政府自己制订。(4) 不同类型的土地征收补偿标准不同。通常，耕地征收补偿标准是最高的。为直观地了解农村集体土地征收补偿标准，附录 1 以浙江某市为例，列出了 2000 年和 2003 年该市征收各类

---

[①] 不同时期的土地征用或临时租用补偿标准也不同，这里不讨论。

农村集体土地的补偿标准。

表 5-2　不同时期，国家征收农村（集体）土地的土地补偿和安置补助标准

| 时期 | 征收土地类型 | 土地补偿标准 | 安置补助标准 | 两项合计 |
|---|---|---|---|---|
| 1950～1953年 | 私人农用地 | 给予适当补偿；或用相等国有土地调换 | 给耕种该土地的农民以适当安置 | — |
| 1954～1981年 | 私有土地 | 以国有、公有土地调剂；或者3～5年产量的总值 | 安排就业或移民 | — |
|  | 农业合作社土地 | 可以不给予该类补偿 | 给耕种该土地的农民以适当补助 |  |
| 1982～1986年 | 集体土地 | 耕地：原年产值的3～6倍；其他土地：各省制订无收益土地：不予补偿 | 耕地：原年产值的2～3倍，不能超过10倍；其他土地：各省制订宅基地：不予补偿 | 耕地：两项之和不能超过原年产值的20倍 |
| 1987～1998年 | 集体土地 | 耕地：原年产值的3～6倍；其他土地：由各省制订 | 耕地：原年产值的2～3倍，不能超过10倍；其他土地：各省制订 | 耕地：两项之和不能超过原年产值的20倍 |
| 1999～2004年 | 集体土地 | 耕地：原年产值的6～10倍；其他土地：由各省制订 | 耕地：原年产值的4～6倍，不能超过15倍；其他土地：各省制订 | 耕地：两项之和不能超过原年产值的30倍 |
| 2005年至今 | 集体土地 | 耕地：原年产值的6～10倍；其他土地：由各省制订 | 耕地：原年产值的4～6倍，不能超过15倍；其他土地：由各省制订 | 耕地：两项之和可超过原年产值的30倍，超过部分用国有土地有偿收入补贴 |

注：根据《城市郊区土地改革条例》（1950年）、《国家建设征用土地办法》（1953年、1958年）、《国家建设征用土地条例》（1982年）、《中华人民共和国土地管理法》（1986年、1988年、1998年和2004年）和国务院28号文件（2004年）整理。

## 第四节
## 国有建设用地有偿使用及其市场价值

### 一、国有建设用地:从无偿使用到有偿使用

在1950~1986年的30多年里,城镇国有建设用地完全实行行政划拨和无偿使用。用地单位只需支付征地补偿费(即土地补偿费、安置补助费和地上附着物补偿费等),就可取得土地使用权,并且是无限期使用土地。这种永久性的无偿使用制度,致使土地无法流转,其资产价值难以体现;导致土地浪费严重,土地利用效率低下。自1987年起,我国开始逐步推行国有土地有偿使用制度。所谓国有土地有偿使用,是指国有土地使用权有偿使用,国有土地所有权不能买卖和转让。这项制度的推行,提高了土地市场价值,有利于盘活土地资产和资产重组。准确地说,我国是1979年开始试行国有土地有偿使用的。1979年通过的《中外合资经营企业法》规定:中方场地使用权应当作为中方投资的一部分;若没有折算为中方投资,合营企业应当向中国政府缴纳场地使用费。1982年,深圳特区开始按城市土地等级收取不同土地使用费。

### 二、国有建设用地使用权市场与交易价格

国有建设用地使用权交易可分为三级市场。所谓一级市场,是指土地使用权出让市场,即国家以土地所有者身份,将一定年限的土地使用权让渡给土地使用者,并由土地使用者向国家缴纳土地使用权出让金。所谓二级市场,是指土地使用权转让市场,

即开发商按要求进行土地开发和建设，并将经过开发的土地使用权进行转让、出租或抵押。所谓三级市场，是指土地使用者之间进行的土地使用权转让、出租或抵押。这里，重点介绍国有建设用地使用权一级市场和二级市场。

（一）国有建设用地使用权一级市场与交易价格

目前，我国国有建设用地一级市场有多种交易方式，主要包括行政划拨、租赁、协议出让、招标出让、拍卖出让、挂牌出让等。表5-3数据显示，在国有建设用地一级市场上，传统行政划拨（无偿使用）方式正逐步让位于土地有偿使用。1995年，全国国有土地供应共397 758宗、130 700公顷，其中以行政划拨方式取得使用权的宗数与面积分别占73.5%和67%，以有偿使用方式取得土地使用权的宗数与面积分别占26.5%和33%。到2005年，全国国有土地供应共222 364宗、244 266公顷，其中以行政划拨方式取得土地使用权的宗数与面积仅占13.8%和26.5%，以有偿使用方式取得土地使用权的宗数与面积分别占到84%和71%。

一级市场上的土地价格在逐年上升。1995年全国共有偿出让土地43 092公顷，取得土地出让收入332.86亿元，每公顷土地出让金收入77.2万元；出让金纯收入为173.9亿元（占出让金总收入的52%），每公顷40.4万元。2005年全国共有偿出让土地165 584公顷，取得土地出让收入5 883.8亿元，每公顷土地出让金收入355.3万元；出让金纯收入2 184亿元（占出让金总收入的37%），每公顷131.9万元。与1995年相比，国有建设用地出让金收入、每公顷出让金收入（即土地价格）和每公顷出让金纯收入，分别增长了16.7倍、3.6倍和2.3倍。

与传统行政划拨和协议出让方式相比，招标、拍卖和挂牌交易方式，更有利于土地市场价格的提升，因为它规定了出让最低

**表 5-3　1995年和2004年国有建设用地使用权一级市场交易**

单位：宗，公顷

| 年份 | 行政划拨 | | 有偿使用 | | | | | | | | 租赁 | | 其他方式 | |
|---|---|---|---|---|---|---|---|---|---|---|---|---|---|---|
| | | | 出让 | | | | | | | | | | | |
| | | | 协议 | | 招标 | | 拍卖 | | 挂牌 | | | | | |
| | 宗数 | 面积 | 宗数 | 面积 | 宗数 | 面积 | 宗数 | 面积 | 宗数 | 面积 | 宗数 | 面积 | 宗数 | 面积 |
| 1995 | 292 285 | 87 608 | 94 111 | — | 2 061 | — | 9 301 | — | — | — | — | — | — | — |
| 2005 | 30 581 | 64 623 | 117 642 | 108 367 | 1 542 | 4 623 | 13 495 | 9 690 | 29 433 | 42 904 | 24 907 | 8 044 | 4 764 | 6 015 |

注：1995年协议、招标、拍卖三种方式共出让土地105 473宗，出让土地面积为43 092公顷。2005年协议、招标、拍卖、挂牌等4种方式共出让土地162 112宗，出让土地面积为165 584公顷。

资料来源：《中国土地年鉴》(1996)（中国大地出版社1996年版）和《中国国土资源年鉴》(2006)《中华人民共和国国土资源部2006年》。

**表 5-4　1995年和2004年国有建设用地使用权二级市场交易**

单位：宗，公顷，亿元，万元/公顷，倍

| 年份 | 转让 | | | | 出租 | | | | 抵押 | | | |
|---|---|---|---|---|---|---|---|---|---|---|---|---|
| | 宗数 | 面积 | 金额 | 单价 | 宗数 | 面积 | 金额 | 单价 | 宗数 | 面积 | 金额 | 单价 |
| 1995 | 79 683 | 7 330 | 98.46 | 134.3 | 177 745 | 7 290 | 3.39 | 4.7 | 26 291 | 34 051 | 209.2 | 61.4 |
| 2005 | 1 223 620 | 51 138 | 5 061.3 | 989.7 | 86 769 | 6 095 | 12.2 | 20 | 564 997 | 481 908 | 23 949 | 497.0 |
| 2005/1995 | 15.4 | 7.0 | 51.4 | 7.4 | 0.5 | 0.8 | 3.6 | 4.3 | 21.5 | 14.2 | 114.5 | 8.1 |

资料来源：《中国土地年鉴》(1996)和《中国国土资源年鉴》(2006)。

价。这种最低价格，主要根据国有土地开发费用加一定纯收益来确定。如果竞标单位出价低于底价，则交易流产；如果竞地单位出价高于底价，出价最高的竞地单位获得土地。以 2006 年广东省某市为例，2002~2006 年 11 月底，该市招、拍、挂交易共1 221宗，其交易底价总额为 70.6 亿元。通过市场竞争，实际成交总额为 99.6 亿元，实际成交额高出底价总额 29 亿元，高出41%。

（二）国有建设用地使用权二级市场与交易价格

国有建设用地二级市场包括转让、出租和抵押。表 5-4 显示，与 1995 年相比，2005 年国有建设用地二级市场交易的地块宗数和面积都有大幅度增长，二级市场交易活跃。1995 年全国转让、出租、抵押的地块宗数和面积分别为 283 719 宗、48 671 公顷；到 2005 年转让、出租和抵押的地块宗数和面积分别增长到1 875 386宗、539 141公顷，二级市场地块成交宗数和面积分别增长了 5.6 倍、10 倍。在二级市场上，土地的市场价值也越来越明显。以土地抵押为例，与 1995 年相比，2005 年每公顷土地的抵押金额增长了 7.1 倍。

# 第五节
## 现行农村集体土地征收制度存在两大主要问题

### 一、农村集体土地征收补偿标准低，集体和农民利益受损

从表 5-2 可知，1954~1981 年间的农村土地征收补偿极低，甚至可以说基本没补偿。与此同时，国有土地实行行政划拨

和无偿使用，国家（即政府）虽然没有直接从土地征收中获益（即收取地租），但却以企业上缴利润的形式，将土地收益（地租）收回。由于当时土地没有市场价格，人们无法比较农村（集体）土地转为城镇国有土地过程中的收益分配。

自1982年开始，国家对征收农村集体土地给予补偿，补偿标准依据被征土地原用途年产值倍数计算。随着国有建设用地有偿使用范围的不断扩大，农村集体土地征收补偿偏低的问题逐步显露出来。农村集体土地征收补偿标准处于什么水平合理？仅凭绝对补偿标准难以做出科学判断。判断征地补偿标准高低，可以采用两种方法。一是将征地前、后农民从被征土地上所取得的收入进行对比。二是将政府取得的土地收益与集体和农民得到的征地补偿进行对比[①]。

（一）与农民从土地上取得的收入相比，集体和农民得到的征地补偿低

根据我国农村和城市郊区农业生产结构特征，南方农作物主要为早稻和晚稻，北方主要为小麦和玉米，大中城市郊区主要以蔬菜为主。从表5-5可以看出，2001~2003年，南方早稻和晚稻每公顷平均年产值为1.23万元，北方小麦和玉米每公顷平均年产值为1.04万元，大中城市郊区蔬菜每公顷平均年产值为3.89万元。按照征用补偿最高标准（30倍），南方每公顷耕地的征地补偿总额为36.9万元，北方每公顷耕地的征地补偿总额为31.2万元，大中城市郊区每公顷耕地的征地补偿总额为116.7万元。2004年全国农村居民人均生活消费支出2 185元，

---

① 国有土地实行有偿使用后，政府直接收取土地出让金和相关税费。因此，我们可以估算出农村集体土地在征收为国有后，其增值收益在国家与集体和农民间的分配比例。

按最高标准补偿，南方地区集体和农民所得到的征地补偿（人均耕地按0.14公顷计算，下同）仅够农民23年生活费用，北方地区的征地补偿还不够20年生活费用。

表5-5　　　　　　　主要农作物年产值　　　　　单位：万元/公顷

| 年　份 | 早稻和晚稻 | 小麦和玉米 | 大中城市郊区蔬菜 |
|---|---|---|---|
| 2001年 | 1.20 | 1.03 | 4.00 |
| 2002年 | 1.14 | 1.01 | 3.70 |
| 2003年 | 1.35 | 1.08 | 3.98 |
| 3年平均 | 1.23 | 1.04 | 3.89 |

资料来源：《全国农产品成本收益资料汇编》（2005）（中国统计出版社2005年版）。

对于前面的推算和结论，有人可能举出两点反驳理由。一是土地并不是农户收入的惟一来源，农户工资性收入在不断增长。二是年均产值包含生产费用，扣除生产费用后，农民从土地上取得的纯收入要低于产值。这里，我们改用土地纯收益，看征地补偿是高了还是低了？根据国家统计局统计数据，2005年农户从耕地（即种植业）中获取的纯收入为1 098元，农户人均耕地面积为0.14公顷，即每公顷耕地纯收入为7 842元。以预期寿命70岁计算，农民一生从1公顷耕地中获得的纯收入为54.89万元，是现在最高征地补偿总额的1.5~1.8倍，这还没考虑农产品价格上涨因素和土地增值、保值因素（即70年后土地还可用于农业生产）。所以，我国目前的征地补偿严重偏低。根据前面计算，只有在现有最高补偿标准30倍基础上，南方地区再提高50%（即45倍），北方地区再提高80%（即54倍），才能保持农民征地前后收入水平基本持平。这里要特别强调的是，最高补偿标准与集体和农民实际得到的征地补偿不同。最高补偿标准是一种最高限额，在实际征地过程中，集体和农民实际得到的征地补偿额，远低于按最高补偿标准计算的补偿额。

（二）与政府取得的土地收益比，集体和农民得到的征地补偿低

1995年，全国每公顷土地出让金收入为77.2万元，其中每公顷征地补偿费（土地补偿费、安置补偿费、青苗及附着物补偿等）18.9万元（按1987年标准补偿）、每公顷开发费11.1万元、每公顷出让金纯收入40.4万元、每公顷其他税费收入6.8万元。扣除开发费用后每公顷土地收益66.1万元，其中政府收入（出让金纯收入与其他税费之和）占71.4%，集体和农民个人收入占28.6%，政府与集体和农民的土地收益比为2.5:1。如果剔除青苗及附着物补偿，集体和农民的土地权属收益会更低一点。

到2005年，每公顷土地出让金收入为355.3万元、出让金纯收益为131.9万元。与1995年相比，每公顷土地出让金和出让金纯收益分别增长了3.6倍和2.3倍，而征地补偿标准最高限额却仅提高1.5倍（由20倍提高到30倍）。我们假设2005年每公顷土地的征地补偿为1995年的1.5倍（即28.4万元），再假设其他税费不变，则2005年每公顷土地纯收益为167.1万元，其中政府收入（出让金纯收益与税费之和）138.7万元，占83%；集体和农民收入28.4万元，占17%，政府与集体和农民个人的收益比为4.8:1。如果换一种计算方法，集体和农民所得与政府收益的差距更大。假设土地开发费用与土地出让金同比例（4.6倍）增长，2005年每公顷土地开发费用应为51.1万元。于是，政府、集体和农民从每公顷土地中获得的纯收益为304.2万元，其中集体和农民的征地补偿为28.4万元，政府的土地出让纯收益（出让金纯收益与税费之和）为275.8万元，政府与集体和农民的收益比为9.7:1。中央政府于1999年提高了征地

补偿标准，集体和农民的土地权属所得绝对数有所增加，但与政府取得的土地收益相比，集体和农民的土地权属所得反而下降了，这是近十年征地纠纷不断增加的根本原因。

本书附录2提供了一个真实案例，该案例详细分析了浙江省RA市农村集体土地征收——出让过程中土地增值收益分配去向。案例结论表明，不同用途的农村集体土地转为国有建设用地后，政府与农民集体间的增值收益分配相差悬殊。在该市一类地区，征用农民集体水田、旱地用于商业开发，政府所得是农民集体所得（征地补偿费，下同）的48.5倍；征用农民集体建设用地用于商业开发，政府所得是农民集体所得的98倍；征用农民集体的未利用土地用于商业开发，政府所得是农民集体所得的196.9倍。不同用途的农村集体土地，其征地补偿不同，但转为同样用途的国有建设用地后，土地出让价格却完全相同。一般来说，耕地的征地补偿高于其他农业用地，农业用地的征地补偿高于农村集体建设用地和未利用土地。对不同用途的农村集体土地给予不同征地补偿，看起来合理，实质是损害了农民集体土地所有权。这种做法注意到了耕地等农业用地对农民和国家的重要性，却忽视了集体建设用地和未利用土地同样是农民集体的重要财产。

### 二、公共利益界定不明确，土地征收权被滥用

（一）1950~1981年，政府征收农村土地主要用于公共目的和公共利益

从表5-1可知，1950~1981年，国家征收农村土地主要用于经济建设和公共公益事业。毫无疑问，诸如文化、教育、卫生、国防、水利、道路等公共公益事业，都属公共利益范畴。期间，用于经济建设的征地，是否也属公共利益范畴呢？回答是肯

定的,这与我国当时的企业利税制度有关。1950~1981年,我国国民经济主要由全民所有制和集体所有制构成,全民所有制企业利润全部上缴国家,形成国家利益[①]。因此,政府为全民所有制单位征收土地,也是为了公共利益。

(二) 1981年以后,特别是20世纪90年代中期以来,政府征收土地不再完全用于公共利益

1981年以后,国有企业的"利改税"、承包制改革和股份制改革,改变了原来单一的所有制结构和分配方式。一方面,利税制度改革后,国有企业只需向国家缴纳各类税收,很大一部分利润被留在企业。另一方面,政府向非国有企业或国有企业出让土地,用于发展工商业,由此形成的利益也被留在企业。在这种情况下,政府征收农村集体土地用于发展工商业,不再是纯粹的公共目的,而是一种商业行为。1987年以来的《土地管理法》,只是笼统地规定国家征收土地是为了公共利益,却并没有明确哪些用途属于公共利益。由于公共利益界限不清,各地政府都以公共利益为名,强行征收农村集体经济组织土地。似乎只有集体经济组织和农民用地不属于公共利益,其他任何用地都可视为为了公共利益,国家的土地征收权被各级政府滥用。

---

① 企业用于扩大再生产的资金,也由政府拨付。

# 第六章

# 1950年以来的农村（集体）建设用地制度

## 第一节

## 农村（集体）建设用地的概念与分类

我国土地分为三大类，即农业用地、建设用地和未利用土地。建设用地是指建造建筑物、构筑物的土地，包括城乡住宅和公共设施用地、工矿用地、交通水利设施用地、旅游用地、军事设施用地等。建设用地还可以根据所有权的不同，细分为农村集体建设用地和国有建设用地。所谓农村集体建设用地，是指农村集体经济组织或个人（一般为本集体组织成员）为兴办乡镇企业、乡镇公用设施和公益事业以及村民建住宅等，经依法批准，所使用的属本集体经济组织的土地，是经依法审批后由农用地转变而来[①]。农村集体建设用地分为三大类：农村居民宅基地（专指生活用房）、乡镇企业用地和公共公益事业建设用地。

---

① 晏坤、艾南山：《当前我国农村集体建设用地存在的问题及对策》，《国土经济》2003年第7期。

## 第二节
## 不同历史时期的农村（集体）建设用地制度

**一、1950~1957年：维持农村建设用地原有的占有和使用关系不变**

1950年的《中华人民共和国土地改革法》对如何处理农村建设用地，有以下详细规定：地主兼营的工商业及其直接用于经营工商业的土地和财产，不得没收；祠堂、庙宇、寺院、教堂及其他公共建筑，均不得破坏；为维持农村修桥、补路、茶亭、义渡等公益事业所必需的小量土地，得按原有习惯予以保留，不得分配；地主在农村中多余的房屋，应当分配给农民使用，不给农民使用者，由当地人民政府管理，充作公用；铁路、公路、河道两旁的护路、护堤土地及飞机场、海港、要塞等占用的土地，不得分配。也就是说，在20世纪50年代土地改革时期，对农村小量的工商业用地和公共公益事业用地，政府并不没收或征收，仍然维持原来的占有和使用关系。1956年6月全国人民代表大会通过的《高级农业生产合作社示范章程》规定：社员原有的坟地和房屋地基（即宅基地）不必入社（即不收归高级社集体所有）；入社社员新修房屋所需地基，由合作社统筹解决。

**二、1958~1981年：农村建设用地归集体所有，免费使用**

从农村人民公社（即1958年）开始，农村建设用地收归集体所有①。比如，1958年河南省《七里营人民公社章程草案》规定：社员原有的坟地、场院、庄户地，不论面积大小，一律无代价收归公社所有。1962年的《农村人民公社工作条例修正草案》（即通常所说的"农村人民公社六十条"）明确规定：生产队范围内的所有土地，包括社员的自留地、自留山、宅基地等，都归生产队所有，并一律不准出租和买卖；任何单位或个人占用生产队土地，必须经县级以上政府审查和批准。社员的房屋（著者注，不包括宅基地）永远归社员所有，社员有卖买或租赁房屋的权利；因建设需要征用社员房屋，应当给予补偿，并对迁移户作妥善安置；国家和人民公社各级组织要鼓励并帮助社员修建住宅。与此同时，该条例还规定，公社、大队和生产队均应负责其应当承担的公共公益事业。从1962年起，农村建设用地，无论是此前的存量私人建设用地，还是此后的新增建设用地，其所有权形态均转变为集体所有。在1958～1981年期间，由于农村经济发展水平低下，社队企业、农民建房和公共公益事业等用地需求量不大，集体建设用地实行免费使用。集体建设用地免费使用，不同于国有建设用地的无偿行政划拨。集体建设用地免费使用，是指集体建设用地使用者，既不向集体（土地所有者）支付土地使用费，也不向集体支付土地补偿费和劳力安置费②。在国有建设用地无偿行政划拨制度下，国有建设用地单位虽然无需向政府支付土地使用费（即地租），但却需要向原土地所有权单位（集体），支付土地补偿费和劳力安置费。

---

① 从全国看，直到1962年才将社员宅基地收归集体所有。
② 需要支付地上附着物的补偿费用。

## 三、1982~1986年：强化用地规划、用地审批与面积控制，并试行补偿制

（一）中央政府依靠行政措施，强化集体用地规划、用地审批与面积控制

1982~1986年，中央政府对于集体建设用地管理，主要强调用地规划、用地审批和用地面积控制等三个方面。国务院颁布的《村镇建房用地管理条例》（1982年），针对农民建房、社队企业和事业单位建设用地问题，要求各地做好村镇建设用地规划，严格遵循用地审批程序，控制建设用地面积。（1）公社负责制订集镇用地规划，报县级政府批准；生产大队负责制订村庄用地规划，报公社批准。（2）县政府根据省级用地限额，制订宅基地面积标准，村镇内其他公共建筑、公用设施、道路面积标准，由省级政府制订。（3）审批村镇建房用地以村镇规划和用地标准为依据。（4）农民建房所需宅基地，需经公社或县级人民政府审批。农民建房（包括回乡落户的离退休职工、军人和回乡定居的华侨）应向生产队申请，经生产大队审核同意，并报公社批准；需要占用耕地、园地的，须报县级人民政府批准；批准后，由批准机关向农民发放宅基地使用证明；出卖、出租房屋的，不得再申请宅基地；社员迁居并拆除房屋后腾出的宅基地，由生产队收回，统一安排使用。（5）农村社队企业、事业建设用地需报县级以上政府批准。（6）对兴办砖瓦厂的用地申请应严格审批。一般不得占用耕地，占用耕地的，需要有恢复措施。（7）农村专业户和集镇非农业个体经营户的生产和商业性房屋建设用地办法，由省级人民政府制定。（8）对农村旧村改造或新村建设中腾出的耕地，免征3~7年的农业税。

(二）地方政府推行制度创新，试行集体建设用地使用补偿制度

在中央政府强化集体建设用地管理的同时，一些地方借鉴国有建设用地单位向集体支付补偿的办法，试行集体用地单位或农民个人使用集体建设用地，也必须给予补偿。

山东省于1982年出台如下规定：农民建房以及村内公共设施建设用地，不支付补偿费用；社队企业用地、农村专业户和集镇非农个体户的经营性用房占地，需要支付土地补偿费。

与山东省不同，山西省规定，农民建房用地也要支付补偿费用。山西省1984年出台如下规定：农民建房占用耕地，按照所占土地年产值的4倍，向农业合作社（即土地所有者）缴纳一次性宅基地使用费；农民建房占用旧宅基地、村内空闲地和非耕地，按照全村耕地前3年平均年产值2倍，一次性支付宅基地使用费；农民所占房屋为楼房者，免缴宅基地使用费；乡镇企业（即社队企业）及其他合作企业，占用集体土地，需要支付土地补偿费，但不需支付安置补助费；村、镇规划区内，为本村（镇）居民服务的教育、卫生、文化及其他公共建设用地，不需要缴纳土地使用费（补偿费）。

河北省规定：农村社员、回原籍落户的离退职工和军人、回乡定居的华侨，可免费使用集体土地建房；到他地落户的离退休职工和军人，建房占用土地，应向生产队缴纳占地补偿费，补偿标准按年产值的2~4倍计算；社队企业、事业单位建设占用生产队的耕地，必须给予补偿①；社队企业、事业单位占用荒山、荒坡、河滩、坑塘等没有收益的土地，不需要支付补

---

① 公社企业、事业单位占用耕地，补偿按年产值的5倍计算；大队企业、事业单位占用耕地，按年产值的3倍计算。

偿。

## 四、1987~1998年：对部分集体建设用地实行补偿制度或有偿使用制度

（一）集体建设用地补偿制度与有偿使用制度

要区分这两个概念，还得先从国有建设用地有偿使用制度入手。在国有建设用地有偿使用制度下，用地单位不仅需要向原土地所有者支付土地补偿费、安置补助费和附着物补偿等费用，还需要向国家（土地所有者）支付土地使用费（即地租）。依此类推，集体建设用地补偿制度，是指用地单位或个人在使用集体建设用地时，必须向集体缴纳相关补偿费用。集体建设用地有偿使用制度，是指用地单位或个人在使用集体建设用地时，不仅需要向集体缴纳相关补偿费用，还需要向集体支付土地使用费（即地租）。因此，集体经济组织通过有偿使用取得的收入，应当多于通过补偿制度安排取得的收入。

（二）国家有关集体建设用地补偿规定

自1987年起，原《村镇建房用地管理条例》和原《国家建设征用土地条例》，被《中华人民共和国土地管理法》（以下简称《土地管理法》）（1987年1月1日施行）取代。在乡村建设用地方面，除继续强调原《村镇建房用地管理条例》有关集体建设用地规划、用地审批和面积控制等条款外，《土地管理法》规定了使用集体建设用地支付补偿的两种情形。一是乡（镇）办企业建设使用村农民集体土地，应当给被用地单位以适当补偿，并妥善安置农民的生产和生活。二是城镇非农业户口居民建住宅使用集体土地，需要参照国家建设征收土地的标准，支付补偿费和安置补助费。这两项规定，既弥补了原《村镇建房用地管理条例》的缺陷，也充分肯定了地方政府在农村集体建设用

地使用制度上的创新。至于村办企业、乡村公共公益事业建设和集体组织内部农民建房使用集体土地，是否需要支付相应补偿，该法未置可否。

（三）农村宅基地补偿或有偿使用制度

一方面，自20世纪80年代中期起，农村出现"建房热"，农民建房占用大量农业用地。另一方面，一些地方村级集体经济财力薄弱，地方政府财政困难。为解决上述问题，一些地方试行农村宅基地使用补偿制度，或者探索建立农村宅基地有偿使用制度。从本书附录3和附录4，我们可以比较这两项制度的相同点和不同点。相同点是农民建房使用集体土地，都需要支付一定费用。不同点表现为以下四个方面：第一，范围不同。宅基地使用补偿费只针对部分单位或个人收取，而宅基地有偿使用费则针对所有建房单位或个人收取。第二，征收标准不同。宅基地使用补偿费按年产值倍数法计收，宅基地有偿使用费根据政府制定的单位面积收费标准计收。第三，征收方式不同。宅基地使用补偿费是一次性收取，宅基地有偿使用费每年都要征收。第四，分配和使用方式不同。宅基地使用补偿费归土地所有者；宅基地有偿使用费归村级管理，并且县、乡还要按比例提取一部分。国务院于1990年发出《关于加强农村宅基地管理工作的通知》，要求各地要建立严格的申请、审核、批准和验收制度，并尝试进行农村宅基地有偿使用试点，对农村宅基地有偿使用费实行"取之于户，用之于村"的原则。这个原则存在一个突出问题，将应当归土地所有者（村民小组）所有的有偿使用费，错划为归行政村所有。

有意思的是，到1993年，农村宅基地有偿使用费和农村宅基地超占费，被作为农民不合理负担项目予以取消。取消这两项费用，意味着农村宅基地有偿使用制度的自动消亡。农村宅基地有偿使用制度没能得到农民认可，有两大原因：一是当时农民负担确实太重，农民的经济实力承担不起。二是农村宅基地有偿使用费并没有归真正的土地所有者占有。从各地出台的政策看，农村宅基地有偿使用收入，基本归行政村一级所有并支配。村民小组作为农村宅基地的真正所有者，收益权被剥夺。因此，农村宅基地有偿使用费和超占费，被视为农民负担予以取消，是合情合理的。

### 五、1999年至今：禁止农村集体土地出让、转让或出租用于非农业建设

从1999年起，农村集体建设用地制度出现重大调整，表现为三个方面：一是将农村集体建设用地纳入土地利用年度计划管理。二是除兴办乡镇企业、农民建房和乡村公共公益事业用地外，其他任何单位和个人，必须使用国有建设用地，农民集体所有的土地使用权，不得出让、转让或出租用于非农业建设。这一规定，确立了国家对建设用地市场的垄断地位，农村集体土地不能进入城镇建设用地一级市场，农民无法分享城镇化带来的土地增值收益。根据市场经济的价值取向，出台这项规定，实质上是一种倒退。此前的《土地管理法》规定，城镇非农业户口居民可以使用农村集体土地建住宅，并参照国家征地补偿标准给予补偿，按新规定，城镇非农业户口居民不能使用农村集体土地建住宅。三是赋予农村集体经济组织，收回原土地使用权的权利。农村集体经济组织为了乡村公共公益事业建设，或者土地使用人不按原用途使用土地，或者土地使用单位因撤销、迁移等原因停止使用土地，农村集体经济组织有权收回土地使用权。

## 第三节
## 农村集体建设用地使用权流转

**一、农村集体建设用地使用权流转地下市场**

所谓农村集体建设用地使用权流转，是指农村集体建设用地使用权发生转移的行为，包括农村集体建设用地使用权出让、出租、转让、转租和抵押等。尽管自1999年起国家严格禁止农村集体建设用地使用权流转，但私下流转集体建设用地使用权的现象却时有发生。以安徽省芜湖市为例①，1997～1999年，该市共发生集体土地非法转让1 234宗，面积102公顷。1999年，浙江省某镇有245宗集体土地使用权转让，只有25宗有合法手续，其他的都是私下流转。集体建设用地使用权私下流转，会引发两方面问题：一是引发"寻租"行为，损害集体或农民利益。比如，某集体或者私营企业，将其建设用地私下转让或出租给其他单位或个人使用，所获收益全归企业，而拥有该建设用地的集体经济组织和农民个人却无法分享流转收益。又比如，某农村居民在获得新批宅基地，或者转为城镇户口后迁往城镇，将其旧宅基地有偿转让给其他农户使用，这笔转让费全归转出农户，作为土地所有者的集体经济组织无法分享这部分收益。二是容易产生纠纷，并导致社会不稳定。集体建设用地使用权私下流转，不受法律保护。在流转期限内，任何一方都可能以自身利益最大化为目标，随意撕毁原来的流转合同，因而引发纠纷。比如，出让方认

---

① 《芜湖地改》，《决策咨询》2003年第10期。

为原来出让价格太低,要求提高出让价格;受让方找各种借口或理由,不缴或少缴出让金等。由于私下流转合同,不受法律保护,解决纠纷的途径只能依靠双方协商、调解或者违法手段。集体建设用地使用权私下流转,增加了流转双方的风险。北京通州宋庄镇的"画家村宅基地纠纷"是一个很有代表性的案例,这个案例反映了农村集体建设用地(宅基地)私下流转的危害性。

**案例13[①]:北京市宋庄镇"画家村"宅基地买卖纠纷**

从1993年开始,陆续有不少艺术家到北京市通州区宋庄镇从事艺术创作。宋庄镇抓住这个机会,计划将宋庄建成一个文化艺术产业基地。在1993~2007年期间,到宋庄镇从事艺术创作的艺术家,由原来的9人增加为1500多人;宋庄镇的画家村,也由最初的1个发展到20个。2005年宋庄镇还与文化部联合举办了中国·宋庄文化艺术节,参加艺术节的来宾超过10万人次;2006年宋庄镇被北京市确定为10大文化创意产业集聚区。这么多的艺术家来到宋庄镇,寻找住所是他们面临的首要问题。他们有两种选择:一是租房或者住宾馆;二是买房。于是,不少艺术家购买了周围农民的房子。根据法律规定,农民只拥有房子所有权,建房子占用的宅基地仍然属集体所有。与此同时,法律还规定,集体所有的土地(当然包括农民建房用的宅基地)不能出让、转让或出租用于非农业建设;农村实行一户一宅政策。也就是说,艺术家与农民的房屋买卖合同,只有房子买卖是合法的,有关宅基地的买卖是非法的,不受法律保护,这种交易存在很大风险。河北省邯郸籍画家李某,在购买农民马某的住房后,就遇到马某毁约问题。2002年李某以4.5万元购买了马某的房屋及院落,这个价格在当时、当地也属高价了。到2006年底,马某反悔,要求撤销原合同,并向法院提起诉讼。2007年宋庄法庭判决此项买卖协议无效,判决李某在90天内为马某腾出房子,马某向李某支付房屋装修费用等补偿款9万多

---

[①] 本案例材料系根据中国宋庄网(www.chinasongzhuang.cn)与中国新闻网(www.chinanews.com)资料整理,著者本人没有做过实地调查。

元。李某不服，向二审法庭提起上诉。二审法庭终审判决房屋买卖无效，判决李某将房子退还给马某，马某向李某支付9万多元补偿款。至于李某要求原房主赔偿更多损失补偿，法院建议李某另行起诉。出卖房屋的农民反悔，主要出于经济考虑。随着土地资产的升值，原来出卖房屋的现值、拆迁补偿价格或者租金，已远高于最初的房屋出卖价格。据统计，目前住在宋庄镇的3 000多名艺术家中，有300多人在当地购买了农民宅基地及房屋，其中已有12名艺术家被起诉，涉及宋庄镇4村的9起农民住房。

## 二、农村集体建设用地使用权流转试点

自1995年以来，福建、安徽、浙江和江苏等省的个别市（县），先后开展农村集体建设用地使用权流转试点。1999年底，国土资源部批准在安徽省芜湖市开展农村集体建设用地使用权流转试点，试点中进行流转的集体建设用地，既包括存量建设用地，也包括由农用地转化而来的增量建设用地。关于土地流转收益与增值收益的分配，在试点前两年，市、县、乡镇和集体经济组织按1∶2∶5∶2的比例分配；两年后，县、乡镇和集体经济组织按1∶4∶5的比例分配。广东省于2005年正式出台《集体建设用地使用权流转管理办法》。

围绕农村集体建设用地使用权流转问题，学术界存在两种观点。一种观点认为，允许集体建设用地使用权流转，会引起农民利益受损、建设用地失控和加大征收集体土地的难度。现有征地过程中农民利益受侵害问题，可通过按市场价进行补偿和完善征地制度来解决，不一定要采用农村集体建设用地使用权流转的办法。另一种观点认为，应当修改《土地管理法》，强调集体土地所有权与国家土地所有权平等，建立城乡统一土地市场；规范政府征地行为，明确只有在进行公益事业建设时，政府才动用征地权，并由国家进行补偿。

## 三、农村集体建设用地使用权流转的必然性

（一）我国土地资源特别是耕地资源紧缺，建设用地指标紧张

我国是个典型的人多地少国家，人均农用地资源不足0.53公顷，人均耕地资源仅0.1公顷。一方面，为确保农产品有效供给，我国实行严格的耕地保护制度，严格控制建设用地。另一方面，我国正处于高速工业化和城镇化发展时期，建设用地需求不断增长，建设用地供求矛盾紧张。在1995～2002年的7年里，国务院和省级政府共受理申报用地152.75万公顷，实际批准123.6万公顷，获准率为80.9%；1998～2002年，国务院和省级政府共受理申报用地112.86万公顷，实际批准84.14万公顷，获准率为74.5%（见表6-1）。由于国家严格控制建设用地指标，建设用地需求得不到充分满足。

表6-1　1995～2002年各地向国务院和省级政府申报用地指标获批准情况　　　单位：万公顷,%

| 年份 | 国务院和省级政府受理申报用地 | | | 国务院和省级政府批准申报用地 | | | 申报用地获准率 | | |
| --- | --- | --- | --- | --- | --- | --- | --- | --- | --- |
| | 总计 | 农地转用 | 耕地转用 | 总计 | 农地转用 | 耕地转用 | 总计 | 农地转用 | 耕地转用 |
| 1995 | 21.50 | — | 10.81 | 21.22 | — | 10.67 | 98.7 | — | 98.7 |
| 1996 | 18.38 | — | 9.69 | 18.25 | — | 9.61 | 99.3 | — | 99.2 |
| 1998 | 33.44 | — | 16.90 | 28.23 | — | 15.72 | 84.4 | — | 93.0 |
| 1999 | 10.25 | 7.60 | 5.52 | 8.26 | 6.03 | 4.24 | 80.6 | 79.3 | 76.8 |
| 2000 | 24.59 | 11.96 | 9.05 | 12.59 | 9.36 | 7.11 | 51.2 | 78.3 | 78.6 |
| 2001 | 20.42 | 13.89 | 12.50 | 16.70 | 11.02 | 8.41 | 81.8 | 79.3 | 80.1 |
| 2002 | 24.17 | 18.25 | 13.48 | 18.35 | 13.79 | 10.23 | 75.9 | 75.6 | 75.9 |
| 1995～2002 | 152.75 | 51.69 | 75.95 | 123.6 | 40.2 | 65.99 | 80.9 | 77.8 | 86.9 |
| 1998～2002 | 112.87 | 51.69 | 55.45 | 84.13 | 40.2 | 45.71 | 74.5 | 77.8 | 82.4 |

资料来源：历年《中国国土资源年鉴》和《中国土地年鉴》。

（二）我国农村集体建设用地存量丰富，土地利用粗放

一方面，20 世纪 80 年代中期，受大力发展乡镇企业、农民建房[①]、农村中小学达标和乡村道路建设等因素驱动，农村集体建设用地数量不断增加。据统计，1983～1996 年全国乡村集体建设和农民建房占用耕地达 145.4 万公顷，与同期国家基建占用耕地面积持平（见表 6－2）。据估计，我国农村集体建设用地总量约为 1 800 万公顷，是城市国有建设用地的 5 倍[②]，其中农村居民点用地 1 667 万公顷、农村独立工矿区用地和乡镇企业用地 133.3 万公顷[③]。另一方面，20 世纪 90 年代中期以来，受乡镇、行政村和中小学撤并等因素影响，许多存量集体建设用地因其使用权不能合法流转，处于闲置状态。

表 6－2　　1983～1996 年国家基建、乡村集体和农民建房占用耕地面积　　单位：万公顷

| 年　份 | 国家基建占用 | 乡村集体占用 | 农民建房占用 |
|---|---|---|---|
| 1983 | 7.12 | 8.65 | — |
| 1984 | 9.96 | 15.37 | — |
| 1985 | 13.43 | 9.23 | 9.70 |
| 1986 | 10.96 | 5.85 | 8.45 |
| 1987 | 10.46 | 5.20 | 5.75 |
| 1988 | 8.78 | 3.74 | 3.76 |
| 1989 | 7.01 | 3.46 | 2.74 |
| 1990 | 6.63 | 3.03 | 3.67 |
| 1991 | 7.19 | 3.34 | 2.05 |

---

① 陈利根、卢吉勇：《农村集体非农建设用地为什么会发生流转》，《南京农业大学学报》（社会科学版）2002 年第 2 期。
② 见秦虹等：《集体建设用地流转与城乡规划》，《城乡规划》2004 年第 9 期。
③ 李元：《保护农民的土地财产权》，《中国土地》2001 年第 3 期。

续表

| 年 份 | 国家基建占用 | 乡村集体占用 | 农民建房占用 |
|---|---|---|---|
| 1992 | 13.17 | 6.41 | 2.39 |
| 1993 | 16.10 | 8.60 | 2.41 |
| 1994 | 13.30 | 8.00 | 3.30 |
| 1995 | 11.20 | 8.50 | 3.19 |
| 1996 | 10.53 | 5.57 | 3.04 |
| 合计 | 145.84 | 94.95 | 50.45 |
| 年均 | 10.42 | 6.78 | 4.2 |

资料来源：《中国农业发展报告》（2000），中国农业出版社 2000 年版，第 107 页。

1. 乡镇、行政村与中小学撤并，产生大量闲置集体建设用地。从表 6-3 可知，1990 年到 2005 年，全国乡镇减少 2 万多个，村委会减少 10 万多个，农村初中减少 2 万多所，农村小学减少 38 万多所。乡镇、行政村和中小学撤并，腾出大量集体建设用地。以江苏省湘城区 A 镇小学撤并为例①，1994 年该镇有镇办中心小学 1 所，学校占地 1.29 公顷，学生人均占地 18.8 平方米；村办小学 12 所，校均占地 0.19 公顷，学生人均占地 28 平方米，比中心小学人均多占 10 平方米。到 2000 年，全镇有镇中心小学 1 所，学校占地 1.56 公顷，学生人均占地 15.3 平方米；村办小学 7 所，校均占地 0.45 公顷，学生人均占地 24.7 平方米。2000 年，镇办中心小学和村办小学学生人数，分别为 1 021 人和 1 282 人；按未撤并前标准计算，2000 年镇中心小学节约用地 0.36 公顷 [1 021 × (18.8 - 15.3) = 3 573.5 平方米，即 0.36 公顷]，村办小学节约用地 0.42 公顷 [1 282 × (28 -

---

① 廖洪乐：《A 镇为办好农村教育，实行小学撤并与重组》，《中国乡镇财政与公共管理研究》，中国财政经济出版社 2004 年版。

24.7) = 4 230.6 平方米, 即 0.42 公顷], 镇村两级小学撤并共腾出 0.78 公顷集体建设用地。再来分析全国的总体情况, 1990 年每个村都拥有 1 所小学, 到 2005 年 2 个村才拥有 1 所小学。以每所小学占地 0.27 公顷计算, 减少 38 万所小学, 可腾出 10.3 万公顷农村集体建设用地, 相当于 1983~1996 年间国家基建年均占用耕地面积。按江苏 A 镇标准, 以每所小学占地 0.19 公顷计算, 减少 38 万所小学, 可腾出 7.22 万公顷农村集体建设用地, 相当于全国一年集体建设占用耕地面积。由于法律禁止集体建设用地使用权流转, 腾出的这些集体建设用地难以得到有效利用。

表 6-3　　1990 年和 2005 年全国农村中小学、乡镇和村委会数量对比　　　单位: 所, 个

| 年份 | 农村初中（所） | 农村小学（所） | 乡镇（个） | 村委会（个） | 乡（镇）均拥有初中（所/乡镇） | 村均拥有小学（所/村） |
|---|---|---|---|---|---|---|
| 1990 | 57 321 | 697 288 | 55 800 | 746 400 | 1.03 | 0.93 |
| 2005 | 36 405 | 316 791 | 35 500 | 640 100 | 1.03 | 0.49 |

资料来源: 各年《中国统计年鉴》。

2. 农民多占多用宅基地, 宅基地利用率低。一方面, 农村宅基地审批管理混乱, 尽管各地都制定了宅基地面积标准, 但有经济实力的农村居民超标占地现象严重。目前, 全国农村居民点占地 1 667 万公顷, 以乡村户数 2.5 亿户和乡村人口 8 亿计算, 农村人均居民点占地为 208 平方米, 户均占地为 666.7 平方米①。据广东省 N 市 N 区国土资源局统计, 1999 年全区 40 多万宗农村宅基地中, 有 10 多万宗手续不全, 占总宗数的 25% 左右; 到

---

① 农村居民点占地不同于宅基地, 它还包括房屋周围的空隙地、公共建筑设施与公用事业占地等。

2006年全区农村居民点占地11 266.7公顷，全区总户数为355 903户，户均占地316平方米。N区X镇C村，农户一般都有两套房子，即旧房和新房，以每套住房占地80平方米为标准，全村共89户，新旧住房占地1.42公顷；N区L镇"二证不全"的私人住宅共9 601户，占地面积约86.7公顷。另一方面，由于宅基地使用权不能合法流转，那些长期定居于城镇的打工农民，其在乡村的房屋和宅基地不能流转，无法变现，只能长期闲置。为提高农村居民点集体建设用地利用率，一些条件成熟的地区，已开始进行村庄整治。广东省N市N区G街道X村原农村居民点占地约72公顷，通过旧村改造后仅占地45.3公顷，腾出26.7公顷土地转为工商业用地。

（三）集体建设用地使用权流转，有利于土地的规模化与集约化利用

在工业化初期，土地资源丰富，土地利用成本低，农村集体经济组织和企业往往以粗放经营方式利用土地。随着工业化程度的不断提高，可用地资源减少，土地价格上涨很快，农村集体经济组织开始关注土地资源的规模化和集约化利用。要实现这个目标，需要一个前提条件，即打破原集体经济组织界限，对原有存量建设用地和增量建设用地进行重新配置。这里，我们提供2个案例。这2个案例表明，通过对不同集体经济组织集体建设用地的重新配置，可以取得明显规模效益。

**案例14：广东省某村跨村民小组整合土地资源**

广东省N市联星村下辖11个村民小组，经过20多年开发，联星村只剩下40公顷零碎土地分布在各村民小组。面对土地存量不足和土地分散的情况，联星村通过整合村民小组零碎土地和改造到期旧物业，进行集约经营，引入大型项目，以提高土地价值。具体做法是：先由村委会向村民小

组租地,再由村委会转租给开发商,在这一过程中,村委会不赚取村民小组任何差价,也不提留村民小组的土地,只收取开发商少量的卫生清洁费。采用这种方式,联星村实施了2处土地整合。一是整合了3个村民小组的2.2公顷土地,建设一个新型综合市场。二是对水部等4个村民小组的17.3公顷土地进行整合,建设大型专业市场。这17.3公顷土地原为菜地,自己种菜每公顷年收入约为15万元;租给别人种菜,每公顷年租金不到3万元。经过整合进行工商业开发后,每公顷土地年租金达42万元,土地收益成倍增长。以水部村民小组为例,通过整合,其5.8公顷土地的年租金达240万多元,按全组现有股份计算,每股可新增5 000元收益,加上原来分红,2006年人均每股分红可达1万元以上。

**案例15:广东省某村各村民小组以土地入股,进行联合开发**

20世纪90年代初,广东省N市L镇某村村委会进行大规模土地开发,由于村委会与村民小组争利,村民意见比较大。从此,村民小组再也不愿意由村委会统一组织开发,这严重妨碍了后来的土地规模开发。为了解决这一问题,该村委会对原来不合理占用村民小组的土地资源进行清理,并给村民小组以补偿。与此同时,还加强对村民小组公共公益事业的支持。村委会的这一做法赢得了民心,于是,村委会以资金入股,各村民小组以土地入股,成立股份集团公司,集中利用各村民小组闲置土地、岗地等进行连片开发,规划建设面积达133.3公顷的工业发展区,实行"统一规划、统一经营、统一招租";村委会以投入的资金进行"五通一平"建设,负责办理土地使用证、规划报建等有关事项,并统一对外招商引资,所得利润由集团公司(村委会)与村民小组实行2∶8分成,并保证每公顷耕地每年收入不低于1.5万元。通过连片开发,使得土地价值上升,开发区内的工业用地每公顷年租金可达12万元,是原农用地租金的10倍。

(四)用地单位和集体经济组织均有流转集体建设用地的积极性

1. 用地单位有使用农村集体建设用地的积极性。与国有建设用地相比，农村集体建设用地成本低。农村集体建设用地成本低，有 2 个原因：一是使用国有建设用地，需要一次性支付 40~70 年的土地出让金，而集体建设用地一般按年收取租金，按年支付租金可以节省成本。二是国有建设用地一级市场由政府垄断，垄断必然导致高价。用地单位使用土地的成本，包括支付给农民土地补偿费、安置补助费、政府收取的各类税费和地租等。无论是使用国有建设用地，还是使用集体建设用地，用地单位都必须支付农民土地补偿费、安置补助费和附着物补助费[①]。因此，国有建设用地与集体建设用地成本差异，主要体现在政府收取的各类税费和地租上。这里，我们以广东省 N 市 N 区为例，比较国有建设用地与集体建设用地成本。根据 N 区 2003 年有关规定[②]，使用新增建设用地，用地单位应缴纳如下两类费用。第一类为向省、市级缴纳的费用[③]，主要包括耕地占用税、耕地开垦费、土地有偿使用费、基本农田易地保护费。按照财政部[④]、广东省[⑤]和 N 区[⑥]的有关规定，N 区每公顷耕地占用税的收取标准为 6 万元，耕地开垦费征收标准为每公顷 41 250~82 500 元，

---

[①] 使用集体土地时，直接支付租金，租金中包含了这些费用。

[②] 见《N 区城镇非农建设用地收费办法》、《N 区城镇非农建设用地收费办法补充通知》。

[③] 不含公告费和省市征地管理费；公告费为每宗 3 000~6 000 元；省市征地管理费按征地补偿总额的 2.1% 的 30% 收取（省级 20%、市级 10%）。

[④] 根据财政部《新增建设用地土地有偿使用费收缴使用管理办法》（1999 年 8 月 4 日）的规定，N 区属 6 类地区，该类地区土地有偿使用费标准为每平方米 28 元。

[⑤] 广东省耕地占用税的税额标准为：以县为单位，按 1986 年末国家统计部门统计的总人口和耕地总面积计算，人均耕地少于 0.033 公顷的，每公顷 8 万元（即每平方米 8 元）；人均耕地 0.033 公顷以上不足 0.047 公顷的，每公顷 6 万元（即每平方米 6 元）；人均耕地 0.047 公顷以上不足 0.067 公顷的，每公顷 5 万元（即每平方米 5 元）；人均耕地 0.067 公顷以上的，每公顷 3 万元（即每平方米 3 元）；农村居民在规定标准内建房，按规定税额减半征收。

[⑥] 工业用地缴费标准为低限，其他用地为高限。

土地有偿使用费征收标准为每平方米28元（相当于每公顷28万元，中央和省级财政按3:7分成），基本农田易地保护费为每公顷18 750~37 500元。因此，1公顷耕地转为建设用地，用地单位需要向省、市缴纳的4项费用合计为40万~46万元。无论是使用集体建设用地，还是使用国有建设用地，均需要缴纳同等数额的第一类费用。第二类为向区级缴纳土地使用有偿收入[①]。N区按照土地区位（等级）和土地用途的不同，对国有建设用地和集体建设用地分别征收不同数额的土地使用有偿收入。土地被划分为8类、5个等级[②]。在商服用地、住宅用地、公共建筑用地、工矿仓储用地等4类用地中，国有建设用地的土地使用有偿收入标准，均高于相应等级的集体建设用地收费标准。以工矿仓储用地为例（见表6-4），在区级以上公路纵深100米范围内的

表6-4　广东省N市N区针对工矿仓储用地征收的土地使用有偿收入标准　　单位：万元/公顷

| 等级类别 | 协议出让方式 | | | | | | 农村集体用地 | | | |
| --- | --- | --- | --- | --- | --- | --- | --- | --- | --- | --- |
| | 区级以上公路纵深100米 | | | 其他地区 | | | 区级以上公路纵深100米 | | 其他地区 | |
| | 耕地 | 非耕地 | 行政划拨补办 | 耕地 | 非耕地 | 行政划拨补办 | 耕地 | 非耕地 | 耕地 | 非耕地 |
| 一 | 127.5 | 120 | 120 | 127.5 | 120 | 120 | 28.5 | 20.25 | 9.75 | 1.5 |
| 二 | 37.5 | 30 | 60 | 18.75 | 11.25 | 11.25 | 28.5 | 20.25 | 9.75 | 1.5 |
| 三 | 31.5 | 24 | 24 | 17.25 | 9 | 9 | 24 | 16.5 | 9.75 | 1.5 |
| 四 | 26.25 | 18.75 | 18.75 | 15 | 7.5 | 7.5 | 21 | 12.75 | 9.75 | 1.5 |
| 五 | 21 | 12.75 | 12.75 | 13.5 | 6 | 6 | 16.5 | 9 | 9.75 | 1.5 |

① N区城镇非农建设用地收费办法补充通知要求：除政府存量用地外的各类土地使用有偿收入，按50%收取。
② 8类即商服用地、住宅用地、公共设施用地、公共建筑用地、工矿仓储用地、交通运输、水利设施和特殊用地；5个等级即1、2、3、4、5等。

一类地区占用耕地与非耕地，使用国有土地的缴费标准，分别是使用农村集体建设用地缴费标准的 4.5 倍和 5.9 倍。区级以上公路纵深 100 米范围内，每公顷国有建设用地成本（不含征地补偿）最高为 173.5 万元，每公顷集体建设用地成本（不含征地补偿）最高为 74.5 万元，前者是后者的 2.3 倍。使用集体建设用地成本，低于国有建设用地成本，为用地单位提供了足够利益空间。

2. 农村集体经济组织有出让、转让或出租土地的积极性。农村集体经济组织出让、转让或出租土地的预期收益，高于国家征地补偿和直接用土地兴办企业的收益。以广东省 N 市 N 区 X 镇 C 村出租土地用于工矿仓储业为例。2006 年国家征用（修水利设施）C 村 3.2 公顷耕地，征地补偿费（土地补偿费和安置补助费两项）为每公顷 37.5 万元，其他税费由征（用）地单位缴纳。从此，集体土地转为国有，集体永久失去土地所有权和收益权。如果 C 村自己办理农用地转用手续，转为集体建设用地，其机会成本为应缴纳的各种税费与土地补偿费（损失）之和。根据 N 区有关规定，农村集体经营工矿仓储业占用耕地，每公顷耕地应向省市缴纳 4 类费用为 40 万～46 万元，向区级缴纳土地使用有偿收入 16.5 万～28.5 万元；两类费用合计支出 56.5 万～74.5 万元。按高限计算，集体农用地转为集体建设用地的成本约为每公顷 75 万元，加上土地补偿费损失 37.5 万元，共计 112.5 万元（机会成本）。C 村有宗 1.07 公顷的土地，出租年限为 30 年，年租金为 5 元/平方米，按年租金 7% 扣除土地使用税，每公顷年纯收益为 4.65 万元。在不计算利息情况下，16 年可以收回集体农用地转为集体建设用地的成本（即各种税费支出），24 年可以收回所有成本与损失（即机会成本），24 年以后的收入为集体出租、出让土地高于国家征地补偿的预期收益。C

村2006年出租的另一宗土地及房屋建筑（占地0.73公顷），年租金为25万元，每公顷年租金高达34.25万元，在扣除20%税收（即土地使用税7%、房产税13%）即6.85万元后，每公顷年纯收益为27.4万元，3年可以收回土地成本，4年可收回土地成本与征地补偿损失[①]。在N区，许多集体经济组织都已经意识到：集体用土地直接兴办企业，或用土地入股与他人合资兴办企业，风险很大，而直接出租、出让土地，收取租金，反而收入稳定可靠。因此，集体经济组织都倾向于直接出让、出租集体土地。N区G镇D村有6个村民小组，1 300户农户，3 800人，2005年经济联社（村级）出租集体土地收入为1 500万元，经济社（组级）出租集体土地收入为2 500万元，村组两级仅出租集体土地收入就达4 000万元，扣除20%税收后（土地使用税为6%~7%，房产税为13%），净收入3 200万元，人年均出租土地净收入达8 421元。

## 第四节
### 农村集体建设用地使用权流转中的利益分配

第五章指出，国家征收农村集体土地的征地补偿低，严重损害集体和农民利益。这里，我们来分析农村集体建设用地使用权流转过程中，政府、集体和农民利益分配是否有了改善？由于缺乏面上数据，我们以前面提到的广东省N市N区X镇C村为例。假设C村将1公顷耕地转为非农用地后出租用于工业，C村应一

---

① 这里，忽略了房屋建筑成本。

次性缴纳各种费用为 56.5 万~74.5 万元;以年租金 5 万元,按工业用地出让 50 年计算,即村集体和农民所得租金毛收入为 250 万元;按 7% 的税率计算,50 年缴纳的土地使用税为 17.5 万元。该村出让工业用地,缴纳各种税费合计为 74 万~92 万元(即政府所得)。扣除各项税费后净收入为 158 万~176 万元,村集体和农民所得与政府所得之比最高为 2.4:1,最低为 1.7:1。根据表 6-5 结果 1,对各类费用与收入进行细分,可得出各级所得收入及比例:中央财政收入为 8.4 万元,省市财政收入为 31.6 万元,区镇财政收入为 34 万元(土地使用有偿收入 16.5 万元、土地使用税 17.5 万元),集体公积金 35.2 万元,集体用于农民社会保障支出的公益金 88 万元,直接分配给农民个人 52.8 万元。国家(或政府)、集体和农民个人土地收益,分别为 74 万元、35.2 万元和 140.8 万元,分配比例为 2.1:1:4;政府与农民集体所得之比为 1:2.4。与国家征收土地相反,集体土地使用权流转过程中,集体和农民利益有了保障,而国家利益被忽视了。因此,需要重新调整农村集体土地使用权流转中的收益分配,基本原则是国家、集体和农民共享土地发展权。

表 6-5 农村集体土地流转中的收益分配比例
(工业用地)

单位:元

| 项 目 | 结果 1 | 结果 2 |
| --- | --- | --- |
| 1. 出租收入 | 2 500 000 | 2 500 000 |
| 2. 一次性缴费(主要费用) | 565 000 | 745 000 |
| (1)耕地占用税 | 60 000 | 60 000 |
| (2)耕地开垦费 | 41 250 | 82 500 |
| (3)土地有偿使用费(中央与地方按 3:7 分成) | 280 000 | 280 000 |
| (4)农田易地保护费 | 18 750 | 37 500 |

续表

| 项　目 | 结果1 | 结果2 |
|---|---|---|
| （5）区级土地使用有偿收费 | 165 000 | 285 000 |
| 3. 50年累计土地使用税（7%） | 175 000 | 175 000 |
| 4. 净收入 | 1 760 000 | 1 580 000 |
| （1）公积金（净收入的20%） | 352 000 | 316 000 |
| （2）公益金（净收入的50%） | 880 000 | 790 000 |
| （3）直接分配给农民（30%） | 528 000 | 474 000 |

# 第七章
## 失地农民及其社会保障

### 第一节
### 中国的现代化进程与土地、人口问题

**一、1950年以来的中国现代化进程与土地问题**

所谓现代化，是指18世纪工业革命以来人类社会发展的一个过程，主要包括经济现代化和社会现代化。国际上，通常将现代化进程分为经典现代化与后现代化两个阶段。我国研究现代化问题的学者何传启，将现代化区分为第一次现代化（即经典现代化）和第二次现代化（即后现代化）。第一次现代化是指从农业社会向工业社会、农业经济向工业经济、农业文明向工业文明的转变过程，其特点是工业化、专业化、城市化、流动化、法治化、民主化、普及初等教育等，其核心目标是促进经济发展。第二次现代化是指从工业社会向知识社会、工业经济向知识经济、工业文明向知识文明转变的过程，其特点是知识化、网络化、全球化、创新化、个性化、多样化、普及高等教育等，其核心目标是个人幸福最大化。两次现代化过程均被分为四个阶段，即起步

期、发展期、成熟期和过渡期。

根据中国科学院中国现代化战略研究课题组的评估结果（见附录5表3、表4），1950年中国处于传统农业社会，第一次现代化实现程度仅为26%；1960年进入第一次现代化起步阶段（劳动力结构显示为传统农业社会，产值结构显示已进入起步期）；1970年至1990年进入第一次现代化发展期，其中大陆有3个地区（北京、天津和上海）基本实现第一次现代化；到2000年中国总体上仍处于第一次现代化发展期，第一次现代化实现程度为76%，第二次现代化实现程度为31%①，其中大陆有5个地区基本实现第一次现代化（北京、上海、天津、辽宁和广东）。一般认为，21世纪的中国现代化进程可分为3阶段。第一阶段为2000～2010年，基本完成工业化和城镇化，全国由第一次现代化的发展期进入成熟期，发达地区进入第二次现代化。第二阶段为2010～2020年，完成工业化和城镇化，全国进入第二次现代化起步期，发达地区进入第二次现代化发展期。第三阶段为2020～2050年，全国基本实现第二次现代化，由第二次现代化的发展期进入成熟期，发达地区由第二次现代化成熟期进入过渡期。

如果将现代发展进程与土地问题联系起来，我们可以作如下推论：从第一次现代化发展期到第二次现代化发展期，会有大量农业用地转为工业用地和城镇用地。从全国总体情况看，我国第一次现代化发展期起始于1980年，到2050年步入第二次现代化成熟期。也就是说，在1980～2050年期间，将有大量农业用地转为工业用地和城镇用地。无论是国家征收农村集体土地，还是

---

① 见中国科学院中国现代化战略研究课题组编：《中国现代化报告》（2003），北京大学出版社2003年版，第62页。

农村集体经济组织直接出让、转让或出租土地用于非农业建设，都会产生失地农民。在前一种情形下，农民同时失去土地所有权与使用权。在后一种情形下，农民仅失去土地使用权。

## 二、1950年至今，大量人口滞留在农业和农村

自1950年以来，我国工业化和城镇化水平在逐步提高，但总体水平仍然比较低。城乡人口结构与劳动力结构，滞后于产业结构，大量人口和劳动力滞留在农业和农村（见表7-1）。通常，城市化水平被用来衡量一个国家或地区的城镇化发达程度，它是根据城镇人口占总人口的比重计算出来的。到2005年，我国城镇人口为5.6亿人，城市化水平为43%。实际上，这个比值高估了中国城市化水平。在中国，城镇人口包括城镇非农业人口、城镇所在地农业人口和常年在城镇打工的"农民工"及其他人员。农业人口与非农业人口，享受不同的社会保障；农民工虽然工作和生活在城镇，但由于城乡分割的二元管理制度（特别是户籍与社会保障的二元性），他们并没有真正溶于城镇，他们是生活和工作在城镇的农村人。如果将城镇所在地农业人口和农民工排除在外，中国的实际城市化水平更低。以城镇化水平较高的地级及以上城市（含市辖县、市）为例，如果仅将城镇非农业人口计为城镇人口，2004年全国实际城市化水平只有31%（见表7-2），比统计口径上的42%，低11个百分点；有69%的人口仍然是农民身份。通常，地级及地级以上城市的市辖区城市化水平最高。2005年全国287个地级及地级以上城市市辖区，总人口为36 285万人，其中非农业人口22 627万人，市辖区的实际城市化水平也仅为62%[①]。

---

① 数据来源于《中国城市年鉴》（2006年）。

表 7-1　　　1952～2005 年城乡人口、劳动力结构
及三次产业结构

| 年份 | 城乡人口 | | | 城乡劳动力 | | | 国内生产总值 | | | |
|---|---|---|---|---|---|---|---|---|---|---|
| | 全国（万人） | 城镇（%） | 乡村（%） | 全国（万人） | 城镇（%） | 乡村（%） | 总额（亿元） | 一产业（%） | 二产业（%） | 三产业（%） |
| 1952 | 57 482 | 12.5 | 87.5 | 20 729 | 12.0 | 88.0 | 679.0 | 50.5 | 20.9 | 28.6 |
| 1957 | 64 653 | 15.4 | 84.6 | 23 771 | 13.5 | 86.5 | 1 068.0 | 40.3 | 29.7 | 30.1 |
| 1970 | 82 992 | 17.4 | 82.6 | 34 432 | 18.3 | 81.7 | 2 252.7 | 35.2 | 40.5 | 24.3 |
| 1980 | 98 705 | 19.4 | 80.6 | 42 361 | 24.4 | 75.6 | 4 545.6 | 30.1 | 48.5 | 21.4 |
| 1990 | 114 333 | 26.4 | 73.6 | 56 740 | 26.0 | 74.0 | 18 667.8 | 27.1 | 41.6 | 31.3 |
| 2000 | 126 743 | 36.0 | 64.0 | 72 085 | 32.0 | 68.0 | 99 214.6 | 16.4 | 50.2 | 33.4 |
| 2005 | 130 756 | 43.0 | 57.0 | 75 825 | 36.0 | 64.0 | 183 084.8 | 12.6 | 47.5 | 39.9 |

资料来源：各年《中国统计年鉴》、《中国城市统计年鉴》。

表 7-2　　　1997～2004 年全国地级及地级以上
城市人口构成①　　　　　单位：万人,%

| 年份 | 地级及以上城市的总人口 | 其中：非农业人口 | 非农业人口比重 |
|---|---|---|---|
| 1997 | 89 771.9 | 24 895.5 | 27.7% |
| 2000 | 108 729.3 | 29 622.5 | 27.2% |
| 2002 | 113 772.4 | 32 884.7 | 28.9% |
| 2003 | 116 634.8 | 35 541.0 | 30.5% |
| 2004 | 117 824.1 | 36 290.6 | 30.8% |

资料来源：各年《中国城市统计年鉴》，中国统计出版社各年版。

综上所述，在中国当前及今后的工业化和城镇化过程中，会出现大量失地农民。研究中国农村土地制度，必须关注失地农民

---

① 指整个行政区域内的所有人口，包括农业人口和非农业人口。

问题。

## 第二节
## 土地的双重属性：
## 社会保障属性与财产属性

### 一、土地是中国农民的就业与基本生活保障

如第三章所述，到 2005 年全国纯农户比例为 18%，一兼农户比例为 17%。也就是说，全国仍有 35% 的农户，其主要劳动力仍然以农业生产为主。

如第四章所述，自 20 世纪 80 年代中期以来，农地收入保障功能在逐步弱化。尽管来自农地的收入比重在逐年降低，但目前农民人均纯收入中，来自土地的收入比重仍然是最高的。2005年农民人均纯收入中，来自土地的收入比重达 45%。如果用五

表 7-3　不同收入组，来自土地的纯收入占人均纯收入和人均生活消费支出的比重　　单位：元，%

| 项　目 | 人均纯收入 | 人均生活消费支出 | 农、林、渔业纯收入 | 农林渔业纯收入占人均纯收入比 | 农林渔业纯收入占人均生活消费支出比 |
|---|---|---|---|---|---|
| 低收入户 | 1 067.2 | 1 548.3 | 566.7 | 53.1 | 36.6 |
| 中低收入户 | 2 018.3 | 1 913.1 | 924.5 | 45.8 | 48.3 |
| 中等收入户 | 2 851 | 2 327.7 | 1 191.5 | 41.8 | 51.2 |
| 中高收入户 | 4 003.3 | 2 879.1 | 1 482.2 | 37.0 | 51.5 |
| 高收入户 | 7 747.4 | 4 593 | 1 993.1 | 25.7 | 43.4 |

注：（1）数据来源于《中国农村住户调查年鉴》(2006)，中国统计出版社 2006 年版。
　　（2）收入分组为按人均纯收入五等分分组。

等分法将农户按人均纯收入高低进行分类(见表7-3),我们发现:全国有60%的农户,其直接来自于土地的纯收入(农林渔业纯收入)占其家庭人均纯收入的比重在40%以上;有80%的农户,其纯收入直接来源于土地的比重超过1/3。

## 二、土地是农民集体的重要财产

20世纪50年代农业合作化后,土地由农民私有转变为集体所有。目前,农村土地,包括农业用地、建设用地和未利用土地,其所有权均归集体,农民则拥有农业用地和宅基地的使用权。在传统农区,土地主要用于农业生产,农民可以通过承包农业用地或流转农地承包经营权,获得经济收入;集体可以通过发包土地,获得承包费收入。比如,2006年,湖南省浏阳市普迹镇古寺村共有97户农户,出租承包耕地46.5公顷,每公顷年租金为375公斤~2 250公斤稻谷;普泰村有250户农户出租耕地,出租年限为1~5年,每公顷年租金为750元~3 000元。在经济发达地区,土地能为农民个人或集体带来更多经济收入,主要包括3种情形。一是由国家征收,集体和农民个人获得土地补偿和安置补助收入。二是以集体土地入股、联营,农民集体获得股份分红。三是直接出让、转让或出租[①],农民集体获得租金收入(见第六章案例14、案例15)。特别是在集体土地转为国有建设用地后,土地资产价值更高。1995~2005年间,全国每公顷土地出让金收入由77.2万元提高到355.3万元,增长了3.6倍。根据世界银行的报告,当一个国家或地区的人均GDP大于1 000美元后,农村土地的商业运作和市场价值开始显现。2003年我国人均

---

① 虽然法律不允许,但一些地方还是存在地下流转,为农民个人或集体带来收入。

GDP 首次突破 1 000 美元，到 2007 年，我国人均 GDP 已达 2 700 美元[①]。今后，农村集体土地的财（资）产属性将更加显现。

## 第三节
## 失地农民数量估算

失地农民含义复杂，有的失去部分土地，有的失去全部土地；有的失去耕地，有的失去非耕地。有些地方，农民失去耕地后，集体会重新分配土地；有些地方，农民失去耕地后，集体不再重新分配土地。有关失地农民数量，有多种估算结果。有人认为，到 2004 年，全国约有 4 000 万失地农民，并且每年还以 200 万～300 万的速度增长[②]；有人认为，到 2004 年，全国失地农民超过 2 000 万人，并以每年 200 万的速度增长[③]；有人认为，到 2003 年，全国约有 2 400 万失地农民[④]。这些估算数据，主要是根据全国非农建设占地面积与全国人均耕地面积之比推算而来，这种推算显然比较粗糙。首先，非农建设占地可能是耕地，也可能是其他农用地，以全国人均耕地面积做分母来推算显然不妥。其次，用非农建设占用耕地与全国人均耕地面积来推算，还隐含一个基本假设，即各地人均耕地占有水平相当，这个假设也不成

---

① 人民币与美元比价按 1∶7 折算。
② 韩俊：《聚焦失地农民》，《中国改革》2005 年第 9 期；《观察与思考》，《人民日报》理论版 2004 年 2 月 2 日。
③ 葛如江、番海平、王新亚：《谁制造了 2 000 万失地农民》，《中国改革·农村版》2004 年第 1 期；陈波珅，赫寿义：《征地补偿的经济学分析》，《中国农村观察》2004 年第 6 期。
④ 卢海元：《土地换保障：妥善安置失地农民的基本设想》，《中国农村观察》2003 年第 6 期。

立。以2004年为例，全国农业人口人均拥有耕地0.16公顷，黑龙江省农业人口人均耕地0.6公顷，福建省农业人口人均耕地只有0.06公顷，前者是后者的10倍。

这里，我们尝试推算失去耕地的农民数量。由于有些是部分失去耕地，有些是完全失去耕地。因此，有必要把部分失去耕地的农民，折算为完全失去耕地的农民（即需要安置的农业人口）。需要安置的农业人口＝征用耕地面积/被征地单位征地前人均耕地面积。全国需要安置的农业人口等于各征地单位需要安置的农业人口之和。如前所述，以全国为一个征地单位，推算出来的数据显然不准确。因此，我们以省为单位，推算需要安置的农业人口。如果以县级数据推算，就更加接近实际数据。最准确的方法，是对各征地单位需要安置农业人口进行全面统计或推算，即以最为基层的集体经济组织（村或组）为单位进行统计或推算。

计算各省需要安置的农业人口公式为：$N = S/A$。

其中，$N$代表当年各省需要安置的农业人口；$S$代表该省当年非农建设占用耕地面积；$A$代表该省当年年初农业人口人均耕地面积，且$A＝$年初耕地面积/当年农业人口。

当年非农建设占用耕地面积，等于当年国务院和省级审批建设占用耕地面积与违法占用耕地面积之和。当年年初耕地面积等于上年年初耕地面积减上年非农建设占用耕地面积[①]。1996～

---

[①] 自1998年开始退耕还林，退耕还林是此后耕地面积减少的一个主要原因，但考虑到退耕还林一般发生在传统农区，而耕地非农建设主要发生在城郊区。因此，在计算当年年初耕地面积时，忽略因退耕还林减少的耕地。比如，1997年年初耕地面积＝1996年年初耕地面积－1996年非农建设占用耕地面积，1996年年末耕地面积≡1997年年初耕地面积；1998年年初耕地面积＝1997年年初耕地面积－1997年非农建设占用耕地面积，1997年年末耕地面积＝1998年年初耕地面积。依此类推。

2004年各省需要安置的农业人口数见表7-4。

表7-4第2行，是以全国为单位推算得到的完全失去耕地的农民数量。1996~2004年，全国完全失去耕地的农民为857万人，年均95万人。倒数第3行合计，是以省为单位推算得到的全国完全失去耕地的农民数量。1996~2004年，全国完全失去耕地的农民约为1 108万左右，年均约123万人。后一种方法估算数据，比前一种方法高出29.2个百分点。

表7-4 1996~2004年全国需要安置（完全失去耕地）的农业人口数　　　单位：万人

| 年份 | 1996 | 1997 | 1998 | 1999 | 2000 | 2001 | 2002 | 2003 | 2004 | 合计 |
|---|---|---|---|---|---|---|---|---|---|---|
| 全国 | 75.01 | 116.50 | 158.48 | 37.60 | 56.67 | 67.20 | 81.68 | 154.51 | 109.79 | 857.43 |
| 北京 | 1.99 | 1.55 | 1.13 | 1.09 | 0.90 | 3.09 | 2.48 | 2.05 | 2.27 | 16.56 |
| 天津 | 0.63 | 0.88 | 1.14 | 0.30 | 0.42 | 0.34 | 1.47 | 2.33 | 2.84 | 10.36 |
| 河北 | 5.99 | 6.43 | 6.88 | 1.04 | 2.81 | 4.12 | 5.38 | 4.69 | 6.04 | 43.38 |
| 山西 | 1.53 | 2.71 | 3.89 | 0.30 | 0.71 | 2.08 | 1.40 | 2.00 | 2.29 | 16.92 |
| 内蒙古 | 0.17 | 0.14 | 0.12 | 0.19 | 0.19 | 0.31 | 0.20 | 0.17 | 0.30 | 1.80 |
| 辽宁 | 1.79 | 2.96 | 4.13 | 1.88 | 1.62 | 2.00 | 1.06 | 2.53 | 2.78 | 20.76 |
| 吉林 | 0.24 | 0.30 | 0.35 | 0.55 | 0.25 | 0.35 | 0.43 | 0.64 | 0.73 | 3.84 |
| 黑龙江 | 0.85 | 0.74 | 0.63 | 0.86 | 1.46 | 0.30 | 0.40 | 0.56 | 0.54 | 6.33 |
| 上海 | 4.97 | 6.28 | 7.59 | 3.67 | 2.31 | 3.71 | 8.66 | 9.67 | 5.76 | 52.62 |
| 江苏 | 10.32 | 13.55 | 16.79 | 2.37 | 10.04 | 6.93 | 18.58 | 33.07 | 13.25 | 124.91 |
| 浙江 | 13.54 | 16.01 | 18.47 | 11.66 | 16.38 | 14.29 | 19.14 | 19.78 | 6.77 | 136.03 |
| 安徽 | 5.35 | 8.61 | 11.90 | 0.66 | 1.32 | 4.74 | 2.51 | 7.95 | 8.24 | 51.28 |
| 福建 | 11.81 | 15.65 | 19.53 | 8.20 | 6.30 | 4.40 | 4.78 | 12.90 | 6.76 | 90.33 |
| 江西 | 1.34 | 13.96 | 26.88 | 2.82 | 1.26 | 1.17 | 2.86 | 13.24 | 0.94 | 64.46 |
| 山东 | 6.25 | 7.55 | 8.95 | 3.66 | 5.76 | 7.19 | 12.85 | 19.36 | 16.84 | 88.41 |
| 河南 | 5.24 | 6.95 | 8.68 | 2.21 | 3.70 | 4.72 | 4.93 | 11.50 | 12.19 | 60.11 |
| 湖北 | 2.62 | 2.31 | 2.01 | 1.04 | 1.12 | 1.25 | 2.26 | 6.14 | 3.36 | 22.11 |

续表

| 年份 | 1996 | 1997 | 1998 | 1999 | 2000 | 2001 | 2002 | 2003 | 2004 | 合计 |
|---|---|---|---|---|---|---|---|---|---|---|
| 湖南 | 5.50 | 7.38 | 9.28 | 1.11 | 4.33 | 4.11 | 5.21 | 10.63 | 6.07 | 53.63 |
| 广东 | 9.26 | 24.93 | 41.16 | 1.15 | 0.98 | 1.57 | 1.76 | 6.22 | 3.16 | 90.20 |
| 广西 | 1.07 | 3.31 | 5.58 | 0.38 | 0.59 | 1.32 | 2.14 | 4.05 | 6.62 | 25.04 |
| 海南 | 0.33 | 0.18 | 0.04 | 0.48 | 0.35 | 0.49 | 0.32 | 0.24 | 0.21 | 2.65 |
| 四川 | 7.88 | 12.32 | 18.88 | 0.26 | 1.31 | 2.58 | 2.87 | 4.49 | 2.47 | 53.06 |
| 贵州 | 0.93 | 1.41 | 1.90 | 0.12 | 0.86 | 0.94 | 1.08 | 2.30 | 10.97 | 20.51 |
| 云南 | 1.33 | 1.76 | 2.21 | 1.53 | 2.65 | 2.16 | 1.85 | 2.99 | 2.40 | 18.88 |
| 西藏 | 0.12 | 0.07 | 0.02 | 0.03 | 0.02 | 0.04 | 0.02 | 0.02 | 0.14 | 0.48 |
| 陕西 | 1.73 | 2.55 | 3.36 | 0.97 | 2.06 | 3.70 | 1.07 | 2.68 | 3.04 | 21.15 |
| 甘肃 | 0.46 | 0.43 | 0.40 | 0.30 | 0.31 | 0.60 | 0.18 | 0.80 | 0.31 | 3.79 |
| 青海 | 0.11 | 0.12 | 0.14 | 0.08 | 0.13 | 0.56 | | 0.47 | 0.11 | 1.99 |
| 宁夏 | 0.15 | 0.21 | 0.27 | 0.12 | 0.10 | 0.34 | 0.22 | 0.48 | 0.26 | 2.14 |
| 新疆 | 0.40 | 0.34 | 0.27 | 0.20 | 0.33 | 0.82 | 0.42 | 1.04 | 0.64 | 4.46 |
| 合计 | 103.89 | 161.59 | 222.57 | 49.27 | 70.58 | 80.23 | 106.79 | 185.00 | 128.30 | 1 108.20 |
| 差额 | 28.88 | 45.09 | 64.09 | 11.67 | 13.91 | 13.03 | 25.11 | 30.49 | 18.51 | 250.77 |
| 误差率 | 38.5% | 38.7% | 40.4% | 31% | 24.5% | 19.4% | 30.7% | 19.7% | 16.9% | 29.2% |

注：本表原始数据来源于历年《中国人口统计年鉴》（中国统计出版社）、《中国土地年鉴》和《中国国土资源年鉴》。

## 第四节

## 失地农民的社会保障

建国以来，解决失地农民的社会保障问题，经历了两个阶段。20世纪90年代前，政府征用农村集体土地主要用于工商业生产经营，对失地农民采取"谁征地、谁安置"原则，一般由征地单位安置失地农民。这种做法暂时解决了农民的就业和社会保障,后来许多被安置的农民因企业破产或裁员而失业。20世纪90年代后,征地用途出现多样化,许多被征土地主要用于市政、房地产和公共设施建设等非生产性用途,"谁征地、谁安置"的办法已经行不通。于是,"一次性支付补偿,农民自谋职业"的模式应运而生,这种模式统称为货币安置。这种货币化安置方式,很受农民喜欢,但问题也随之出现,农民拿到补偿款后几年就花完,从此没有就业和基本生活保障。

## 一、城乡居民的社会保障差异

### (一) 城镇居民享受的社会保障项目多于农村居民

目前,我国城镇居民享受的社会保障项目主要包括社会保险、最低生活保障和传统困难救济。社会保险还可细分为基本养老保险、基本医疗保险、失业保险、工伤保险和生育保险。基本养老保险和基本医疗保险,是城镇居民最主要的两项社会保险(见表7-5)。与城镇居民相比(见表7-6),除部分试点地区的农民享受了农村社会养老保险、新型农村合作医疗保险外,其他地区的农民都没有参加这两项保险;全国所有农村居民均没有失业保险、工伤保险和生育保险,但部分地区已开始将农民工纳入工伤保险。

表7-5　2000~2004年社会保险基金收入与支出构成　　单位:%

| 年份 | 各项社会保险收入构成 | | | | | 各项社会保险支出构成 | | | | |
|---|---|---|---|---|---|---|---|---|---|---|
| | 养老 | 医疗 | 失业 | 工伤 | 生育 | 养老 | 医疗 | 失业 | 工伤 | 生育 |
| 2000 | 86.1 | 6.4 | 6.1 | 0.9 | 0.4 | 88.7 | 5.2 | 5.2 | 0.6 | 0.3 |
| 2001 | 80.2 | 12.4 | 6.0 | 0.9 | 0.4 | 84.5 | 8.9 | 5.7 | 0.6 | 0.3 |
| 2002 | 78.3 | 15.0 | 5.3 | 0.8 | 0.5 | 81.9 | 11.8 | 5.4 | 0.6 | 0.4 |
| 2003 | 75.4 | 18.2 | 5.1 | 0.8 | 0.5 | 77.7 | 16.3 | 5.0 | 0.7 | 0.3 |
| 2004 | 73.7 | 19.7 | 5.0 | 1.0 | 0.6 | 75.7 | 18.6 | 4.6 | 0.7 | 0.4 |

数据来源:《中国劳动统计年鉴》(2005),中国统计出版社2006年版。

表 7-6  城、乡居民社会保障缴费和受益对象差异

| 城镇居民及家庭 | 农村居民及家庭 |
|---|---|
| 1. 城镇职工基本养老保险：用人单位与职工共同缴费；职工受益。 | 1. 农村社会养老保险：一般以村为单位组织，以农民个人缴费为主、集体缴费为辅、国家适当扶持；参保农民受益。 |
| 2. 城镇职工基本医疗保险：用人单位与职工共同缴费；职工受益。 | 2. 新型农村合作医疗：以家庭为单位参加，农民个人、地方财政和中央财政分别出资；参保农民受益。 |
| 3. 失业保险：用人单位与职工共同缴费；职工受益。 | 3. 无失业保险。 |
| 4. 工伤保险：用人单位缴费；职工受益。 | 4. 无工伤保险。部分农民工享受工伤保险。 |
| 5. 生育保险：用人单位缴费；职工受益。 | 5. 无生育保险。 |
| 6. 城镇居民最低生活保障：财政拨款和社会捐赠；城镇居民低收入家庭受益。 | 6. 农村居民最低生活保障：财政拨款和社会捐赠，农村居民低收入家庭受益。 |
| 7. 传统救济：财政拨款和社会捐赠；城镇居民低收入及特殊困难家庭受益。 | 7. 传统救济：财政拨款和社会捐赠；农村居民低收入及特殊困难家庭受益。 |

注：根据《县级农村社会养老基本方案》(1992年)、《社会保险费征缴暂行条例》(1999年)、《工伤保险条例》(2004年)、《国务院关于印发完善城镇社会保障体系试点方案的通知》(2000年)、《城市居民最低生活保障条例》(1999年) 等文件整理。

（二）城镇居民社会保障覆盖面大于农村居民

2004年，全国在职职工 10 576 万人，离退休（职）职工 4 675万人，两者合计 15 251 万人，其中参加基本养老保险职工为 16 353 万人，占所有职工的 107%[①]；参加基本医疗保险职工为 12 404 万人，占所有职工的 81%；参加失业保险职工为 10 584万人，占在职职工的 100%；参加工伤保险职工为 6 845

---

① 比例大于100%是因为有些职工参保后离开了原岗位，他虽然不是在职职工，但仍统计为参保职工。

万人,占在职职工的64%;参加生育保险职工为4 383万人;全国有2 205万城镇居民领取最低生活补贴,120万人获得了城镇传统社会救济。同年,全国农村参加农村社会养老保险的有5 382万人,参加新型农村合作医疗的有8 040万人,领取农村居民最低生活补贴的488万人,有1 402万人获得农村社会救济。由于新型农村合作医疗是以农民家庭所有人口为保障对象,为方便比较,我们以参加社会保障人口占总人口的比例,来反映城乡居民社会保障覆盖面的差异。表7-7显示,除传统救济项目外,城镇居民的其他6项社会保障覆盖面,均远高于农村居民。部分地区为农民工建立了工伤保险和医疗保险,但参保率并不高,有研究表明[①]:外出农民工参加工伤保险的比率为15%,参加医疗保险的比率为10%。

表7-7　2004年城乡居民社会保障覆盖面差异对比

| 项　目 | 城镇居民 | 农村居民 |
| --- | --- | --- |
| 1. 总人口（万人） | 54 283 | 75 705 |
| 2. 养老保险参保率（%） | 30 | 7 |
| 3. 医疗保险参保率（%） | 22.9 | 10.6 |
| 4. 失业保险参保率（%） | 19.5 | 0 |
| 5. 工伤保险参保率（%） | 12.6 | 0 |
| 6. 生育保险参加率（%） | 8.1 | 0 |
| 7. 最低生活保障人口比例（%） | 4.1 | 0.6 |
| 8. 传统社会救济人口比例（‰） | 7.5 | 18.6 |

注:表中数据根据2005年《中国劳动统计年鉴》、《中国卫生年鉴》(人民卫生出版社2005年版)、《中国民政统计年鉴》(中国统计出版社2005年版)和《中国统计年鉴》数据计算,下表同。

---

① 华迎放:《劳动保障部课题组关于农民工情况的研究报告之五》,《中国劳动保障报》2005年8月6日;刘声:《社保高门槛让农民工望而却步》,《中国青年报》2005年8月10日。

自 2004 年以来，城乡医疗保障覆盖面的差距在逐步缩小，最终目标是到 2010 年实现城乡医疗保障的全覆盖。据卫生部门统计[①]，到 2007 年 9 月底，全国开展新型农村合作医疗的县（市、区）达到 2 448 个，占全国总数的 85.5%，参加农民达到 7.26 亿人，参加新型农村合作医疗的农民比例达到 86%；全国已有 20 个省份实现了新型农村合作医疗全覆盖。与此同时，从 2007 年起，全国有 79 个城市开始城镇非从业人员参加医疗保险试点，这些非从业人员是指未纳入城镇职工医疗保险的老人和孩子，通称为"一老一小"。

### （三）城镇居民社会保障标准高于农村居民

如前所述，我国社会保障包括社会保险、最低生活保障和传统困难救济。社会保险遵循权利与义务对等原则，缴纳的保险费越多，意味着未来的保障水平越高；最低生活保障和困难救济资金，主要来源于财政拨款和社会捐赠，政府免费为低收入家庭提供这两项保障。从社会保险看，城镇居民缴纳保费的水平远高于农村居民。城镇职工基本养老保险人均缴费额，是农村养老保险人均缴费额的 52.6 倍；城镇职工基本医疗保险人均缴费额，是新型农村合作医疗人均缴费额的 18~31 倍（见表 7-8）。

表 7-8　　2004 年城镇职工与农村居民人均缴纳的保费对比

单位：元/人年

| 项　　目 | 城镇居民 | 试点地区农村居民 |
| --- | --- | --- |
| 1. 养老保险 | 3 476 | 66 |
| 2. 医疗保险 | 920 | 30~50 |

注：农村养老保险人均缴费额（包括个人和集体缴费）为 2003 年数据。

从城乡居民实际领取的社会保障资金看，城镇居民的社会保障水平远高于农村居民。从绝对数看，2004 年城镇离退休（职）职工

---

① 数据来源于卫生部部长陈竺在 2008 年全国卫生工作会议上的讲话。

人均领取养老金为9 270元,而参加农村社会养老保险的农民人均领取的养老金为492元,前者是后者的18.8倍[①],这个比例远高于城乡居民收入比和人均生活消费支出比[②];城镇居民最低生活保障水平是农村居民的2倍。从相对数看,城镇离退休职工领取的养老金与城镇居民可支配收入基本持平,为城镇居民人均生活消费支出的1.3倍;参加农村社会养老保险的农民人均领取的养老金,仅相当于当年农民人均纯收入的1/6,不到当年农村居民人均消费支出的1/4。城镇职工基本养老保险可以保证离退休人员的生活标准,不低于城镇居民平均水平;农村社会养老保险,却不可能保证老年农民达到农民平均收入和生活水平,农村社会养老保险对参保农民的保障程度,与农村居民最低生活保障程度基本一致。参加城镇医疗保险的离退休人员人年均医疗费用为908元,而参加新型农村合作医疗的农民人年均报销的医药费仅为33元,前者是后者的27.5倍。2004年全国城镇居民平均低保标准为每人每月152元,实际支出水平为每人每月65元;全国只有少数农村地区实施农村最低生活保障,实际支出为每人每月30元(见表7-9)。

表7-9　　　　2004年城乡居民社会保障支出对比　　　　单位:元

| 项　目 | 城镇居民 | 农村居民 |
| --- | --- | --- |
| 1. 人年均收入 | 9 422 | 2 936 |
| 2. 人年均消费支出 | 7 182 | 2 185 |
| 3. 人年均领取养老金 | 9 270 | 492 |
| 4. 人年均最低生活保障支出 | 788 | 370 |

---

① 李培林计算得出:1999年城市人均社会保障支出为413元,农村人均支出仅为14元,两者相差29.5倍,见李培林主编:《农民工——中国进城农民工的经济社会分析》,社会科学文献出版社2003年版,第152页。

② 2004年城镇居民可支配收入与农民人均纯收入之比为3.2:1,城乡居民人均消费支出比为3.3:1。

(四) 城镇居民社会保障层次高于农村居民

综合前面分析,我们还发现城乡居民社会保障的另一个差异,即城镇居民享受的社会保障具有层次性,而农村居民享受的各类社会保障,处于同一低水平上。城镇居民享受的社会保障至少可以划分为两个层次,社会保险为较高层次,通过社会保险特别是养老保险和医疗保险,城镇居民实现了"老有所养、病有所医"的目标,确保了城镇老年职工的生活和医疗水平,不低于城镇居民平均水平;最低生活保障和传统城市救济,则为城镇困难家庭提供了最基本的生存保障。部分地区的农村居民虽然也有养老保险和医疗保险,但其保障程度相当低,养老保险与农村最低生活保障和农村救济一样,同属于最低层次的生存保障。

## 二、失地农民的社会保障试点

在今后相当长一段时期内,城乡居民的社会保障差异难以消除,失地农民仍然难以享受与城镇居民同等社会保障水平。对失去少部分土地的农民来说,他还可依靠土地来维持基本生活和就业。对那些失去大部分土地,或者完全失去土地的农民来说,他们不可能再从土地获得就业和基本生活保障。为此,一些经济发达地区,开始尝试为完全失去耕地的农民建立基本生活保障。

(一) 浙江省瑞安市为完全失地农民建立基本生活保障

瑞安市于2003年开始在全市范围内为完全失地农民建立基本生活保障,其实质是农村养老保险。为完全失地农民建立基本生活保障,主要遵循五项原则:(1) 与当地经济发展和承受能力相适应的原则,确保政府能承受,被征地农民能接受。(2) 低标准、广覆盖的原则,突出重点年龄段、实行分类保障。(3) 遵循自愿参保,保障对象享受的待遇与缴费水平挂钩原则。

（4）坚持多方筹资、明确责任的原则。由市政府、村集体和个人共同出资，多渠道筹集费用。（5）整体设计、逐步推开、相互衔接、协调发展的原则。到2006年底，瑞安市共有253个村、16 520名被征地农民参加基本生活保障（占全市农业总人口的2.7%）；累计征收基本生活保障费22 789万元，人均缴纳保费13 795元；有15 728人按时足额领取保障基金，人均每月领取265元。

1. 参加基本生活保障的资格。参加基本生活保障的失地农民，必须符合以下三个条件：一是经省级以上政府批准征地，由市国土资源管理部门实施统一征地，并在征地时持有二轮土地承包权证的农业人口。二是征地时达到劳动年龄（满16周岁及以上）的人员。三是未参加城镇职工基本养老保险。被征地农民以行政村为单位统一参保，土地被部分征用的村，以征地比例确定其参保人数（即折算为完全失地农民），具体计算方法为：被征地面积乘以16周岁以上在册农业人口，再除以原耕地总面积。

2. 政府、集体与个人共同出资。完全失地农民参加基本生活保障所需资金，由政府、集体经济组织和个人共同负担，并分别计入不同账户。政府承担部分，不低于保障资金总额的30%，从土地出让金等财政性资金中列支，计入风险基金账户；集体和个人承担70%，从土地补偿费和安置补助费中列支，计入个人账户。

3. 分档缴费，待遇与缴费挂钩。被征地农民基本生活保障缴费标准分3档，缴费标准与相应的保障水平在参保时由参保者自行选定，一经选定，不再变动。2003年缴费标准为：年龄在16~59周岁人员一档缴费38 000元，二档缴费28 000元，三档缴费18 000元；60周岁以上、未满70周岁的人员，每增加1周岁，3个档次分别降低2 500元、1 700元和1 000元（具体缴费标准见表 7-10）；70 周岁（含）以上人员一档缴费为 10 500 元、二档缴费为 9 300 元，3 档缴费为 7 000 元。凡已足额缴纳基本生活保障费的被征地农民，女性满 50 周岁、男性满 60 周岁，均可按月领取基本生活费，直至死亡。按月享受的基本生活保障费，也分为 3 档，个人享受的待遇档次必须与其缴费档次相对应。2003 年的待遇标准为：一档为每人每月 330 元，二档为每人每月 280 元，三档为每人每月 230 元。基本生活费先从个人账户支付，不够时才从政府风险基金账户中支付。凡同时参加城镇职工基本养老保险和被征地农民基本生活保障的人员，达到规定年龄后，按照"只靠一头，自愿选择"的原则享受养老待遇。

表 7-10　　瑞安市 2003 年度被征地农民参加
基本生活保障的缴费标准　　　　单位：元/人

| 年龄（周岁） | 一档 | 二档 | 三档 |
| --- | --- | --- | --- |
| 16~59 | 38 000 | 28 000 | 18 000 |
| 60 | 35 500 | 26 300 | 17 000 |
| 61 | 33 000 | 24 600 | 16 000 |
| 62 | 30 500 | 22 900 | 15 000 |
| 63 | 28 000 | 21 200 | 14 000 |
| 64 | 25 500 | 19 500 | 13 000 |
| 65 | 23 000 | 17 800 | 12 000 |
| 66 | 20 500 | 16 100 | 11 000 |
| 67 | 18 000 | 14 400 | 10 000 |
| 68 | 15 500 | 12 700 | 9 000 |
| 69 | 13 000 | 11 000 | 8 000 |
| 70（含）以上 | 10 500 | 9 300 | 7 000 |

4. 存在的主要问题。从近几年的运作看，瑞安市失地农民基本生活保障制度，主要存在三个问题：（1）参保人员资格确定问题。按规定，未经省以上人民政府批准征地和征地时没有二

轮土地承包经营权证的村不能参保。由于瑞安市大部分土地都是实行预征制度,即土地还未经省级政府批准,就与园区签订征地协议,只要一预征,就要把征地款分到户。村民有了征地款想参保,省级政府还没批准;等省级政府批准后,有些征地款早就用完了。实行此办法前已被征地的村,也想参保,但因不符合条件而加入不了。(2)农民参保积极性不高。农民参保积极性不高,有两个原因:一是瑞安市人均耕地面积仅0.02公顷,土地补偿费有限。以瑞安市最高征地补偿标准每公顷90万元计算,人均征地补偿仅18 000元,刚好达到第三档缴费水平,凡是每公顷补偿低于90万元的村,农民要参加基本生活保障,都要自己另外拿钱。二是待遇低。瑞安市早已允许农民参加企业养老保险,如果被征地农民选择一档一次性缴纳保费38 000元,按银行贷款利率6%计算,每年利息就有2 736元,可以用来缴纳企业职工养老保险费,而参加企业职工养老保险的待遇比参加基本生活保障的待遇高很多。(3)政府财政负担重。从已有参保人员年龄结构看,大部分是60周岁以上人员,参保人员平均年龄为66周岁,按预期寿命75周岁计算,平均领取基本生活保障费的时间为9年(即108个月)。而参保人员人均缴费才13 810元,以现有月均支付265元基本生活保障费计算,集体和个人缴纳的费用可支付52个月,还有56个月需要财政补贴,即财政需要为每个参保人员支付14 840元。按目前参保人数15 728人计算,财政需要补助2.33亿元,相当于瑞安市2006年本级财政收入的16%。

(二)广东省佛山市南海区为完全失地农民建立基本养老保险

从2005年起,广东省佛山市南海区按照区级统筹、集体缴费、政府扶持的原则,实施完全失地农村居民基本养老补贴制度。南海区规定:以股份经济合作社为参保单位,凡征地后人均集体农用地（不含林地）低于 0.015 公顷的股份经济合作社，均纳入补贴范围；凡纳入基本养老补贴范围的股份经济合作社，其 16 周岁以上成员均为参保对象。补贴基金以每人每月 150 元为计缴基数，按 240 个月即 36 000 元为缴费定额，区、镇（街道）财政各负担 25%，股份经济合作社负担 50%；股份经济合作社承担的缴费可一次缴清，也可分期缴纳；各股份社应按规定从征地补偿、土地使用权流转收益、土地经营物业中提留参保基金。区、镇两级承担的补贴，划入财政补贴专门账户。股份经济合作社参保并缴费后，其成员男满 60 周岁、女满 55 周岁，可按月领取完全失地农村居民基本养老保险补贴，并享受每人每年 100 元老年慰问金。另外，享受待遇期间死亡的，其亲属可领取一次性丧葬补贴 1 000 元。到 2006 年，南海全区纳入农村居民基本养老保险补贴的股份合作社共 318 个，社员 17.1 万人，参保对象 14.53 万人，符合享受补贴待遇条件的人数 2.83 万人。

## 第五节 对"以土地换保障"的评价

"以土地换保障"是近几年出现的一种新提法，在各类研究文献中经常提及。相比较而言，陈颐[①]的论述比较全面、系统。陈颐认为，土地的保障职能主要体现在两个方面，即养老保险和就业保障；所谓"以土地换保障"就是农民在转让出承包地或土地被征收后，应得到经济补偿，并用经济补偿为农民建立社会保障。陈颐还提出了具体政策设计：第一，为乡镇企业职工

---

① 陈颐：《论"以土地换保障"》，《学海》2000 年第 3 期。

建立失业保险，保险基金按职工工资的3%筹集，其中企业缴纳2%，职工负担1%；参保职工应当转让其承包地，然后再用转让土地的补偿费，缴纳个人负担保险基金，不足部分由个人补足。第二，年满60周岁的老年人口应当退出其承包地，用转让费为老年人建立社区养老保障。第三，对被征地人口建立养老保险和失业保险，其缴费主要从征地补偿中一次性支付。

如前所述，对中国农民来说，土地具有双重属性。一方面，土地是农民的就业和基本生活保障；另一方面，土地是农民集体的重要财产。中国目前的社会保障，不仅保障项目多，而且城乡差别大。"以土地换保障"，即让农民拿土地去换社会保障，既可能给农民带来利益，也可能损害农民利益，它受许多因素影响。比如，人均土地面积的多少、土地经济价值的高低、放弃土地后所能获得的社会保障水平高低以及年龄因素等。"以土地换保障"过分强调土地保障功能，忽略了土地的财产属性。因此，站在农民立场上判断"以土地换保障"，关键要看农民拿多少土地，拿什么样的土地，换得什么水平的社会保障。

对于完全失地农民来说，从征地补偿中拿出部分资金用于建立社会保障（特别是养老保险），是一件有益的事。将这种用征地补偿费支付社会保障缴费的做法，概括为"以土地换保障"，容易引起误解。将农民愿意用钱换取社会保障，曲解为农民愿意用土地换取社会保障，犯了"偷换概念"的错误。土地除能给农民提供基本生活保障外，还能给农民带来更多经济收入。农民是否享受社会保障，不应与是否拥有土地财产挂钩，不能将有无土地财产作为农民享受社会保障的前提条件。认为农民在获得社会保障后，就应当放弃土地或者转让土地承包经营权，这种设想是对农民利益的剥夺。它只注意到土地的社会保障属性，而忽视了土地的财产属性。

第八章

# 中国农村土地制度六十年变革经验及走向

这一章很难写,要客观地总结与评估60年来的经验与教训,不是一件容易的事。预测未来,难度更大。不管怎样,还是力求要在这两方面有所作为。

## 第一节

### 中国农村土地制度六十年变革经验

**一、封建高额地租妨碍农业生产效率增长**

这个推断源于本书第一章的分析。封建高额地租对农业生产的不利影响,体现为三个方面:第一,封建高额地租影响租种者农业投资水平。在农业税后纯收益分配中,地主收取高额地租,土地租种者所得份额低,其用于购买生产要素和改善农业生产技术条件的投资不足,因而妨碍农业生产要素效率和技术效率的提高。第二,封建高额地租影响租种者劳动能力(主要是体力)。

在食物短缺时代,地租越高,租种者所得越少,他们难以获取足够食物,营养不良或饥饿必然导致劳动者体力下降,影响农业劳动效率。第三,封建地主不将地租用于农业投资。地主征收高额地租后,并不将其用于农业投资,而是购买更多土地,以获取更多地租。封建高额地租不能直接转化为农业生产力,因此,封建高额地租(主要是实物地租)是导致旧中国农业生产效率低下的根本原因。在资本主义自有农场里,土地收入在扣除生产费用和税收后,全部收入归土地所有者本人。在资本主义租佃农场里,租佃者还必须缴纳部分地租,但其地租水平已相对较低。相对于封建地主土地私有制,资本主义土地私有制更有利于增加农业投资,更有利于农业生产效率增长和促进农业生产发展。

需要特别提醒的是,我们不能根据前述结论推断:地租越低,越有利于农业生产效率增长和农业生产发展。如果土地所有者将收取的地租用于农业投资,而与租佃者相比,由所有者进行农业投资可以获得更大规模效应,那么这种地租对农业生产有积极影响。中国建国以来正、反两方面经验,可以验证这一点。第一,我国农业集体化时期,集体收取较高的"准地租"用于农业投资(见第二章),提高了技术效率和生产要素效率。在1958~1978年里,农村集体经济组织经营自己的土地,不需缴纳地租(实际是地租内在化①)。不过,在扣除生产费用和国家税金后,还是要提留相当比例的公积金与公益金。这些公积金与公益金实质上就是地租,是一种"准地租"。集体提取的这种"准地租"主要用于农业投资,因此,这种"准地租"对农业生产

---

① 经济学家通常将一个人交给自己的地租,视为"内在地租";将交给他人的地租,视为"外在地租"。

有积极影响,而且由集体统一投资,可以获得规模效益。第二,家庭承包经营后,在农户上缴的"三提、五统"等杂费中,直接用于农业投资的比例很低,妨碍了技术效率增长。自1984年至20世纪末,农民承包集体土地,除缴纳国家税金和定购任务外,还要缴纳承包费或者"三提、五统"等杂费。严格地说,只有很少一部分杂费可归为土地所有者收取的地租①,绝大部分不属地租范畴。虽然这些杂费有别于地租,但它们(即杂费和地租)对农业生产的影响是相同的。由于大部分杂费并没有直接用于农业生产和农田基本建设,因此,收取这些杂费对农业产生了不利影响,突出表现为:农田水利设施年久失修,农民退还承包地或者荒芜土地。第三,全面免除各项杂费提高了农业生产效率。在21世纪初期,中国政府逐步推行农村税费改革,先是将各种税费合并为农业税及附加,再是从2006年开始全面免征农业税。现在农民种地不仅免缴税费和地租,还可以获得补贴。这不仅给农民带来经济利益,还有利于提高农业生产效率。以粮食单产为例,在2005~2007年里,粮食单产由每公顷4 642公斤,提高到每公顷4 748公斤,增幅达2.3%,年均递增1.1%,扭转了自1998年以来粮食单产不断下降的趋势。因此,判断地租对农业生产的影响,一要看地租水平;二要看地租用途;三要看地租使用方式。

根据这个经验,我们会发现现行《农村土地承包法》第二十六条的一项规定具有重要意义。通常,我们只关注该条款有关"承包期内,承包方不得收回承包地"的规定,而忽视了该条款

---

① 从后文分析可知,我国农村大部分土地属村民小组所有。而"三提、五统",主要由乡村两级收取,这部分不应归类为地租。只有用于村民小组支出的部分,才能归为地租,而这部分比重很低。

的一项例外规定。这项例外规定是：承包期内，承包方全家迁入设区的市，转为非农业户口的，应当将承包的耕地和草地交回发包方；承包方不交回的，发包方可以收回承包的耕地和草地。这项例外规定，不仅有利于农地规模经营（这一点通常能被认识到），还可以有效防止已经完全脱离农业的城镇人口，出租其承包地，收取地租，这部分地租不会再用于农业投资，进而对农业产生不利影响（这一点容易被忽略）。

## 二、在传统农业里，劳动效率对农业生产效率有很大影响

根据导论分析框架，农业生产效率可分解为技术效率、生产要素效率和劳动效率。通过分析1950年以来中国粮食单产数据，我们发现，在以手工劳动为基础的传统农业中，劳动效率对农业生产效率有很大影响。首先，1950~1958年间农业生产效率增长主要来源于劳动效率提高。在1950~1958年期间，粮食单产由每公顷1 155公斤，提高到1 567公斤，增长35.7%，年均递增3.9%。其次，1979年至今，劳动效率对我国农业生产效率仍然有较大的正贡献。在本书第三章，我们估算出由家庭承包经营引致的劳动效率提高，对粮食单产增长的贡献份额达21.5%。在第四章，我们估算1985~1999年劳动效率对粮食单产增长的贡献份额平均为12.5%；2000~2006年劳动效率对粮食单产增长贡献份额平均为9%~11%。你肯定会问，1958~1978年间的劳动效率在农业生产效率中的贡献份额有多大？事实告诉我们，1958~1978年间，劳动效率对农业生产效率增长的贡献是负的。1958年全国农村普遍实行人民公社体制后，粮食单产连续两年下降。由1958年的每公顷1 567公斤，下降到1960年的1 172公斤，下降了25.2%，年均递减13.5%。当然，1959~1960年的粮食减产，还与严重自然灾害有关。1960~1978年间的粮食

单产增长,主要来源于技术条件改善和生产要素投入量增加。如果没有劳动效率的下降,1960～1978年粮食单产水平会更高。因此,在以手工劳动为基础的传统农业里,如果一项农地制度安排,会损害劳动积极性和劳动效率,就必须加倍谨慎。

### 三、小规模农业特别需要合作与社会化服务

不论是与欧美国家农场比,还是与亚洲国家农场比,中国农户土地经营规模都非常小。这种小规模农业,存在许多先天不足。第一,农场数量众多的小规模农业难以单独进行农业基础设施建设。一方面,小规模农业劳动力资源和资金非常有限,难以承建规模较大的农业基础设施。另一方面,数量众多的小规模农场建设农业基础设施交易成本太高。在很多情况下,妨碍农业基础设施建设的是交易成本,而不是工程建筑成本。第二,小规模农业难以分享分工合作所带来的好处。比如,小规模农场缺乏必要农机具,单独购置所有农机具,利用率低,维护成本高;有限的家庭劳动力必须参入生产经营过程中的所有生产工序,很多时间被浪费在路上和工序转换过程中。此外,小规模农场抗击自然灾害和市场风险能力差。因此,小规模农业,必须依靠合作或者从外部获得服务,才能提高其生存能力和承担风险的能力。我国20世纪50年代中期组织的农业生产互助合作得到了农民认可,有效地克服了小农的先天缺陷,促进了农业生产发展。后来的农业集体化,虽然妨碍了农民劳动积极性,但这种强制性合作在加快农田水利等基础设施建设方面有其积极的一面。即使是全面实行家庭承包经营后,农民仍然坚持选择合作。这种合作要么以农户自发为主,要么依托原来集体经济组织,要么依托政府组织,要么依托其他社会中介组织,要么兼而有之。比如,最近几年发

展起来的各种专业合作组织，粮食作物的跨区收割等，都是因小农需要而发展起来的。对待小农的合作，需要注意以下三点：一是遵循自愿的原则；二是政府应当引导，但不能强制；三是严格依章程和法规办事。

### 四、尊重农业生产者的生产经营自主权，调动农民的生产积极性和劳动积极性

农业生产者的生产经营自主权，既包括生产过程中自由配置生产力要素的权利，也包括自由出售产品的权利。新中国60年正、反两方面经验证明，尊重农业生产者的生产经营自主权，有利于资源的合理配置，有利于促进农业生产和农村经济发展。相反，就会妨碍农业和农村经济发展。在农村人民公社体制和农副产品统购统销时期，生产队作为基本生产单位，必须按照政府年度计划，安排农业生产，配置土地、资金和劳动力资源；生产出来的农副产品必须全部低价出售给国家。这种管理制度，缺乏灵活性，不利于生产者发挥比较优势，损害了农业生产者的利益和积极性。在家庭承包经营初期，农户作为基本生产单位，获得了有限的生产经营自主权。这种有限性，体现为三个方面：一是农户只有在完成各种农副产品定购任务基础上，才可自由配置多余的土地、资金和劳动力。二是农户生产经营活动常常受到地方政府和村组干部的干涉。比如，强制农户必须种植粮食，以完成国家粮食定购任务；强制农民必须种植烤烟，以确保地方烟厂有足够的原料来源，进而为地方政府提供财政收入等。三是农户必须将粮食、棉花等关系国计民生的主要农产品出售给国家。20世纪90年代初期，在收购粮食等主要农产品时，还出现了"打白条"现象。农民向政府粮食收购部门出售产品后，不能及时拿到现金，拿到的是一张欠款证明。这种做法使农民无法及时购买

农业生产资料,影响来年农业生产。20世纪90年代中后期以来,农户获得了更多生产经营自主权。农民可以自由选择种植何种作物,可以自由出售其农副产品,可以自由进出城镇打工。特别需要指出的是,农业生产中有两个积极性,即生产者积极性和劳动者积极性。调动农民这两个积极性,需要采用不同方式。提高农业比较收益,可以提高生产者积极性。让劳动者占有更多劳动成果,可以提高劳动积极性。

### 五、在小范围内开展试验,可有效降低改革风险和成本

农业集体化时期,曾经围绕"包产到户"问题展开过多次激烈争论(见第二章)。实行家庭承包经营后,围绕这一制度的争论,仍然不时出现。赞成者认为,必须延长承包期,并长期坚持家庭承包经营。反对者认为,家庭承包经营规模过小,不利于农业现代化。有的主张退回到集体统一经营,有的主张应大力发展规模经营。与农业集体化时期对"包产到户"实行一味打压不同,对待家庭承包经营后出现的问题,中央政府采用了在小范围内试验的办法,以寻找解决问题的途径。

1987年,中共中央决定建立农村改革试验区。在这些试验区中,先后有贵州省湄潭市、江苏省苏南地区、北京市顺义县、山东省平度市、湖南省怀化市、陕西省延安市等市县,承担农地制度改革试验。(1)贵州省湄潭县"增人不增地,减人不减地"试验。1987年经国务院批准,贵州省湄潭县成为农村改革试验区。当时,全国农村多数地方实行"大稳定、小调整"政策。为克服土地调整引发的问题,湄潭试验区试行"在承包期内,增加和减少人口,不再调整土地"的做法。这项试验效果不错,试验成果不仅在全省推广,而且成功推向全国。1993年,中央政府开始提倡"增人不增地,减人不减地"政策,到2002年全

国人大颁布《农村土地承包法》，该法第 27 条规定：承包期内，发包方不得调整承包地。(2) 江苏省苏南地区和北京市顺义县等县市土地规模经营试验。这项试验成果证明，发展农地规模经营，受多方面条件限制，必须因地制宜，只能在有条件的地区逐步推开。(3) 山东省平度市的"两田制"试验。1988 年经国务院批准，山东省平度市成为农村改革试验区。平度将承包耕地分为"口粮田"和"责任田"。"口粮田"作为社会保障，按人均分，只负担农业税，不承担国家定购任务和"三提、五统"。"责任田"实行投标承包，负担农业税和国家定购任务，并交纳承包费。应当说，平度的"两田制"是比较成功的，后来全国不少地方开始仿效①。据农业部统计，到 1997 年全国实行"两田制"的耕地达 3 333 万公顷，但多数都"走型变样"。有的地方以实现"两田制"为借口，任意扩大"责任田"比例；有的地方随意改变"责任田"承包方式；有的地方"责任田"负担不断加重。对此，农民群众很不满意。1997 年国家开始对"两田制"进行清理整顿，要求没有搞"两田制"的地方，不要再试行这项制度。(4) 湖南省怀化市的山地租赁制和陕西延安的"四荒地"拍卖试验。这 2 项试验的一个共同点是，土地使用期限都比较长，一般在 50 年左右。试验证明，在投资规模较大的情况下，土地使用期限对长期投资有明显影响。如果土地使用期限太短，投资人就无法收回投资。

60 年正、反两方面经验证明，先在小范围内开展试验，有利于甄别问题真伪，可以降低改革风险和社会成本。试验成功了，可以推向更大范围。试验失败了，可以探寻失败的原因及教训。无论是成功的试验，还是失败的试验，在试验过程中，都会

---

① 廖洪乐：《"两田制"不能一棍子打死》，《改革内参》1997 年第 19 期。

出现新情况与新问题。事实上，从20世纪80年代起，不仅限于农地制度，中国其他许多领域的改革也都采用过在小范围内先行试点的办法。比如，20世纪80年代，中央政府在沿海地区试办经济特区；90年代，国土资源部开展农村集体建设用地使用权流转试点；2007年，国家发改委将武汉城市圈和长株潭城市群①列为全国资源节约型、环境友好型社会建设综合配套改革试验区，等等。

## 六、不断充实和完善土地产权体系，协调各方利益

历史上，所有权曾经享有至高无上的地位。在罗马法中，所有权是不受任何限制的，也就是绝对所有权。只要拥有了所有权，就自然拥有其他权利，比如，使用权、收益权和处置权。随着各种新兴经济力量的兴起，从所有权中不断派生出其他权利，比如土地保有权②、使用权等。通常所说的产权，它是一组权利集合（或权利束），既包括所有权，也包括使用权、处置权及其他派生权利。

中国60年的农村土地制度变革经验证明，土地产权多元化，具有重要意义。（1）土地所有权本身并不重要。农民关注土地所有权，关键在于它能给农民带来收益或预期能带来收益。不能带来收益的所有权，没有意义。在20世纪五六十年代刮"共产风"时期，一些生产队将其土地无偿地赠予给其他生产队，其根本原因在于，土地不仅没有给生产队带来收益，还给生产队带来劳动负担。（2）自1950年至今，中国农村不存在绝对土地所

---

① 即长沙市、株州市和湘潭市。
② 土地保有权现象，大量存在于英国。保有权不同于所有权。保有权持有人，不经所有权人授权，没有自由处置土地的权利。

有权。1950年的《土地改革法》只是规定将没收和征收的土地，分配给农民私有，而对农民私有土地是否可以买卖，却未置可否。在合作化初期，农民用私有土地入股，可以取得股份分红。从高级社开始，农民入股土地分红被取消，农民私有土地被无偿收归集体所有，农民丧气了土地所有权。农村人民公社时期，生产队所有的土地，包括社员的自留地、自留山和宅基地等等，一律不准出租和买卖。我国现行法律明确规定，集体土地不可以买卖；除集体以土地入股联营办企业、农民以集体土地建房和集体公共公益事业建设使用集体土地外，集体土地不得出让、转让或出租用于非农业建设，即集体不能随意将其土地转为建设用地。因此，集体土地所有权是一种有限的所有权。（3）新的土地权利不断产生，土地产权体系不断完善。在农村人民公社时期（1958~1978），土地所有权、使用权和收益权归为集体所有，合为一体。在家庭承包经营初期，实现了土地所有权与使用权两权分离。集体拥有土地所有权，凭所有权取得地租收入（如承包费等）；农户取得土地使用权，可以通过直接耕种或者出租土地，取得经济收入。随着农业劳动力向非农领域转移，一些农户不再直接耕种土地，而是将土地转包或出租给第三方，自己保留土地承包经营权。于是，原来家庭承包经营制度下的两权分离（所有权与使用权分离），转变为三权分离（所有权、承包经营权和使用权分离）。集体凭土地所有权取得地租收入，农户凭承包经营权取得出租收入，第三方凭实际土地使用权取得利润。更进一步的情况是，第三方还可能将其转入或租入的土地，进行再次出租，以取得租金收入。根据国际经验和我国目前所处经济发展阶段，今后，我国还会出现新的土地权利，比如土地发展权。设立土地发展权，可以进一步明确土地使用权的权能，合理分配土地增值收益。

### 七、尊重、引导农民的自主选择，建立政府与农民间的良好互动

60年来，中国农村土地制度建设正、反两方面经验证明：尊重、引导农民自主选择与创新，建立政府与农民的良好互动关系，有利于农村土地制度健康发展和农村社会稳定。

正如本书第二章所述，在互助组、初级社、高级社和农村人民公社时期，都出现过农民退社、"包产到户"和"包干到户"现象。各级政府在如何对待退社、"包产到户"和"包干到户"问题上，存在很大差异。有的赞成，有的默许，有的反对。在互助组、初级社和高级社时期，各级政府基本上均允许农民自由加入或退出合作社。实行农村人民公社体制后，情况发生了根本性改变。一是农民不再有退社自由。这一点，成为当时的共识。二是在如何对待"包产到户"与"包干到户"问题上，出现分歧。有的地方政府予以默许，有的地方政府予以禁止，中央政府也是趋于禁止。由于不尊重农民自主选择与创新，损害了农民劳动积极性，降低了劳动效率，导致农业生产效率损失。

始于20世纪80年代初的家庭承包经营（即包干到户），也是农民自主选择的结果。与以往不同，这次自主选择与创新，很快得到了地方政府和中央政府认可，并在全国范围内推广、普及。事实证明，这次土地制度创新促进了农业生产与非农产业发展。受这次创新成功的启发，在普及家庭承包经营后，还出现了许多土地制度方面的创新。不仅农民自己在创新，地方政府和中央政府也有意识地在引导或者直接参入创新。当然，有些创新因效果不错，得了普及与推广；有些创新因引发问题而停止或夭折。比如，农村土地股份合作制就是由农民集体和地方政府共同创造的，适用于经济条件较好的地区；"增人不增地，减人不减

地"制度,是在农民集体和地方政府共同创新基础上,因中央政府极力推广而普及,并最终上升为国家法律;"两田制"因引起农民不满被取消;农村集体建设用地使用权流转,因涉及面广,至今仍只在部分地区进行试点。之所以要尊重与引导农民的自主选择,有三个原因:一是农民是社会实践的主体,不同农民的个人能力和利益诉求不同。二是农民既有个人利益诉求,也有公共利益诉求,但重点关注个人利益。农民的个人利益与公共利益,有时是统一的,有时有冲突。三是与市场经济的要求相比,我国农村土地制度还有许多需要完善的地方。以农户的房屋及宅基地为例,农民拥有的所有权与处置权是不一致的。房屋所有权属农民个人,可自由处置;而宅基地所有权属集体,农民不能自由处置。也就是说,农民可以出卖自己的房屋,但却不能出卖房屋所占宅基地。事实上,房屋与宅基地又不能做物理分割。于是,只能出现两种情况,这两种情况都不符合市场经济发展要求。一是农民遵守现有制度,不出售或出租其房屋与宅基地,农民财产处置权受限制。二是农民暗中出售或出租其房屋及宅基地,形成宅基地地下市场,损害集体与国家利益。

## 第二节

## 中国农村土地制度的未来走向

### 一、农地制度的基本走向:集体所有制条件下的家庭经营

(一)农地所有制:农地集体所有比较切合实际

根据第四章对农地国有、集体所有和私有的对比分析,农地国有化方案最不可取,因为它将直接从经济上剥夺农民。这种剥

夺，不是指国家凭农地所有权收取农业地租①，而是指农地实行国有化后，农民会失去农地转用带来的增值收益分配权。我国正处于工业化和城镇化进程中，由农地转为非农用地的增值收益非常巨大，失去参与这笔收益的分配权，将给农民带来极大经济损失。因此，我们只有两种可供选择的方案，即农地私有与集体所有。在今后相当长一段时期内，我国人多地少的基本国情不会改变，实行农地私有，不仅难以实现"三个有利于"（见第四章），而且极有可能出现我们不愿意看到的两种情形：第一种情形，即实行农地私有和自由买卖后，重新出现类似于旧中国的农地占有不均等。如第二章所述，农地占有不均等，少数人垄断农地（不是农地规模经营），或者将农地视为一种投资，收取高额地租②，这种地租不再全部投资于农业，会严重损害农业生产效率。如果不允许农地自由买卖，农地私有就失去本来意义。限制私有制条件下农地集中的一个可能选择，是对农地持有量作出最高限额规定，这个设想不错，但执行起来困难重重。第二种情形，即影响农地集中与规模经营。农民可能永久持有土地，妨碍农地流转与集中，使我国农业长期处于小规模经营状态，从而影响农业竞争力。在日本和我国台湾省，农地私有制阻碍了农地集中和农业规模经营。上述两种完全相反的情形，都不利于农业长远发展。需要进一步指出的，目前世界上绝大多数国家实行农地私有，这个事实很容易产生误导，认为农地私有符合国际潮流，是最佳选择。事实上，在实行农地私有的国家中，真正农业发达和社会富裕的国家只占少数。与农地私有相比，农地集体所有既不会出现高额地租损害农业劳动效率的情形，也不会导致农地占

---

① 事实上，国家完全有可能全面免除农业地租。
② 与国家不同，私人占有土地，一定会收取地租。

有不均等和阻碍农业经营规模扩大两种不利情形。因此，在今后相当长一段时期内，农地集体所有制更符合中国国情。还要补充一点，即使是具备了农地私有条件，也要将农地私有的决定权交给农民，由农民来选择。农民选择土地私有的动机，很可能不在于增加长期投资，而在于获得更多权利和利益。因此，随着土地市场价值的提高，农民对土地私有的认可度会提高。

（二）农地究竟归哪级集体所有

在明确了集体所有制地位后，接下来的问题是，农地到底归哪级集体所有。中国农村有三级集体经济组织，即村民小组、行政村和乡镇。应当说，在这个问题上，农民最有发言权。如果有机会对全国农户进行调查，在农地所有权归属问题上，你会有两个发现。第一，农民非常清楚哪块地属哪级集体所有。你带着问卷去访问农户，指着他家门前的某块地，询问他这块地归哪级所有。正常情况下，他会非常清楚地作出回答。答案肯定是以下三种选择中的一种：是某村民小组（或者生产队）的，是某行政村（或者生产大队）的，是某乡（镇）的。只有一种例外情况，农民可能说不清楚，即两个或两个以上集体经济组织存在权属（界址）争议，都宣称对这块地拥有所有权。第二，大多数地方的农地归村民小组所有。据我们了解，全国只有河北省曾经于20世纪80年代后期出台政策规定，将农地界定为行政村集体所有。其他地方基本上遵循农村人民公社时期"三级所有，队为基础"的习惯，多数土地界定为生产队（即村民小组）所有。这一点，在南方省份尤为突出。据农业部统计，2006年全国实行家庭承包的耕地中，归村所有的耕地面积占38%，归村民小组所有的耕地面积占62%。

与农民对农地所有权归属的清晰认识不同，有些专家学者对农地所有权归属的认识要模糊很多。他们通常根据农地所有权纠纷，判断农地所有权归属是否清晰。农地所有权纠纷，一般发生在前述三级集体经济组织或政府之间。正是这种所有权纠纷，使部分专家学者误认为农地集体所有权不清晰，其基本逻辑推理是，清晰的农地所有权不会发生纠纷。这里，要特别注意区分两种性质完全不同的农地所有权纠纷。一种是因为所有权不清晰引发的纠纷，这种纠纷有别于侵权纠纷，因为权属本来就不清晰，这种情况并不普遍。另一种是由于上级集体经济组织或政府有意或无意地侵犯下级集体经济组织农地所有权，引发纠纷，这种侵权纠纷比较普遍。在第二种侵权纠纷中，农地所有权归属是非常清晰的。发生这种侵权纠纷的根本原因在于，上级集体经济组织或者政府常常以集体利益或国家公共利益的名义，动用行政资源，使自身利益最大化。

虽然农民对农地所有权归属非常清晰，但他们却不直接参与国家法律和政策文本的起草与制订，致使现行法律有关农地集体所有的规定与事实不符。《中华人民共和国土地管理法》（2004年）第十条规定：农民集体所有的土地，依法属于村农民集体所有的，由村集体经济组织或者村民委员会经营、管理；已经分别属于村内两个以上农村集体经济组织的农民集体所有的，由村内各该农村集体经济组织或者村民小组经营、管理；已经属于乡（镇）农民集体所有的，由乡（镇）农村集体经济组织经营、管理。表面看来，这项条款对农地集体所有的3种情况，都给予了考虑，不存在遗漏。你仔细再读一遍，应当发现问题了。问题在于，这项条款将土地属于村农民集体所有视为基本事实，而将村民小组与乡镇农民集体所有视为例外。言外之意，大部分土地属村集体所有，这既与事实相违背，也不符合农业集体化时期"三级所有、队为基础"的原则。因此，这项条款应当修改，应当将土地归村民小组集体所有视为基本事实，将土地归村农民集体所有和乡（镇）农民集体所有视为例外。比如，将该条款改为：农村土地依法归村民小组范围内的农民集体所有，由村民小组经营、管理；已经属于村级农民集体所有的土地，由村农民集体经济组织经营、管理；已经属于乡（镇）农民集体所有的，由乡（镇）农村集体经济组织经营、管理。仅仅修改法律条款还不够，要真正解决土地侵权纠纷，还必须改善集体经济组织治理问题。这包括两个方面，一是要明确不同层级集体经济组织享有平等地位，它们之间不是上下级关系；二是要改善集体经济组织内部的治理问题，使集体经济组织真正代表农民利益，真正实现民主管理。

（三）赋予农民更多权利，家庭承包经营逐步演变为家庭经营

农地集体所有，必须与家庭承包经营相结合，并赋予农民更多权利①。这些权利包括更多收益权、更长使用权、更多处置权等。如第三章所述，我国家庭承包经营有两种类型，即按人均包与按户竞包。这里，我们仅针对按人均包这种主流类型，提出如下可能选择。

1. 赋予农民较长期限的农地使用权。目前，中国农民获得的耕地承包经营权期限是30年。30年到期后，可以有多种选择。比如，可以再次延长30年；可以借鉴国有建设用地使用权出让的做法，给农民50年或者70年的耕地使用权；也可以将耕地使用权永久性地租佃给农民，即集体所有制下的"永佃制"。

2. 赋予农民更多收益权。一是乡村两级不得随意向农民乱收费。乡村两级收取的杂费，其性质既不属国家税收，也不属土地所有者收取的地租。因此，有必要取消乡村两级收费，彻底改

---

① 事实上，实行农地私有，也是为了给农民更多权利。

变按农地面积分摊杂费的做法。二是严格规范地租水平与用途。按人均包的农地属农民集体所有，农民使用自己的土地，不需要缴纳地租（不含按户竞包）。如果确因集体需要，有必要收取部分地租，收取的地租必须全部用于农业基础设施建设和为农业提供服务，以改善农业技术条件，提高农业技术效率。三是农民集体和个人应当分享更大比例的土地增值收益。国家应当提高征收集体土地的补偿标准，使农民获得更多土地补偿。拥有承包经营权的农民，应当完全占有劳动力安置补助费。此外，拥有承包经营权的农民，也应当部分占有土地补偿费。土地补偿费是对集体土地所有权转移的一种补偿，有承包经营权的农民，作为集体经济组织成员，应当分享这部分收益。

3. 赋予农民更多处置权。赋予农民更多承包地处置权，主要包括五个方面。第一，赋予农民更加自由的农地（承包经营权）流转权。全面免除农业税费后，集体经济组织不再需要向农户收缴各类税费，原来有关农地承包经营权流转的"备案制度"或"集体同意"制度，已失去继续存在的理由。农户在同一集体经济组织内转包、转让、互换承包经营权，只要双方协商即可，不需要再经集体同意或报集体备案。第二，赋予农民跨集体经济组织互换承包地的权利。案例8和案例9表明，目前有关承包地互换仅限于集体经济组织内部的规定，不符合农民习惯，限制了农民自由互换承包地的权利。农户间互换承包地，不应局限于同一集体经济组织内部。出于耕作或其他需要，农户应当有跨集体经济组织互换土地的权利。这种跨集体经济组织的承包地互换，多数是承包地所有权互换，因此有必要到双方所在集体经济组织备案，请注意是备案而不是同意。集体经济组织不得以土地所有者身份，阻碍不同集体经济组织的农户平等互换承包地。第三，赋予农民用农地承包经营权入股，组建合作社的权利。实际上，许多地方的农民已经将农地承包经营权入股，用于组建专业合作社。第四，赋予农民自由选择是否荒芜承包地的权利。一些地方签订的承包合同，明确规定农民不能荒芜承包地。这种规定出于两个目的：一是充分利用土地资源；二是防止农民以不耕种土地为由，拒交承包费或"三提、五统"等杂费。1998年国务院发布的《基本农田保护条例》明确规定：承包经营基本农田的单位或者个人，连续两年弃耕抛荒的，原发包单位应当终止承包合同，收回发包的基本农田。这个规定看似合理，实质是限制农民的土地权利。比如，在二轮承包完成后，一些地方出现了农民因负担过重而弃耕抛荒现象，当地集体经济组织根据这项规定，将抛荒地收回并重新发包。农村税费改革后，特别是全面免除农业税和实行粮食直补政策后，农地价值上升，原来弃耕抛荒的农民想回家继续耕种承包地，这时才发现其承包地已被集体收回并发包给了其他农民，这种现象在一些地方特别突出。为解决由集体收回农民土地承包经营权引发的矛盾，地方政府不得不重新组织土地分配。如果农民有了土地荒芜权，他可以随时由非农业经营转向农业经营。人们自然会担心，给予农民荒芜土地的权利，将对农业生产产生不利影响。这种担心是不必要的，只要耕种土地有利可图，农民就不会荒芜土地。即使农民自己有更好的就业渠道，自己不种地，他也会将其承包地出租给他人种，以获取租金收益。恰恰相反，在种地无利可图时，强迫农民耕种土地，是不可取的。第五，待条件完全成熟后，允许农地承包经营权抵押、继承和入股建立股份公司。不过，这需要一个相当长的过程。

　　家庭承包经营制度重点强调农户与集体的承包关系，我们常用"交足国家的、留足集体的，剩余都是自己的"来描述家庭承包经营的收益分配关系。在家庭承包经营制度下，农户除缴纳税收外，还必须向集体缴纳承包费和各种杂费，这里的集体包括乡、村、组三级。在农户获得更多土地权利后，农户只与土地所有者发生直接关系。农民集体（比如生产队）作为土地所有者，拥有农地所有权，农户拥有土地使用权。农户与集体原来的承包关系，转变为一种纯土地租佃关系。除缴纳规定地租外，农民不再向集体缴纳任何费用，家庭承包经营转变为家庭经营。

（四）在有条件的地区，采取多种形式，发展农地规模经营

正如第三章所述，我国今后的农地经营模式，将是小规模经营与适度规模经营并存。这两种模式，各有特点，很难说谁优于谁。发展农地规模经营，必须因地制宜，必须遵循依法、自愿和有偿原则。

（五）重视农村集体土地征收制度可能对农地制度带来的不利影响

当前，我们非常关注农村集体土地低价征收与土地补偿费管理问题，却忽视了农村集体土地征收可能引发的潜在矛盾。这个潜在矛盾，是指发生过土地征收的集体经济组织，承包期30年到期后，其集体土地如何再分配。征地补偿费（土地补偿费和劳力安置补助费）的分配，有三种模式：一是征地补偿完全归被征地农民所有，集体不给被征地农民重新分配土地。二是大部分征地补偿归被征地农民所有，集体不给被征地农民重新分配土地。三是征地补偿由集体统一分配，与此同时，集体给被征地农民重新分配部分土地。在第一种模式下，30年承包到期后，被征地农民及其后代成为无地或少地农民，可能要求集体重新分配土地。其他农户当然不同意，因为承包土地的征地补偿费，全部归被征地农户占有。在第二种模式下，被征地农民及其后代同样会要求重新分配土地，一方面，他们是无地或少地的农民；另一方面，他们并没有分享全部征地补偿；其他农户也会不同意，因

为被征地农户占有了大部分征地补偿。第三种模式引发的矛盾会少一点。一个可能的疑问是，第三种模式是否与现行《农村土地承包法》相冲突。现行《农村土地承包法》规定：在发生重大自然灾害等特殊情况下，经批准可依法调整部分承包地。至于土地征收是否属于特殊情形，该法并没有做出明确规定。因此，土地征收可以视特殊情形，也可以不视为特殊情形。可以肯定的是，由农村集体土地征收引发的农地重新分配矛盾，现在不是很突出，却是未来一个很大的隐患。

## 二、行政措施与经济手段相结合，有效保护基本农田

我国现行法律、法规对保护基本农田有如下规定：以省为单位，基本农田要占本行政区域耕地的80%以上；建设占用基本农田，必须经国务院批准；占地单位必须遵循"占多少、垦多少"的占补平衡原则，重新开发数量与质量相当的新耕地，没有条件开垦新耕地的，需要缴纳耕地开垦费，专款用于新耕地开发。目前，基本农田保护仍然以行政措施为主。尽管规定很严格，各地乱占滥用基本农田现象仍然大量发生，根本原因在于：保护基本农田缺乏利益机制。根据现行用地管理和征地补偿制度，划定的基本农田越多，进行非农建设的限制也越多，用地成本也越高。因此，地方政府保护基本农田积极性不高。同样，集体经济组织与农民不能从保护基本农田中获取经济利益，保护基本农田的动机不强。要有效保护基本农田，必须将行政措施与经济利益激励结合起来。依靠行政措施，规范地方政府用地行为；依靠经济利益激励，提高地方政府、集体经济组织和农民保护基本农田的积极性。在经济利益激励方面，比较可行的办法是建立基本农田补偿制度，即对基本农田进行经济补偿。基本农田补偿费由中央财政承担（即中央政府购买基本农田的土地发展权），

每年按面积分别支付给地方政府、集体经济组织和农民。中央政府支付了补偿费的基本农田，在转为建设用地时，必须报中央政府批准。将基本农田保护与集体经济组织和农民个人的利益挂钩，可以促使集体经济组织和农民个人监督地方政府的"欺上瞒下"行为。

### 三、深化农田基础设施产权制度与管理方式改革，建立多渠道投入机制

农地实行家庭承包经营后，许多地方的农田水利基础设施建设与管理，仍然维持了集体化时期的管理方式，由集体统一兴建、统一管理、统一服务。这种管理方式，有其优点，也有缺陷。优点表现为，可以集中人力、物力和财力，完成单个农户无法完成的工程建设；缺陷表现为，部分农户出现"搭便车"行为。这种"搭便车"行为，既存在于工程建设与维护环节，也存在于工程使用环节。以农田水渠为例，在水渠修建过程中，一些农户寻找种种借口，要么不缴纳工程集资款、要么不按质、按量完成自己所承担的工程任务，等修建或维修工程竣工后，却要与其他农民共同分享好处；一些人只顾用水，却不缴水费，或者在抗旱季节盗用其他人的水。产生"搭便车"行为本身并不可怕，可怕的是在集体统一管理方式下，会忽视对这种"搭便车"行为的约束与管理。于是，人人都想"搭便车"。农地家庭承包经营后，原有农田水利设施工程长年失修，农民新建工程积极性不高，主要源于这种"搭便车"行为。为解决这个问题，一些地方开始探索农田水利产权制度改革，其目的在于通过产权制度改革，引入更多资金和先进管理办法，解决农田水利等基础设施建设供给不足问题。这种供给不足，既包括工程建设本身的供给不足，也包括现行管理方式改革的供给不足。这项改革还处于探

索阶段,其效果有待进一步评估。不过,这项改革应遵循一些具体原则。这些原则包括:"谁建设、谁所有"原则、"谁建设、谁受益"原则和"谁使用、谁付费"原则。只有坚持这些原则,才能促使更多投资者,投资于农田水利设施,有效解决农田基础设施建设供给不足问题。

### 四、明确界定公共利益范围,改革农村集体土地征收制度

如果说过去60年农村土地制度变革的重点是农地制度,那么今后农村土地制度改革的重点,应转向建设用地制度,即改革现行集体土地征收制度和集体建设用地使用权流转制度。

农村集体土地征收制度改革,有两种方案可供选择:第一种选择,即维持现行农村集体土地征收制度不变,提高补偿水平。第二种选择,即公益性建设用地由国家征收,提高征地补偿水平;经营性、商业性建设用地由国家和农村集体经济组织共同供给。相对而言,第二种改革方案难度更大、更复杂,但它符合市场经济发展方向,符合《物权法》提出的平等保护国家财产和集体财产的原则,有利于保护土地所有者权益。

改革现行农村集体土地征收及补偿制度,需要从以下三个方面入手:第一,明确界定公共利益范围,只有涉及公共利益时,政府方可动用征收权。对于工商业用地,由国家或集体经济组织共同供给。与国有建设用地一样,集体建设用地也只能出让使用权,集体土地所有权不允许买卖。使用期限到期后,由原集体经济组织收回或继续出让。第二,根据平等收益原则,确定征收补偿费用。一方面,要改变原来按集体土地原用途年产值倍数确定征地补偿的办法,确保不同类型的集体土地大体获得相等收益。另一方面,要依据当地市场价格,确保农民集体从被征收土地(即用于公共利益的土地)获得的补偿费用,与集体出让同类土地

使用权获得的收益基本持平。集体土地征收与出让的根本区别，不在于后者比前者取得更多收益，而在于后者没有改变土地所有权关系。第三，用政府收取的土地收益（包括出让金和税费等）支付政府征收公益性用地的补偿支出。因公共公益事业建设支付给集体和农民的征地补偿费，从政府的土地收益中列支。

### 五、允许集体土地出让、转让或出租用于非农业建设

（一）逐步实行农民宅基地有偿使用与自由流转

现行农民宅基地政策有两项内容：一是一户一宅，以户为单位宅基地面积不能超过规定标准。这里的关键是如何定义"户"，是以人口规模为单位，还是根据农村分家立户的习惯。由于"户"的定义不明确，这项政策的执行被打了折扣。实际情况是，有钱的农户超面积建房，无钱的农户建房面积不达标。二是农民宅基地实行免费使用，但不能流转。一方面，农民宅基地用地不需要付出成本，导致土地资源浪费。另一方面，拆除房屋后宅基地无偿收归集体，为继续保留原宅基地，农民建新房后一般不拆旧房，致使原有存量宅基地利用率低。为改变这种状况，需要引入农民宅基地有偿使用与流转制度，具体可以包括如下改革措施：继续执行"一户一宅"和宅基地面积限制政策；实行新增宅基地有偿使用，有偿使用收入归拥有土地所有权的集体（主要是村民小组）所有；农民对通过有偿方式取得的宅基地，拥有永久使用权，可自由流转、买卖、抵押和继承；原来无偿使用的存量宅基地，可以归农民继续免费使用，或者由集体赎回后再实行有偿出让。

提及农民宅基地有偿使用，人们自然会想到20世纪90年代初各地开展的农民宅基地有偿使用试点。不过，到1993年，中央政府将农村宅基地有偿使用费和超占费作为农民负担，予以取

消,农村宅基地有偿使用试点以失败而告终。严格说,当时的农民宅基地有偿使用试点,并不是真正意义上的有偿使用。根据当时各地做法,宅基地有偿使用费主要归村级集体所有,而真正的土地所有者——村民小组却没有享受这笔收入。因此,当时的宅基地有偿使用费只能视为一项杂费,不是真正意义上的地租。一些地方,甚至将农民宅基地有偿使用费视为政府"第二财政",将其纳入地方政府预算外收入,这就是农民对收取宅基地有偿使用费不满的根本原因。这项费用被视为农民负担予以取消,也在情理之中。真正意义上的农村宅基地有偿使用,其有偿使用收入的大部分,应当归土地所有者——村民小组,而不是归村和乡镇所有。

还有一个与农村宅基地有关的问题,就是宅基地(使用权)抵押。在讨论《物权法》的过程中,有人建议应当赋予农民宅基地抵押权。事实上,在农民宅基地不能自由流转或买卖的条件下,赋予农民宅基地抵押权意义不大。类似于宅基地等不动产,其抵押主要取决于资产市场价值的高低。市场价值不高的东西,即使可以抵押,也没有多大意义。20世纪80年代后期,贵州省湄潭县曾经尝试过土地抵押试验,效果并不明显,原因在于土地市场价值不高。因此,要赋予农民宅基地以抵押权,前提条件是农民宅基地可以自由流转或自由买卖。相反,农民用房屋做抵押更符合实际,因为房屋是农民非常重要的财产。

(二)集体经济组织出让、转让或出租土地,用于工商业建设

与国有建设用地一样,集体经济组织出让、转让或出租土地用于工商业建设,必须实行用途管制和年度计划管理制度。作为土地所有者,集体经济组织将一定年限的土地使用权让渡给用地单位,收取地租,同时向政府缴纳相关税费。使用期限到期后,

由集体经济组织收回土地使用权或者继续让渡。

（三）集体经济组织用自己的土地兴建辖区内的公共公益事业

作为土地所有者，集体经济组织使用自己的土地，不需要缴纳地租。如果占用的是农户承包地和农户宅基地，集体需要支付给农户补偿费，或者用相等数量与质量的土地，与农户互换。用于支付公共公益事业建设用地的土地补偿费，由集体经济组织从土地出让金收入中列支。

## 六、合理分配集体土地增值收益，兼顾国家、集体和农民个人利益

无论是国家征收集体土地用于非农业建设，还是集体经济组织直接出让、转让或出租集体土地用于非农业建设，都会涉及土地增值收益分配问题。合理分配集体土地增值收益，必须兼顾国家、集体和农民个人利益。在国家征收——出让集体土地情形下，国家以土地所有者身份取得土地出让金和税费，集体和农民得到征地补偿收入。在集体经济组织直接出让、转让或出租土地情形下，国家以收税费方式，取得收入；农民集体以土地出让金或租金形式，取得土地收入，农民个人得到补偿收入。至于国家、集体和农民个人的分配比例，应根据经济发展程度不断做出调整。正如第五章和第六章所言，现行集体土地征收制度，严重损害农民和集体利益。相反，集体土地使用权私下流转却损害了国家和集体利益。因此，这两种类型的土地增值收益分配办法，必须重新做出调整。

## 七、建立农村土地产权与流转信息系统

目前，我国农村土地产权登记与流转存在许多问题。第一，

农村集体土地所有权，仍然以农民的习惯约定为依据，缺乏永久性的图文记载。第二，农户的土地承包经营权没有得到应有重视。许多地方虽然向农户发放了承包经营权证书，但地方政府和农民均不看重证书的意义。许多承包经营权证书只是简单地记载了承包地数量，没有详细的四至与界址记载；农民也不好好保管承包经营权证书。第三，包括农民宅基地在内的集体建设用地，缺乏统一登记，四至与界址不清晰。第四，缺乏产权流转信息管理系统。上述4个问题，在传统农业社会并不重要。一方面，传统农业社会的农民长期固定在原居地生产或生活，对居住地的地理、人文环境非常熟悉。另一方面，农民相互了解对方的道德水准和诚信水平，能对交易对象和交易风险做出大致判断。随着城乡人口流动范围的扩大和土地资产价值的提升，这一切将会发生改变。农民不再常年定居于原居地，对当地地理、人文环境以及交易对象的道德、诚信程度的了解有限；农民对集体土地和自己承包地的四至与界址记忆，也变得越来越模糊。特别是对于外来者，基本没有这方面的信息，他们只能根据图文信息来判断交易风险与交易成本。因此，建立农村土地产权与信息管理系统，有利于保护集体和农民个人的土地权利，有利于土地资源实现更大范围内的合理配置。

# 附录 1

# 浙江省 RA 市征收农村集体土地补偿标准

## 一、2000 年，征收各类农村集体土地补偿标准

1. 土地补偿费和安置补助费标准。　　　　　单位：万元/公顷

| 地区分类 | 土地类型 | 土地补偿费与安置补助费之和 |
|---|---|---|
| 一类地区<br>（10 个镇的规划建成区） | 耕地 | 24～75 |
| | 园地 | 按临近耕地补偿标准的 60% 计算 |
| | 山地 | 4.5～7.5 |
| | 其他土地 | 按临近耕地补偿标准的 50% 计算 |
| 二类地区<br>（6 个镇的规划建成区及一类地区非规划建成区） | 耕地 | 21～60 |
| | 园地 | 按临近耕地补偿标准的 60% 计算 |
| | 山地 | 4.5～7.5 |
| | 其他土地 | 按临近耕地补偿标准的 50% 计算 |
| 三类地区<br>（10 个镇的规划建成区及二类地区非规划建成区） | 耕地 | 18～52.5 |
| | 园地 | 按临近耕地补偿标准的 60% 计算 |
| | 山地 | 6.75 |
| | 其他土地 | 按临近耕地补偿标准的 50% 计算 |

续表

| 地区分类 | 土地类型 | 土地补偿费与安置补助费之和 |
|---|---|---|
| 四类地区<br>（6个乡镇的规划建成区及三类地区非规划建成区） | 耕地 | 16.5~45 |
| | 园地 | 按临近耕地补偿标准的60%计算 |
| | 山地 | 6.75 |
| | 其他土地 | 按临近耕地补偿标准的50%计算 |
| 五类地区<br>（14个乡镇的规划建成区及四类地区非规划建成区） | 耕地 | 15~30 |
| | 园地 | 按临近耕地补偿标准的60%计算 |
| | 山地 | 6.75 |
| | 其他土地 | 按临近耕地补偿标准的50%计算 |

注：个别特殊地区，可适当增加补偿，但每公顷增加补偿额不得超过10.5万元。

2. 青苗补偿费。按当季作物损失补偿；无青苗的不补偿。每公顷耕地的青苗补偿标准，最高不超过7 500元。果园、林地补偿标准，按省林地管理办法执行。

3. 地上附着物补偿。按实际价格计算。房屋由房管部门评估；基础设施补偿，每公顷不得超过30万元。

## 二、2003年，征收各类农村集体土地补偿标准

1. 按区片综合价补偿。

单位：万元/公顷

| 地区分类 | 土地类型 | 区片综合价 | 备注 |
|---|---|---|---|
| 一类地区 | 常年固定菜地 | 112.5 | 经市政府审批的蔬菜基地 |
| | 水田、鱼塘、旱地、园地、农田水利用地等 | 61.5~90 | |
| | 建设用地 | 34.5~45 | 不予安置补助 |
| | 未利用土地 | 18~22.5 | 不予安置补助 |

续表

| 地区分类 | 土地类型 | 区片综合价 | 备注 |
|---|---|---|---|
| 二类地区 | 常年固定菜地 | 90 | |
| | 水田、鱼塘、旱地、园地、农田水利用地等 | 52.5~75 | |
| | 建设用地 | 27~37.5 | 不予安置补助 |
| | 未利用土地 | 13.5~19.5 | 不予安置补助 |
| 三类地区 | 常年固定菜地 | 75 | |
| | 水田、鱼塘、旱地、园地、农田水利用地等 | 45~60 | |
| | 建设用地 | 22.5~30 | 不予安置补助 |
| | 未利用土地 | 10.5~15 | 不予安置补助 |
| 四类地区 | 常年固定菜地 | 60 | |
| | 水田、鱼塘、旱地、园地、农田水利用地等 | 37.5~52.5 | |
| | 建设用地 | 19.5~25.5 | 不予安置补助 |
| | 未利用土地 | 9.75~12.75 | 不予安置补助 |

2. 按年产值倍数法补偿。

单位：万元/公顷

| 地区分类 | 土地类型 | 土地补偿费 | | | 安置补助费 | | | 合计 |
|---|---|---|---|---|---|---|---|---|
| | | 年产值 | 倍数 | 补偿标准 | 年产值 | 倍数 | 补偿标准 | |
| 11个乡镇及四类地区的非规划区 | 水田、鱼塘、旱地、园地等 | 2.25 | 8 | 18 | 2.25 | 7 | 15.75 | 33.75 |
| | 建设用地 | — | — | 18 | — | — | — | 18 |
| | 未利用土地 | — | — | 9 | — | — | — | 9 |
| | 林地 | 1.05 | 4~7 | 4.2~7.35 | 1.05 | 7 | 7.35 | 11.55~14.7 |

# 附录 2

## 浙江省 RA 市农村集体土地征收——出让过程中的利益分配[①]

### 一、2003~2005 年农村集体土地征收与国有建设用地出让情况

2003~2005 年，RA 市实际征用（即征收）农村集体土地 779.1 公顷，其中征用农业用地面积 605.5 公顷，占总征地面积的 78%。协议出让工业用地 380.5 公顷，占出让建设用地总面

表1 农村集体土地征用和国有建设用地出让面积

| 年份 | 征用农村集体土地（公顷） | 其中：征用农业用地（公顷） | 协议出让工业用地（公顷） | 协议出让商住用地（公顷） | 招、拍、挂出让土地（公顷） | 出让建设用地总面积（公顷） |
|---|---|---|---|---|---|---|
| 2003 | 505.3 | 419.9 | 203.0 | 23.7 | 9.8 | 236.5 |
| 2004 | 152.7 | 110.9 | 90.9 | 11.3 | 10.0 | 112.2 |
| 2005 | 121.1 | 74.7 | 86.6 | 21.0 | 6.7 | 114.3 |
| 合计 | 779.1 | 605.5 | 380.5 | 56.0 | 26.5 | 463.0 |

---

① 该文发表于《农业经济问题》2007 年第 11 期。

积的82%；协议出让商住（服）用地56公顷，占12%；以招标、拍卖、挂牌方式出让的建设用地26.5公顷，占6%。从用地结构可知（见表1），RA市正处于工业化初期，政府征用土地主要用于工业开发，服务业还不够发达。

## 二、农村集体土地征用补偿和国有建设用地出让税费的有关规定

### （一）农村集体土地征用补偿

2003年RA市出台了《征用农民集体所有土地管理办法》，对征用不同地区农村集体土地的补偿标准做了具体规定。第一，将农村集体土地划分为四类，即常年固定菜地、农业用地（包括水田、水田改鱼塘、旱地、园地、农田水利用地）、建设用地和未利用土地。第二，区分不同地区，确定各类农村集体土地补偿标准（见表2）。全市被划为五类地区，其中一类地区包括5个镇的城镇规划区和2个经济开发区；二类地区包括4个镇的城镇规划区和一类地区非城镇规划区；三类地区包括3个镇的城镇规划区和二类地区非城镇规划区；四类地区包括9个乡镇和三类地区非城镇规划区；五类地区包括11个乡和四类地区的非城镇规划区。征用1~4类地区农村集体土地，按区片综合价给予补偿；征用第5类地区农业用地，按年产值倍数标准给予补偿；征用第5类地区集体建设用地和未利用土地，按区片综合价给予补偿。区片综合价包括土地补偿费、安置补助费和青苗补偿费，每公顷青苗补偿费（果园、渔塘无青苗补偿）最高不超过7 500元。征用农村集体建设用地和未利用土地，不给予安置补助。第三，给农村集体经济组织一定比例的安置用地。对成片统一征地的，安置用地不得超过征用耕地面积的10%，特殊情况下最高不得超过15%。对成片征用土地安排安置用地的，征地补偿按相应地类低限标准执行。在计算农民集体所得时，应当将安

置用地用市场价折为集体收入，但由于两个因素，使得将安置用地折为集体收入变得困难。一是对成片征用土地没有做出量化规定，在实践中很难把握；二是许多安置用地不在原征地范围内，市场价格难以确定。这里，我们忽略安置用地政策给农民集体带来的收入，而仅以最低和最高征地补偿，作为农民集体所得。

表2　　2003年RA市5类地区各类农村集体土地征用补偿标准

| 农村集体土地类型 | 一类地区（万元/公顷） | 二类地区（万元/公顷） | 三类地区（万元/公顷） | 四类地区（万元/公顷） | 五类地区（万元/公顷） |
|---|---|---|---|---|---|
| 常年固定菜地 | 112.5 | 90 | 75 | 60 | — |
| 水田、旱地、园地、农田水利用地 | 61.5~90 | 52.5~75 | 45~60 | 37.5~52.5 | 33.75 |
| 建设用地 | 34.5~45 | 27~37.5 | 22.5~30 | 19.5~25.5 | 18 |
| 未利用土地 | 18~22.5 | 13.5~19.5 | 10.5~15 | 9.75~12.75 | 9 |

（二）国有建设用地出让税费及分配

RA市规定，出让国有建设用地，用地单位需要根据征用土地的原用途和土地出让方式，向政府支付表3中的12项费用，其中耕地占用税和耕地开垦费只在征用耕地时收取；城市基础设施配套费收取标准为30元/m$^2$~100元/m$^2$，根据规划面积收取。

表3　　国有建设用地出让各类税费收取标准

| 收费项目 | 收费依据与标准 | | 中央、省、市分成比例 |
|---|---|---|---|
| | 招拍挂方式出让 | 协议方式出让 | |
| 1. 征地农民生活保障基金 | 出让金总收入的5% | 不同地区的5项收费标准为：1类地区：30万元/公顷 2类地区：22.5万元/公顷 3类地区：15万元/公顷 4类地区：7.5万元/公顷 5类地区：7.5万元/公顷 | RA市100% |
| 2. 住房制度改革专项资金 | 出让金总收入的3% | | RA市100% |
| 3. 社会保障补充基金 | 出让金总收入的2% | | RA市100% |
| 4. 农业土地开发资金 | 出让金总收入的2% | | RA市100% |
| 5. 政府财力统筹资金 | 出让金总收入的3% | | RA市100% |

续表

| 收费项目 | 收费依据与标准 | | 中央、省、市分成比例 |
|---|---|---|---|
| | 招拍挂方式出让 | 协议方式出让 | |
| 6. 新增建设用地有偿使用费 | 2007年1月前属第八类地区，210 105元/公顷 | | 中央30%、省级70% |
| 7. 城市基础设施配套费 | 30元/m² ~ 100元/m² | | 同出让金纯收益分配比 |
| 8. 农业土地开发费 | 61 500元/公顷 | | 省级20%，RA市80% |
| 9. 征地管理费 | 耕地：60 000元/公顷<br>非耕地：48 000元/公顷 | | 耕地：省级1 500元/公顷<br>非耕地：省级750元/公顷剩余归RA市 |
| 10. 土地出让费 | 出让金总收入的2% | | RA市100% |
| 11. 耕地占用税 | 90 000元/公顷 | | 省级60%、RA市40% |
| 12. 耕地开垦费 | 127 500元/公顷 | | 省级20%，RA市80% |

注：（1）《用于农业土地开发的土地出让金收入管理办法》规定：土地出让金用于农业土地开发的比例，按各市县土地出让平均纯收益的15%提取；RA市属10类地区，土地出让平均纯收益标准为41元/m²。

（2）土地出让金纯收益，在扣除市级5项或6项收费后（见表3），再在市、镇（经济开发区）进行分配。经济开发区由市财政全额返还；B镇、新区按市、镇（区）3∶7比例分配；各中心镇按市、镇4∶6比例分配；其他乡镇按市、镇（乡、街道）5∶5比例分配。返还资金主要用于征用土地各项费用、城镇基础设施建设和公益性建设项目支出。

## 三、协议出让工业用地的土地增值收益分配

RA市规定，政府协议出让工业用地所得为协议出让最低净出让金、城市基础设施配套费和固定税费之和（结果见表4）。工业用地协议出让最低净出让金（含表3中前5项专用基金）分为四档，其中1~3类地区分别为150万元/公顷、135万元/公顷和120万元/公顷，4、5类地区均为105万元/公顷。根据该市有关规定（工业用地容积率为1和城市基础设施配套费收取标准），1~2类地区城市基础设施

配套费分别为600 300元/公顷和400 200元/公顷，3~5类地区城市基础设施配套费为300 150元/公顷。从表3可知，政府征用固定菜地、水田、旱地等农业用地时收取的固定税费（市5项专用基金已含在最低净出让金中）包括第8、9、11、12项费用（不收取第十项土地出让费），共计339 000元/公顷；征用园地、农田水利用地、建设用地和未利用土地时收取的固定税费包括第8、9项费用，共计109 500元/公顷。农民集体所得为征地补偿（见表2，青苗补助费忽略不计）。表5数据显示：在RA市，征用固定菜地用于工业开发，政府与农民集体所得之比，最高为2.8:1；征用水田与旱地用于工业开发，政府与农民集体所得之比，最高为5:1；征用建设用地和未利用土地用于工业开发，政府与农民集体所得之比，最高分别约为8:1和16:1。

我们还可以根据表3所示税费分配比例，计算出不同用途农村集体土地增值收益在中央、省、市和乡镇政府间的分配比例。由于它不是本文关注重点，我们忽略这一问题。

**表4　政府协议出让工业用地所得（各类农村集体土地）**

| 土地类型 | 一类地区 元/公顷 | 二类地区 元/公顷 | 三类地区 元/公顷 | 四类地区 元/公顷 | 五类地区 元/公顷 |
| --- | --- | --- | --- | --- | --- |
| 固定菜地、水田与旱地 | 2 439 300 | 2 089 200 | 1 839 150 | 1 689 150 | 1 689 150 |
| 园地与水利用地、建设用地、未利用土地 | 2 209 800 | 1 859 700 | 1 609 650 | 1 459 650 | 1 459 650 |

**表5　不同地区政府协议出让工业用地所得与农民集体所得之比（各类农村集体土地）**

| 土地类型 | 一类地区 | 二类地区 | 三类地区 | 四类地区 | 五类地区 |
| --- | --- | --- | --- | --- | --- |
| 固定菜地 | 2.2 | 2.3 | 2.5 | 2.8 | — |
| 水田、旱地 | 4~2.7 | 4~2.8 | 4.1~3.1 | 4.5~3.2 | 5:1 |
| 园地与农田水利用地 | 3.6~2.5 | 3.5~2.5 | 3.6~2.7 | 3.9~2.8 | 4.3:1 |
| 建设用地 | 6.4~4.5 | 6~9.5 | 7.2~5.4 | 7.5~5.7 | 8.1:1 |
| 未利用土地 | 12.3~9.8 | 13.8~9.5 | 15~10.7 | 15~11.4 | 16.2:1 |

注：比值=政府协议出让工业用地所得/农民集体所得。

## 四、招、拍、挂出让商业和住宅用地的增值收益分配

RA市市政府规定：商业、旅游、娱乐和商品住宅等各类经营性用地以招、拍、挂等方式出让，出让金按成交总额征收，相关税费由受让人另行缴纳。为此，RA市市政府制定了商业、住宅、工业用地基准条件①和基准地价。以招、拍、挂方式收取的土地出让金，在计提被征地农民生活保障基金、住房制度改革专项资金、社会保障补充基金、农业土地开发资金（含农业产业化专项资金）、政府财力统筹资金等5项专用基金后，由财政部门代扣代缴土地开发费用（含补偿性费用和开发性费用）、耕地开垦费（包括土地整理指标成本费）、新增建设用地有偿使用费、城市基础设施配套费、土地业务费等国家、省、市政府规定的各类规费后，将剩余的土地出让纯收益在市、镇（经济开发区）进行分配。

与协议出让工业用地政府规定最低净出让金不同，土地招、拍、挂出让价格包括土地所有权收益（类似于净出让金）、征地费用、开发费用和政府收取的各项税费。由于调查中未能取得土地开发费用相关数据，因此，根据已有数据无法计算政府所得。解决这个问题，有两种方法：一是根据全国招、拍、挂出让金纯收益占土地成交价款平均比例推算纯出让金；二是推算土地开发费用。此外，根据实际情况，我们认定招、拍、挂出让的土地一般处于所在城镇的规划区内，征地补偿也按所在地最高标准计算。

---

① 基准条件包括：（1）基准地价评估日期为2005年3月1日；（2）基础设施达到"五通一平"；（3）商业、住宅、工业用地使用期限分别为40年、70年和50年；（4）建制乡镇商业用地、住宅用地和工业用地容积率分别为1.5、1.2和1。

## (一) 根据全国出让金纯收益占土地成交价款比例推算

2004 年全国招、拍、挂出让土地成交总价款为 3 549 亿元，纯收益为 1 103 亿元，纯收益占成交总价款的 31%。根据全国出让金纯收益占土地成交价款比例，我们可以推出基准地价条件下的基准净出让金。政府所得为基准净出让金（基准地价×31%）、城市基础设施配套费（容积率×出让土地面积×配套费收费标准）、市级 6 项收费（表 3 中的第 1、2、3、4、5 和 10 项，即基准出让金的 17%）和固定税费（见前文）之和。城市基础设施配套费，依据规划建筑面积计算，RA 市建制镇基准地价条件下商业用地容积率为 1.5，其规划建筑面积为每公顷 15 007.5 平方米；住宅用地容积率为 1.2，其规划建筑面积为每公顷 12 006 平方米。表 6 为不同地区不同用途的农村集体土地转为不同用途的国有建设用地后，政府与农民集体所得之比。

**表 6 根据全国出让金纯收益占土地成交价款比例推算的政府与农民集体所得比**

| 土地类型 | 一类：B 镇 | | 二类：V 镇 | | 三类：R 镇 | | 四类：Q 镇 | |
|---|---|---|---|---|---|---|---|---|
| | 商业 | 住宅 | 商业 | 住宅 | 商业 | 住宅 | 商业 | 住宅 |
| 基准地价（元/m²） | 4 570 | 1 780 | 700 | 350 | 600 | 400 | 320 | 270 |
| 配套费收费标准（元/m²） | 100 | 60 | 80 | 40 | 60 | 30 | 60 | 30 |
| 固定菜地 | 21.1 | 8.5 | 5.4 | 2.8 | 5.5 | 3.5 | 4.6 | 3.3 |
| 水田、旱地 | 26.4 | 10.7 | 6.5 | 3.3 | 6.9 | 4.4 | 5.3 | 3.8 |
| 园地与农田水利用地 | 26.2 | 10.4 | 6.2 | 3.0 | 6.5 | 4.0 | 4.9 | 3.4 |
| 建设用地 | 52.3 | 20.8 | 12.5 | 6.1 | 13.0 | 8.0 | 10.0 | 6.9 |
| 未利用土地 | 104.7 | 41.7 | 24.0 | 11.6 | 25.9 | 15.9 | 20.0 | 13.9 |

注：设施配套费标准为城市基础设施建设配套费收取标准，按规划设计面积收取；地区分类是指按征地补偿标准划分的地区。

## (二) 根据土地开发费用推算

1995~1998 年《中国土地年鉴》提供了土地开发费用，此后没有统计。1995～2004年全国单位面积土地出让金纯收益年均递增13.8%，如果假设土地开发费用与出让金纯收益同比递增，到2005年全国土地开发费用应为405 600元/公顷。这里，我们采用刘卫东、彭俊估算的"五通一平"土地开发费用①（每公顷1 193 396元）推算（RA市基准地价条件为"五通一平"）。基准出让金扣除征地补偿和土地开发两项费用后，即为政府所得（包括城市基础设施配套费、市级6项收费、固定税费和基准净出让金）。根据土地开发费用推算的政府与农民集体所得比见表7，推算结果显示：在一类地区，征用和出让固定菜地、水田等农业用地、建设用地和未利用土地用于商业开发，政府与农民集体所得之比最高，分别为38.6:1、48.5:1、98:1和196.9:1；在四类地区，政府与农民集体所得之比分别为2.3:1、2.8:1、6.9:1和14.8:1。应当说，根据土地开发费用推算的结果更准确。根据土地纯收益占土地成交款比例推算的一个重要假设是，政府在征用不同用途的农村集体土地后再出让，其获取的纯收益比相同，这与实际不符，这也正是我们要论证的问题。

表7　根据土地开发费用推算的政府与农民集体所得之比

| 土地类型 | 一类：B镇 | | 二类：V镇 | | 三类：R镇 | | 四类：Q镇 | |
| --- | --- | --- | --- | --- | --- | --- | --- | --- |
| | 商业 | 住宅 | 商业 | 住宅 | 商业 | 住宅 | 商业 | 住宅 |
| 固定菜地 | 38.6 | 13.8 | 5.5 | 1.6 | 5.4 | 2.7 | 2.3 | 1.5 |
| 水田、旱地 | 48.5 | 17.5 | 6.7 | 2.1 | 7.0 | 3.7 | 2.8 | 1.9 |
| 园地与农田水利用地 | 48.5 | 17.5 | 6.7 | 2.1 | 7.0 | 3.7 | 2.8 | 1.9 |
| 建设用地 | 98.0 | 35.9 | 14.5 | 5.2 | 15.0 | 8.4 | 6.9 | 4.9 |
| 未利用土地 | 196.9 | 72.8 | 28.8 | 10.8 | 31.1 | 17.7 | 14.8 | 10.8 |

---

①　刘卫东、彭俊：《征地补偿费用标准的合理确定》，《中国土地科学》2006年第1期。

## 五、结论与评论

从前文分析可知，不同用途的农村集体土地转为国有建设用地后，政府与农民集体间的增值收益分配相差悬殊。在 RA 市一类地区，征用农民集体的水田、旱地用于商业开发，政府所得是农民集体所得的 48.5 倍；征用农民集体建设用地用于商业开发，政府所得是农民集体所得的 98 倍；征用农民集体未利用土地用于商业开发，政府所得是农民集体所得的 196.9 倍。产生这种现象的根本原因在于：不同用途的农村集体土地，征地补偿不同，在其转为同样用途的建设用地后，土地出让价格却完全相同。一般来说，耕地的征地补偿高于其他农业用地，农业用地的征地补偿高于农村集体建设用地和未利用土地。对不同用途的农村集体土地，给予不同征地补偿，表面上看起来合理，实质是损害了农民集体土地所有权。这种做法，忽视了集体建设用地和未利用土地同样是农民集体的重要财产。

RA 市在征用农村集体土地时，对 1~4 类地区按区片综合价补偿，对第 5 类地区按年产值倍数法进行补偿，这种将征地补偿与土地位置和市场价值挂钩的做法值得推广。同一地区内、同样用途的农村集体土地，其征地补偿应当相同，而 RA 市却存在相当大的浮动空间，这样容易导致腐败。

# 附录 3

# 各地《村镇建房用地管理条例》
# （1982 年）实施办法内容摘要
### （根据网络资料整理）

**一、山东省《关于贯彻执行〈村镇建房用地管理条例〉的通知》（1982 年 3 月 20 日）内容摘要**

1. 对农民建房用地，规定限额指标。（1）城郊及较大的集镇（包括公社所在地），每户宅基地面积 133.3～166.6 平方米。（2）平原地区的村庄，每户宅基地面积 133.3～233.3 平方米；如村庄建在盐碱荒滩地带可适当放宽，但最多不得超过 266.7 平方米。（3）山区、丘陵地区良田很少，要特别注意节约用地。旧村原在平原地上，每户宅基面积控制在 133.3 平方米；旧村原在山坡薄地上，或将原占好地的旧村搬到山坡薄地上建设新村，每户宅基面积可适当放宽，但最多不要超过 266.7 平方米。各县人民政府，应根据上述用地限额指标，制订农民建房占用宅基地面积标准。

2. 村镇内宅基地、公共建筑、生产建筑、公用设施和道路绿化等各项用地面积，应有合理比例，各项比例由各县人民政府结合当地农村特点研究制定。

3. 农村社队企业用地，由省社队企业管理局根据《条例》精神，提出省、地、县三级具体批准权限、土地补偿标准以及审批原则，报省人民政府批准后施行。

4. 农村专业户和集镇非农业个体经营户的生产和商业性房屋建设用地，亦应本着节约用地，不占或少占耕地原则，按照《条例》规定的审批制度，办理申请和批准手续，按实际需要批给土地，并根据土地数量和质量征收一定的土地补偿费。征收费用标准，由县人民政府规定。

## 二、山西省《贯彻执行〈村镇建房用地管理条例〉实施办法》（1984年7月15日）内容摘要

1. 村镇一切宅基地、空闲地均属集体所有，应按村镇规划，统一调拨使用。村镇居民对宅基地只有使用权，没有所有权，不得以任何形式买卖、出租和相互转让；任何人不得以历史上颁发的房窑土地证及其他契约、证件，提出对宅基地的所有权要求。

2. 村镇内各项建设用地，参照以下比例确定。（1）集镇及乡所在地，居住建设面积占总用地面积的45%～55%，公共建筑占10%～15%，道路、绿化占20%～25%，生产建筑及其他占15%～25%。（2）一般村庄，居住建设面积占村庄总用地面积的50%～60%，公共建筑占10%左右，道路、绿化占15%～20%，生产建筑及其他占10%～20%。

3. 建房用地标准。农村居民建房占地，每户不得超过200平方米。城市近郊、菜区、人均耕地不足666.7平方米的平川地区，每户不得超过133.3平方米。在人少地多的边远山区，可适当放宽。县级政府可根据上述限额，具体规定每一个村、镇居民

建房占地标准。

4. 农村居民建房，占用耕地的，按照所占土地年产值的4倍，向农业合作社（即有土地所有权的地区性经济组织，下同）缴纳一次性宅基地使用费。土地年产值计算方法是：根据所占土地前3年的平均年产量，乘以国家牌价或议价（指没有国家牌价的农产品）。占用旧宅基地、村内空闲地和非耕地（指本办法颁布前，连续3年以上不耕种的土地）的，按照全村耕地前3年平均年产值的2倍计算。盖楼房者免缴宅基地使用费。

5. 农村居民每户只能有一处住宅。多子女户（1981年1月1日以后出生的子女，以及已出嫁和招赘出去的不予计算）需要分居的，不管有几个子女，只批给一处新宅基地。现有住宅占地面积超过规定标准，其超过部分达到规定标准1倍的，不另批给新宅基地。违反计划生育的超生户，不批给新宅基地。由于村镇规划或其他原因迁建新居的，在新居建成半年以内，必须拆除原有建筑物，把旧宅基地退还集体。

6. 禁止借买房扩占宅基地。由于买卖房屋而转移宅基地使用权的，买主应先办理宅基地审批手续，并按规定缴纳宅基地使用费。

7. 农村多种经营专业户具备相关条件者，需在住宅以外申请生产性建房用地。

8. 乡镇企业（即原社队企业）及其他合作企业占地，要严格控制，实行有偿使用。其申请程序、审批权限、土地补偿标准及其他附着物补偿标准，参照《山西省贯彻执行〈国家建设征用土地条例〉实施办法》第四条、第五条、第六条、第七条、第十条规定办理。

9. 乡镇企业及其他合作企业占地，只支付土地补偿费，不支付安置补助费。土地所有权仍属农业合作社所有，企业停办后，应无偿把土地交回被占地单位。所占土地的农业税，在国家未核减以前，由占地单位负担。

10. 村镇规划内为本村镇居民服务的教育、卫生、文化及其他公共建设用地，由乡、镇人民政府审核，报县级人民政府批准，不支付土地使用费。

### 三、河北省《村镇建房用地管理实施办法》(1982年7月3日) 内容摘要

1. 村镇内各项建设用地应有合理比例。(1) 集镇和公社驻地，社员宅基地用地面积应占村镇总用地面积的60%左右，公共建筑和公用设施占25%左右，道路和绿化占15%左右。(2) 一般村庄社员宅基地用地应占70%左右，公共建筑和公用设施占15%左右，道路和绿化占15%左右。

2. 社员建房用地限额。城镇郊区和人均耕地不足666.7平方米的地区，每户控制在166.7平方米以内；一般地方，控制在200平方米以内；沿海、坝上一些地多人少的地方，可适当放宽，但最多不得超过233.3平方米。县级人民政府要根据上述限额，制订具体的宅基地面积标准。

3. 农村社员，回原籍落户的离休、退休、退职的职工和军人，回乡定居的华侨，建房需要宅基地的，应向所在生产队或生产大队申请，经社员大会或社员代表大会讨论通过，公社管理委员会审查，报县级人民政府批准。批准后，由批准机关发给宅基地使用证明。到他地落户的离休、退休、退职的职工和军人，建房需要宅基地，除办理上述手续外，还应向生产队交纳占地补偿费。补偿标准按2~4年的年产值（著者注，即年产值的2~4倍，下同）计算。

4. 社队企业、事业单位建设占用生产队的土地，必须给予

补偿。补偿标准：公社企业、事业单位占用耕地，按5年的年产值计算；大队企业、事业单位占用耕地，按3年的年产值计算。社队企业、事业单位占用荒山、荒坡、河滩、坑塘等没有收益的土地，不予补偿。

5. 社队兴办砖瓦厂，应充分利用不宜种植的土丘、山坡取土，一般不得占用耕地。确需占用耕地的，必须有恢复种植或用于其他生产（如养鱼、植藕等）的切实措施。占地不足0.33公顷的，报县级人民政府批准；0.33公顷以上的，报地区行署或省辖市人民政府批准。占用期间，按该队耕地平均年产值每年补偿，用后退还集体继续耕作。

# 附录 4

# 各地试行农村宅基地有偿使用的规定
(根据网络资料整理)

### 一、浙江省有关农村宅基地有偿使用的规定（1991年）

1. 有偿使用收费标准。在《浙江省土地管理实施办法》法定面积内的，每年每平方米收费标准为 0.05 元～0.2 元，超过 0.2 元应报省批准；超过法定面积以外的用地，分档累进收费，具体标准由各市（地）土地管理、物价、财政部门确定。

2. 农村宅基地有偿使用费收缴、分配与管理。每年收取一次。各地在收费时必须使用财政部门统一印制的收费发票。有偿使用费由村向农民收取，85%归村所有，10%归乡镇所有，县（市、区）占 5%。留给村的有偿使用费，交乡（镇）财政统一管理，建账立户，单独核算，县土地管理、财政、审计部门负责监督，主要用于村内农业基础设施、公益事业建设和土地开发，不得挪用和浪费。乡（镇）、县（市、区）分成的有偿使用费，必须用于土地管理事业。

## 二、上海市农村宅基地有偿使用的规定（1990年，供试点用）

1. 征收对象与范围。本市范围内的农民和居民自有住宅所使用的集体土地，均实行有偿使用。

2. 农村宅基地有偿使用收费标准（以每年每平方米计算）。（1）圈建院墙内的所有土地，均按宅基占用的土地计收使用费。（2）《上海市村镇建房用地管理实施细则（试行）》（以下简称《实施细则》）发布以前使用的宅基地和以后经批准使用在规定面积以内的宅基地：市区范围为0.3元；上海、嘉定、川沙三县，闵行区、宝山区（不含长兴、横沙两乡）为0.2元；南汇、奉贤、金山、松江、青浦县为0.15元；崇明县及宝山区的长兴、横沙两乡为0.1元；市区毗邻乡、郊县（区）城镇、集镇和公路两侧各150米范围加收0.05元。（3）超过规定面积允许使用的宅基地收费。《实施细则》实施以后至《土地管理法》施行之前使用的宅基地，超过规定的部分按2倍收取（著者注，即前述标准的2倍，下同），其建房占地（包括砖墙瓦顶的辅助用房占地，不计简易棚舍，下同）超过规定的部分按4倍收取；《土地管理法》实施以后使用的宅基地，超过规定的部分按4倍收取，其建房占地超过规定的部分按8倍收取。（4）出租房屋用于居住的按5倍收取，用于营业的按10倍收取；自用改为经营场所的，按5倍收取。部分出租或部分改为经营场所的按用地面积分摊计算。（5）烈士家属、残废军人、鳏寡孤独等用户，生活确有困难的，其宅基地在规定面积内可以减收或免收。（6）《实施细则》实施以后房屋翻建过的原有宅基地，超过规定占用部分，按4倍收取；建房超过规定占用部分，按8倍收取。（7）农村个体工商户使用的非宅基地范围的生产经营性用地，同时实行有偿使用,每年每平方米按 3 元~6 元收取,每季度收取一次。

3. 农村宅基地有偿使用费的分配与管理。收取的宅基地有偿使用费 90% 留给村,用于本村公共设施建设;10% 交乡(镇)土地管理分所,用于宅基地管理和业务费用。农村宅基地有偿使用费,凭上海市土地管理局统一规定的票证,由村民委员会负责收取,解交乡(镇)当地银行或信用社专户存储。

### 三、银川市农村宅基地有偿使用办法(1992 年)

1. 农村宅基地用地面积标准。自治区《实施〈土地管理法〉办法》施行前,每户按 330 平方米计算;自治区《实施〈土地管理法〉办法》施行后,每户按 267 平方米计算。

2. 农村宅基地有偿使用收费标准(每年)。标准内用地,每平方米 0.05 元~0.1 元;超标准占地 50 平方米以内的,每平方米收 0.5 元;超标准占地 50~100 平方米的,每平方米收 1 元;超标准 100 平方米以上的,每平方米收 2 元~3 元;挤占沟渠巷道的,一律视为超标准占地,在超标准的基础上再加收 50%。

3. 农村宅基地有偿使用费的收取与管理。宅基地使用费,每年收取一次,实行村有、乡管、银行立户制,专款专用,用于村内基础设施和公益事业建设。

### 四、昆明市农村宅基地有偿使用办法(1992 年)

1. 农村宅基地的定义及范围。农村宅基地,是指依法确定给农村居民用于住宅及其配套设施建设的用地,包括住房、畜圈、仓库、庭院、厕所等用地。

2. 缴纳对象。辖区内使用宅基地的农村居民,按规定回乡定居的离休、退休、离职干部、职工,归国华侨,因征地农转非后仍使用宅基地的城镇居民,均应交纳宅基地使用费。

3. 宅基地面积标准。城市近郊区人均20平方米,每户最多不得超过90平方米;坝区人均25平方米,每户最多不得超过110平方米;半山区人均30平方米,每户最多不得超过140平方米;山区人均40平方米,每户最多不得超过160平方米。独生子女户、烈属户在实有人数的基础上,可增加一个人标准的宅基地面积。服役期间的战士,按标准享受宅基地面积。

4. 农村宅基地有偿使用费收费标准。标准面积以内的,每平方米每年按0.1元~0.3元计收;超出标准面积的部分,按累进制方法提高收费标准,具体标准,由各县区根据实际情况制定,但不得确认超标宅基地使用权。出租或用于经营时,属标准面积以内的部分,每平方米每年再加收0.5元~1元的费用;属标准面积以外的部分,以前款计费方式为基础,每平方米每年再加收1元~5元的费用①。

5. 农村宅基地有偿使用费的分配与管理。宅基地使用费每年末收取一次;实行村有乡管,专户存储。宅基地使用费主要用于村镇规划中的村内公益事业建设,公共设施建设,旧村改造拆迁补偿。

---

① 原文为:"宅基地不按规定用途使用,擅自出租或用于经营时,除责令其恢复原使用性质外,属标准面积以内的部分,每平方米每年再加收0.5元~1元的费用。属标准面积以外的部分,以前款计费方式为基础,每平方米每年再加收1元~5元的费用。"

# 附 录 5

# 现代化水平评估方法及各国、各地的现代化水平

（选自《中国现代化研究报告》
（2001 年、2003 年））

## 一、评估指标体系与方法

20 世纪 80 年代美国的英克尔斯教授提出了 10 个针对第一次现代化的量化指标，并为这 10 个指标设定标（基）准值。表 1 中 8 个正指标的达标程度为实际值与标准值的百分比，2 个逆指标的达标程度为标准值与实际值的百分比。一个国家或地区第一次现代化实现程度，等于各项指标的达标程度之和除以指标总个数。与第一次现代化评价指标体系类似，第二次现代化实现程度也可通过设定指标体系和标准值进行评价。

在对某个国家或地区现代化实现程度进行总体评价后，还需要对其所处的阶段进行评估。对第一次现代化发展阶段的评估，主要依据产业结构和劳动力结构特点划分。我国研究现代化问题的学者，列出了 4 个信号指标及标准值，用来划分现代化所处的

阶段。将评价对象的实际值与标准值进行比较，可以得出每个信号指标所处的发展阶段。在给每个信号指标赋值（4、3、2、1和0）的基础上，再计算4个信号指标的算术平均值，就可以判断某个地区所处的第一次现代化阶段（见表1）。依此类推，可以为第二次现代化设定若干信号指标，并推断每个信号指标所处的发展阶段和第二次现代化所处发展阶段（见表2）。

表1　　　　第一次现代化评价指标及其标准值

| 指标名称 | 标准值 | 指标性质 | 指标名称 | 标准值 | 指标性质 |
| --- | --- | --- | --- | --- | --- |
| 人均GNP | 逐年计算* | 正指标 | 医疗服务 | 1人以上 | 正指标 |
| 农业增加值 | 15%以下 | 逆指标 | 婴儿存活率 | 97%以上 | 正指标 |
| 服务业增加值 | 45%以上 | 正指标 | 预期寿命 | 70岁以上 | 正指标 |
| 农业劳力比重 | 30%以下 | 逆指标 | 成人识字率 | 80%以上 | 正指标 |
| 城市人口比例 | 50%以上 | 正指标 | 大学普及率 | 15%以上 | 正指标 |

注：* 以1960年19个市场化工业国家人均GNP平均值1 280美元为基准值，以后逐年根据美元通货膨胀率计算标准值。1960年、1970年、1980年、1990年和2000年的标准值分别为1 280美元、1 702美元、3 411美元、5 147美元和6 399美元。

表2　　　　第一次现代化信号指标划分标准

| 指标＼阶段 | 农业增加值占GDP比例 | 农业增加值/工业增加值 | 农业劳动力占总劳动力比例 | 农业劳动力占工业劳动力比例 | 信号指标赋值 |
| --- | --- | --- | --- | --- | --- |
| 过渡期 | <5% | <0.2 | <10% | <0.2 | 4 |
| 成熟期 | 5%~15% | 0.2~0.8 | 10%~30% | 0.2~0.8 | 3 |
| 发展期 | 15%~30% | 0.8~2 | 30%~50% | 0.8~2 | 2 |
| 起步期 | 30%~50% | 2~5 | 50%~80% | 2~5 | 1 |
| 传统社会 | >50% | >5 | >80% | >5 | 0 |

## 二、1950~2000年世界各国与中国各地的现代化水平

1950~2000年世界各国和中国各地的现代化水平见表3、表4。

表3　　1950~2000年世界各国及中国各地现代化进程　　单位：个

| | 年份 | 参评国家或地区样本个数 | 传统农业社会 | 第一次现代化 | | | | 第二次现代化 | | | |
|---|---|---|---|---|---|---|---|---|---|---|---|
| | | | | 起步期 | 发展期 | 成熟期 | 过渡期 | 起步期 | 发展期 | 成熟期 | 过渡期 |
| 世界各国 | 1950 | 54 | 9 | 17 | 13 | 14 | 1 | | | | |
| | 1960 | 105 | 25 | 29 | 26 | 20 | 5 | | | | |
| | 1970 | 105 | 10 | 29 | 34 | 11 | 19 | 2 | | | |
| | 1980 | 128 | 6 | 30 | 33 | 40 | 9 | 10 | | | |
| | 1990 | 126 | 5 | 26 | 27 | 43 | 10 | 13 | 2 | | |
| | 2000 | 130 | 2 | 21 | 39 | 33 | 11 | 12 | 12 | | |
| 中国各地 | 1970 | 28 | 3 | 18 | 4 | 3 | | | | | |
| | 1980 | 30 | 1 | 16 | 10 | 1 | 2 | | | | |
| | 1990 | 33 | 1 | 12 | 13 | 3 | 4 | | | | |
| | 2000 | 34 | 0 | 9 | 15 | 4 | 4 | 2 | | | |

注：1990年和2000年包括香港、澳门和台湾省。

表4　　1950~2001年中国第一次现代化实现程度和10个指标达标程度　　单位：%

| 年份 | 1950 | 1960 | 1970 | 1980 | 1990 | 2000 | 2001 |
|---|---|---|---|---|---|---|---|
| 第一次现代化实现程度 | 26 | 37 | 40 | 54 | 63 | 76 | 78 |
| 人均GNP | 4 | 7 | 7 | 9 | 7 | 13 | 14 |
| 农业增加值比重 | 25 | 65 | 44 | 50 | 56 | 94 | 99 |
| 服务业增加值比重 | 44 | 71 | 62 | 47 | 69 | 73 | 75 |
| 农业劳动力比重 | 36 | 37 | 37 | 39 | 41 | 60 | 60 |
| 城市人口比例 | 25 | 36 | 36 | 40 | 53 | 72 | 75 |
| 医疗服务 | 8 | 12 | 26 | 90 | 100 | 100 | 100 |
| 婴儿存活率 | 22 | 18 | 43 | 71 | 100 | 94 | 94 |

续表

| 年份 | 1950 | 1960 | 1970 | 1980 | 1990 | 2000 | 2001 |
|---|---|---|---|---|---|---|---|
| 预期寿命 | 69 | 59 | 83 | 95 | 100 | 100 | 100 |
| 成人识字率 | — | 54 | 54 | 85 | 91 | 100 | 100 |
| 大学普及率 | 2 | 7 | 7 | 13 | 13 | 49 | 61 |
| 达标个数 | 0 | 0 | 0 | 0 | 3 | 3 | 3 |

# 主要参考文献

[1] 陈翰笙、薛暮桥等合编:《解放前的中国农村》(第1卷、第2卷、第3卷),中国展望出版社1985、1987、1989年版。

[2] 丛屹著:《中国城市土地使用制度的改革与创新》,清华大学出版社2007年版。

[3] 迟福林主编:《走入21世纪的中国农村土地制度改革》,中国经济出版社2000年版。

[4] [美] 道格拉斯·C.诺思著,陈郁等译:《经济史中的结构与变迁》,上海三联书店、上海人民出版社1994年版。

[5] 邓力群、马洪、武衡主编:《当代中国的农业》,当代中国出版社1992年版。

[6]《邓子恢文集》,人民出版社1996年版。

[7]《杜润生文集》(上、下卷),山西经济出版社1998年版。

[8] 杜润生主编：《中国农村改革决策纪事》，中央文献出版社1999年版。

[9] 杜润生著：《中国农村制度变迁》，四川人民出版社2003年版。

[10] 杜润生著：《杜润生自述：中国农村体制变革重大决策纪实》，人民出版社2005年版。

[11] 杜鹰、唐正平、张红宇主编：《中国农村人口变动对土地制度改革的影响》，中国财政经济出版社2002年版。

[12] 杜鹰、白南生等著：《走出乡村》，经济科学出版社1997年版。

[13] 高小蒙、向宁著：《中国农业价格政策分析》，浙江人民出版社1992年版。

[14] 高书生著：《社会保障改革何去何从》，中国人民大学出版社2006年版。

[15] 国家统计局：《建国三十年全国农业统计资料》（1980年）（内部资料）。

[16] 国务院农研中心试验区办公室：《改革实践录》，中国卓越出版公司1990年版。

[17] 国务院农研中心试验区办公室：《改革思考录》，中国卓越出版公司1990年版。

[18] 黄道霞、余展、王西玉主编：《建国以来农业合作化史料汇编》，中共党史出版社1992年版。

[19] 蒋省三、韩俊主编：《土地资本化与农村工业化——南海发展模式与制度创新》，山西经济出版社2005年版。

[20] 柯炳生著：《中国粮食市场与政策》，中国农业出版社1995年版。

[21] 廖洪乐、习银生、张照新等著：《中国农村土地承包

制度研究》，中国财政经济出版社 2003 年版。

[22] 廖小军著：《中国失地农民研究》，社会科学文献出版社 2005 年版。

[23] 林毅夫著：《制度、技术与中国农业发展》，上海三联书店 1992 年版。

[24] 李培林主编：《农民工——中国进城农民工的经济社会分析》，社会科学文献出版社 2003 年版。

[25] 刘俊著：《中国土地法理论研究》，法律出版社 2006 年版。

[26] 刘翠霄著：《天大的事——中国农民社会保障制度研究》，法律出版社 2006 年版。

[27] 刘国臻著：《论我国土地利用管理制度改革》，人民法院出版社 2006 年版。

[28] [美] 曼瑟尔·奥尔森著，陈郁等译：《集体行动的逻辑》，上海三联书店、上海人民出版社 1995 年版。

[29] 马永良：《中国农户兼业问题的经济分析》（日文），日本京都大学博士论文（2002 年）。

[30] 缪建平主编：《中外学者论农村》，华夏出版社 1994 年版。

[31] 农业部农村改革试验区办公室编著：《认识与实践的对话——中国农村改革试验区十年历程》，中国农业出版社 1997 年版。

[32] 农业部农村经济研究中心当代农史研究室编：《中国土地改革研究》，中国农业出版社 2000 年版。

[33] 南海农村改革试验区办公室编：《南海市农村土地股份合作制论文集》（内部资料），1995 年。

[34] 齐良书编著：《发展经济学》，中国发展出版社 2002

年版。

[35] 宋洪远等编著：《改革以来中国农业和农村经济政策的演变》，中国经济出版社2000年版。

[36] 宋洪远等著：《中国乡村财政与公共管理研究》，中国财政经济出版社2004年版。

[37] 孙弘著：《中国土地发展权研究：土地开发与资源保护的新视角》，中国人民大学出版社2004年版。

[38] 谭慧编：《张培刚经济论文选集》（上、下卷），湖南出版社1992年版。

[39] 王克忠著：《房地产经济及其周期研究》，上海财经大学出版社2005年版。

[40] 温铁军著：《中国农村基本经济制度研究》，中国经济出版社2000年版。

[41] ［德］魏伯乐、［美］奥兰·扬等著，王小卫等译：《私有化的局限性》，上海三联书店、上海人民出版社2006年版。

[42] 薛暮桥著：《薛暮桥回忆录》，天津人民出版社1996年版。

[43] 余国耀、温铁军、张晓山主编：《九十年代产权制度的对策研究》，中国商业出版社1994年版。

[44] 赵冈著：《中国传统农村的地权分配》，新星出版社2006年版。

[45] 张更生著：《农村改革与开放》，中国农业出版社1995年版。

[46] 周其仁著：《收入是一连串事件》，北京大学出版社2006年版。

[47] 中国现代化战略研究课题组、中国科学院现代化研究

中心编:《中国现代化报告》(2001、2003~2005),北京大学出版社各年版。

[48] 中国经济改革研究基金会、中国经济体制改革研究会联合专家组著:《中国社会养老保险体制改革》,上海远东出版社2006年版。

[49] 安希仮:《中国土地制度问题——论土地国有永佃制》,国务院农研中心试验区办公室、贵州省委农研室合编(1989):《产权·流转·规模》。

[50] 晏坤、艾南山:《当前我国农村集体建设用地存在的问题及对策》,《国土经济》2003年第7期。

[51] 白永秀、马小勇:《农村土地制度改革的困境及一种可供选择的方案》,《改革》,2005年第2期。

[52] 鲍海君、吴次芳:《论失地农民社会保障体系建设》,《管理世界》,2002年第10期。

[53] 常进雄:《土地能否换回失地农民的保障》,《中国农村经济》,2004年第5期。

[54] 陈颐:《论"以土地换保障"》,《学海》2000年第3期。

[55] 陈利根、卢吉勇:《农村集体非农建设用地为什么会发生流转》,《南京农业大学学报》(社会科学版)2002年第2期。

[56] 陈波翀、赫寿义:《征地补偿的经济学分析》,《中国农村观察》2004年第6期。

[57] 陈卫平:《中国农业生产率增长、技术进步与效率变化:1990~2003》,《中国农村观察》2006年第6期。

[58] 陈美球:《土地涨价应该归公吗》,《决策咨询》2003年第10期。

[59] 发展研究所综合课题组：《农民、市场和制度创新》，《经济研究》1987年第1期。

[60] 樊胜根：《中国农业生产与生产率的增长：新的测算方法及结论》，《农业技术经济》1998年第4期。

[61] 樊纲：《论解决我国粮食供给问题的长期战略与短期对策》，《中国农村观察》1995年第5期。

[62] 郭红东：《日本扩大农地经营规模政策的演变及对我国的启示》，《中国农村经济》2003年第8期。

[63] 韩俊：《聚焦失地农民》，《中国改革》2005年第9期。

[64] 贺振华：《外部机会、土地制度与长期投入》，《经济科学》2005年第3期。

[65] 何凌云、黄季焜：《土地使用权的稳定性与肥料使用》，《中国农村观察》2001年第5期。

[66] 何军：《20世纪50年代初关中农村的土地改革》，《中国农史》2006年第2期。

[67] 焦必方：《日本农地规模化经营的动向分析》，《中国农村经济》2000年第7期。

[68] 廖洪乐：《农村改革试验区的土地制度建设试验》，《管理世界》1998年第2期。

[69] 廖洪乐：《农户的调地意愿及影响因素分析》，《农业经济问题》2002年第9期。

[70] 廖洪乐：《农村承包地调整》，《中国农村观察》2003年第1期。

[71] 廖洪乐：《"两田制"不能一棍子打死》，《改革内参》1997年第19期。

[72] 罗依·普罗斯特曼：《解决中国农村土地制度现存问

题的途径探讨》,《中外学者论农村》,华夏出版社1994年版。

[73] 罗伊·普罗斯特曼、蒂姆·汉斯达德等:《中国农村土地制度改革:实地调查报告》,《中国农村经济》1995年第3期。

[74] 李元:《保护农民的土地财产权》,《中国土地》2001年第3期。

[75] 李景刚等:《城市理性发展理念对中国土地利用规划的启示》,《中国土地科学》2005年第4期。

[76] 林毅夫:《农村最低生活保障制度的保障面不宜过大》,http://finance.sina.com.cn,2005年10月26日。

[77] 卢海元:《土地换保障:妥善安置失地农民的基本设想》,《中国农村观察》2003年第6期。

[78] 刘卫东、彭俊:《征地补偿费用标准的合理确定》,《中国土地科学》2006年第1期。

[79] 马贤磊、曲福田:《经济转型期土地征收增值收益形成机理及其分配》,《中国土地科学》2006年第5期。

[80] 梅建明、何新民:《日本农业兼业经营对农地经营规模的影响及启示》,《湖北社会科学》2003年第7期。

[81] 农业部农村改革试验区办公室:《从小规模均田制走向适度规模经营》,《中国农村经济》1994年第12期。

[82] 秦虹等:《集体建设用地流转与城乡规划》,《城乡规划》2004年第9期。

[83] 曲福田、陈海秋等:《经济发达地区农村土地30年使用权政策的调查研究》,《农业经济问题》2001年第4期。

[84] 沈飞、朱道林等:《政府制度性寻租实证研究——以中国土地征用制度为例》,《中国土地科学》2004年第4期。

[85] 王小映、贺明玉等:《我国农地转用中的土地收益分

配实证研究》,《管理世界》2006年第5期。

[86] 王如渊、孟凌:《对我国失地农民留地安置模式几个问题的思考》,《中国软科学》2005年第10期。

[87] 王正立、张迎新:《国外土地征用范围问题》,《国土资源情报》2003年第9期。

[88] 温铁军:《农民社会保障与土地制度改革》,《学习月刊》2006年第6期。

[89] 文贯中:《中国的农村土地制度及其对农业投资的影响》,国务院农研中心试验区办公室、贵州省委农研室合编(1989):《产权·流转·规模》。

[90] 文贯中:《解决三农问题不能回避农地私有化》,中国金融网2006年8月,转载于中国经济学教育科研网。

[91] 武力:《1949~1978中国"剪刀差"差额辨正》,《中国经济史研究》2001年第4期。

[92] 许恒周:《农地发展权的设立与土地征用制度改革》,《广东土地科学》2005年第3期。

[93] 杨小凯:《中国改革面临的深层问题——关于土地制度改革》,《战略与管理》2002年第5期,第1—5页。

[94] 姚洋:《农地制度与农业绩效的实证研究》,《中国农村观察》1998年第6期。

[95] 俞海、黄季焜等:《地权稳定性、土地流转与农地资源持续利用》,《经济研究》2003年第9期。

[96] 张德元:《土地:一"征"生百弊》,《学习月刊》2003年第12期。

[97] 赵之枫:《城市化背景下农村宅基地有偿使用和转让制度初探》,《农业经济问题》2001年第1期。

[98] 赵阳:《中国农地制度的产权特征》,《改革》2004年

第4期。

［99］曾详炎：《略论农地国有永佃》，《调研世界》2006年第6期。

［100］朱民、尉安宁、刘守英：《家庭责任制下的土地制度和土地投资》，《经济研究》1997年第10期。

［101］周诚：《略论现阶段我国农村土地制度建设》，国务院农研中心试验区办公室、贵州省委农研室合编（1989年）：《产权·流转·规模》。

［102］周诚：《关于我国农地转非自然增值分配理论的新思考》，《农业经济问题》2006年第12期。

［103］周天勇：《维护农民土地权益的八个问题》，http：//www.theory.people.com.cn，2006年6月14日。

# 后记
*hou ji*

书稿于8月初提交出版社,在即将印刷之际,中共中央于10月9日~12日召开了十七届三中全会。在会议召开前夕及期间,国际、国内媒体和一些专家学者均猜测,这次会议将在农地制度上有大突破,甚至出现了"新土改"等提法。有的认为会将农地承包期延长到70年或者永久,有的认为会出台农地流转政策。看了这些报道和评论,我深感担忧和不安。让我担忧和不安的不是承包期30年、70年或者永久,孰优孰劣,而是现在不是正式做出这种决定的时机。从1993年算起,第二轮30年承包刚过一半,搞得迟的地方才10年左右。在这个时候,提出更长承包期,不仅不能稳定人心,还可能引起混乱,给农民一种政府想怎么变就怎么变的印象。市场经济需要合约意识，合约是经双方平等博弈和讨价还价达成的，不仅合约双方要自觉遵守，政府也要利用其权威保护合法合约。如果视合约为一张废纸，想怎么变就怎么变，那将是莫大的悲哀。任何组织和个人，包括新闻媒体和专家学者，都要有这种合约意识。在本轮承包期内，农户不仅与集体签订了30年耕地承包合同，而且还持有政府发放的30年承包经营权证书。30年以后怎么办，还是交给党的十九届三中全会决定更合适。当然，专家学者们针对这个问题进行学术探讨，可以随时随地。还好，党的十七届三中全会的公报，只是原则性地提及："要稳定和完善农村基本经营制度，健全严格规范的农村土地管理制度。"从这两句话的语气判断，农地制度应该还是以稳定为主。至于农地流转，中央政府从来就没有说过不允许，只是强调要遵循依法、自愿和有偿原则。当然，在农地（承包经营权）流转方面，确实也存在一些限制（见本书第四章第五节）。随着条件的成熟，今后需要逐步消除这些限制，让农民获得更加完整的农地承包经营权。最简单的办法，就是让农民的自主创新和突破逐步合法化。但愿今后10年里不再针对农地制度出现类似的猜测……

我个人认为，在今后10年里，农村土地制度改革的重点应当转到农村土地征收制度、集体建设用地使用权流转制度和基本农田保护制度，其关键是要借鉴土地发展权理论，在政府、集体和农民个人之间，合理分配土地增值收益。为此，现行《土地管理法》需要做重大修改。

——2008年10月14日上午·著者随感